中國的历史

贰

大统一时代

汉王朝的光和影

陳舜臣 著

郑民钦 译

海峡出版发行集团
THE STRAITS PUBLISHING & DISTRIBUTING GROUP
福建人民出版社

目录

大统一时代

◆泰山风物 〇〇三

◆百家争鸣 〇二一

◆战国七雄 〇四二

◆蜀和楚 〇六一

◆乱世末日 〇八五

◆统一天下 一〇九

◆万里长城 一二八

◆楚汉相争 一四五

汉王朝的光和影

◆大风歌 一六七

◆创业 一八四

目录

◆吕后时代 一九七
◆马王堆讲述的故事 二〇八
◆休养生息的时代 二二〇
◆年轻的武帝及其女人们 二三九
◆激情澎湃的活力 二四八
◆秋风辞 二六六
◆走向冬天 二八四
◆余韵时代 二九八
◆外戚时代 三〇九
◆王莽之道 三一九
年表

大统一时代

泰山风物

雨中登泰山，衣服自不待言，仿佛连骨头都被淋湿，给我留下难忘的记忆。泰山的山路不是盘旋而上，从山脚到山顶都是石阶，拾级而上。好奇的人一级一级地数着石阶，据说有七千多级。

这是一座圣山。

古人登泰山不是为了眺望欣赏山色，而是为了更加靠近天。古人在离天最近的地方祭天，这种想法我们现代人也可以理解。

中国的史书时常记载天子举行封禅仪式。天子必须祭祀天地。筑土为“封”，除地为“禅”。祭天的“封”在高处，祭地的“禅”在低处，合称“封禅”。

在泰山山顶举行“封”，在泰山脚下的梁父这个地方举行“禅”，这是规矩。

我一边淋雨登山，一边思考着为什么把泰山称为圣山。地图上的泰山标高似乎多为一千五百二十四米，泰山管理局发行的旅游便览上标明为一千五百四十五米。山不是很高，但周边没有更高的山。从山脚下的泰安仰望泰山，形状姿态的确雄伟壮观，只是离中原稍远一点。

泰山在山东省济南市的南面约六十公里，被视为文明中心的中原主要是黄河中游地区，泰山更靠近黄河下游，应该不包含在中原区域里。一国之主在远离中心的地方举行最重要的仪式，感觉有点不可思议。中原有海拔一千四百四十米的名山——嵩山，为什么偏偏选择泰山呢？

《史记·封禅书》引用《尚书》的记载，说古代圣王舜巡察全国，首先去东面的岱宗（泰山）祭祀，然后又去了南岳（衡山）、西岳（华山）、北岳（恒山），每到一山，都要祭祀。如此说来，只是因为泰山是舜巡察的第一站，就受到特别的重视，成为封禅的唯一地方。事实果真如此吗？

据我的推测，兴起于东方的中原王朝非常重视自己的出生地，所以把东方的泰山视为特别神圣的山。日本明治维新以后，迁都东京，但是大正天皇的即位大典依然在京都举行。这大概可资参考。

即使由于政治的原因转移了中心地，但偶尔为之的重要仪式还是回到原地举行，这一定表示不忘故土的意思。封禅也好，即位也是，都不是常有的。

中原神圣的嵩山是传说中的圣人禹的居住地。禹被认为是殷之前夏王朝的始祖。另外，《春秋左氏传》记载，藏系的姜（羌）族是“太岳（嵩山）之后（裔）”。既然已经早就存在祭祀嵩山的集团，从东方起家进入中原建立的王朝就会把主要的祭祀地点放在故地泰山。

中国古代史的主要舞台是中原，但是登上历史舞台表演的集团未必都是中原本土人，被视为非中原集团的藏系人其实就是中原之民。神圣的泰山仿佛在向我们讲述中国古代的神秘。

雨中的泰山对我讲述更多的故事。

封禅究竟是什么样的仪式呢？连司马迁也不甚知之：

其详不可得而记闻云。

不过，司马迁谈到帝王的封禅资格。不是所有的帝王都可以封禅的。天子是受天命的人，但“功不至”的天子就不能封禅。功，就是功业，即业绩。统治天下，开创太平盛世的天子才有这个资格。虽有功，但德不能远播天下的天子也没有封禅的资格。所以，有资格者极少。另外，有的天子虽有资格，却因为政务繁忙，无暇举行封禅仪式。因此，封禅仪式极其少有。

《史记》记述，齐桓公想在泰山举行封禅仪式，在管仲劝谏下没有实行。齐桓公在葵丘等地九次会盟诸侯，虽然成为盟主，但毕竟只是诸侯中的霸主，不是天子。即便是天子，也不是随便就能封禅的。管仲自然极力劝谏他不可为之。

受到霸主扶持的东周历代天子中，没有一个具有封禅的资格。春秋战国的五百多年间，应该一次也没有在泰山封禅。

秦统一天下，秦始皇想封禅的时候，至少已经有五百多年没有举行过，对仪式的具体详细内容一无所知。《论语·阳货》说：

君子三年不为礼，礼必坏；三年不为乐，乐必崩。

岂止三年，而是五百多年，所以过去的封禅仪式内容完全失传。秦始皇来到泰山脚下，向儒者询问只有耳闻的封禅的详细情况。可是儒者的回答各式各样，还有人说为了不损坏泰山的一草一木一土一石，必须用蒲草将车轮包裹起来。听了儒者的这些意见，秦始皇觉得封禅根本就无法举行。

秦始皇原本就不喜欢儒者，自从向他们询问封禅的事情以后，对他们更加不信任。

泰山脚下有一座岱庙，称为东岳庙，也叫泰山庙，据说既可以祭祀泰山，也可以祭祀圣王舜。犹如日本的三轮山[①]，既有过将整座山本身视为神体加以信仰的时代，也有只是祭祀圣王的时代。历史的各个时代在这里同时展现在我们眼前。

泰山山顶称为玉皇顶，有玉皇祠。玉皇是道教最高神——元始天尊的别名。但是，玉皇这个名字见于中国文献是很晚以后的事情，直至8世纪上半叶的唐朝诗人作品里才时而看到。所以，玉皇顶肯定是后来命名的。泰山山顶最早是祭天所在，而不是祭祀玉皇大帝的地方。

道教的玉皇大帝占领了帝王祭天的山顶。

但是，泰山是否一开始就是祭天的场所尚有疑问。将天视为抽象的概

① 三轮山：位于日本奈良县樱井市北面，海拔四百六十七米，山姿呈圆锥形。——译注

念而固定下来是进入周代以后。

殷墟的甲骨文时常出现“岳”这个自然神，还有“祈雨于岳”这样的话。

山本身就是神，于是山变成祭天的场所，变成玉皇大帝的祠庙，泰山的性质逐渐发生变化。

殷是从东方进入中原的，这个说法比较有说服力。那么，在殷代，也许人们认为东方的泰山在山岳中尤其神圣。周兴起于西方，灭殷以后，大概继承泰山神圣的惯例，同时加上在山顶祭天的周代独特的仪式。

道教勉强成为一个体系，产生类似教团的组织是在西汉或者东汉。道教体系中，出现玉皇大帝的名字，似乎更是在 10 世纪以后。

从岱庙的别名东岳庙也可以知道，当地人说是祭祀东岳大帝的。那么，东岳大帝是否就是东岳（泰山），或者是否就是玉皇大帝，这和雨中的泰山一样模糊朦胧。然而，令我感到意外的是，当地人说泰山的主神是碧霞元君。

碧霞元君是女神，据说是东岳大帝的女儿。玉皇祠稍微下面一点有祭祀碧霞元君的碧霞祠，通称娘娘庙。不知道从什么时候开始，民间流传女子一辈子必须登一次泰山参拜娘娘庙的说法。

虽然下雨，登山者依然络绎不绝，而且三分之二是女性，老年人居多，其中还有裹脚的老太婆。因为这尊神是女神，还因为年轻的女性不信神佛，所以老年妇女尤其多。我们用一天的时间顺着石阶拾级而上，在山顶上住宿一晚，第二天下山。但是，当地人好像一般都是清早登山，当天回去。

登泰山后，腿疼好几天，每次抬脚都要皱着眉头，可是看那些六七十岁的老太婆拄着拐杖，相当轻快地登山下山。

玉皇大帝现在似乎被女神碧霞元君所取代。

天子封禅的圣山被女神占领，士大夫们一定恨得咬牙切齿吧。连当时认为合乎情理的明人谢肇淛也在其《五杂俎》中感叹道：“其倒置亦甚矣。”

我们的向导——一个年轻人好像坚信泰山之神是“老太婆的神”。不知道什么时代，也许有这么一个聪明人，为了让平时很少出门的女人锻炼腰板腿脚，就在山顶上崇敬祭祀碧霞元君。

从岱庙北行，穿过一座红门，便进入山路，经过万仙楼、斗母宫、壶天阁，至中天门，但这还只到泰山的半山腰。一路上看到的建筑物都带着浓厚的道教色彩，可以说现在的泰山就是一座道教之山。

万仙楼的楼门上，登山一侧悬挂有“万仙楼”的匾额，大概告诉我们这座山里居住着道教的各路神仙，而下山一侧悬挂有“谢恩楼”的匾额。两块匾额都是明万历年代的。

为什么叫谢恩楼呢？向导给我们讲述这样一个有趣的故事：

登泰山，会得到很多福气。但是，居住在山里的神仙中也有品质不好的，他们在半路上骗取参拜者从山顶上辛辛苦苦带下来的福气。如果参拜者不把福气分给他们，就不让通过。经过各处的强取豪夺，参拜者好不容易来到出口万仙楼，可是在这里还要最后谢恩，再分出一部分福气。于是，这里对下山者来说就是“谢恩楼”。

如果在泰山得到十个福，下山以后只剩下两三个，这似乎表明神仙界也堕落，变成贪污的天堂的模样。

这则可笑的故事在某种程度上反映出道教的性质，总之将现世的利益放在第一位。

何谓道教？要说明这个问题相当困难。佛教来自印度，道教是中国固有的宗教。有人说，儒教也是宗教，但儒教的宗教色彩十分淡薄，是伦理体系，而不是宗教，我认为这个看法是妥当的。因此，只有道教是中国唯一的固有宗教。

对道教的说明之所以困难，我想指出两个原因：

第一，对道教没有进行深入的研究。中国的思想主流表面上是儒学，但作为宗教，佛教占绝对优势，道教没有占据良好的环境地位。

对儒学的研究，长期积累有数量庞大的注释和考证，精确缜密，形成完整的体系。对佛教的研究也毫不逊色，甚至还有国际性的合作交流。

相比之下，对于道教的研究，一直被认为非士大夫之所为，被佛教视为迷信邪说，所以与儒佛的研究差距甚大，未被阐明的部分实在太多。

第二，道教包含有各种要素，以民间信仰为基础，也包含阴阳五行、易、卜筮、祈祷、谶纬、老庄思想、神仙说、杨朱学派等，不仅如此，甚至也吸收儒和佛的部分内容。

有人简单地认为，儒教是孔孟的教导，道教是老庄的思想，这是不正确的。儒教可以说是孔孟的教导，但道教不能说就是老庄思想。老庄思想是道教的重要成分，此外还有很多别的成分。

然而，说到“道家”，范围就变窄，认为与老庄极其接近，有时直接理解为就是老庄本身。道家不是信仰或宗教的团体，而是思想性的学派。这个学派的人以老子为鼻祖，视庄子为老子的继承者，称为“老庄”。有时还称传说中的帝王黄帝是鼻祖，借以树立本派的权威，自称“黄老”。

儒家是人本主义者，提出人经过努力，就可以修身齐家治国平天下，实现世界和平的理想。

道教是自然至上主义。老子说：

我无为而民自化。

不要做那些多余的事情，人们自然而然就会受到教化。

儒家要求人们努力，但在道家看来，这正是世道败坏的原因，无论什么事情都应该顺其自然。

秦始皇在泰山封禅的时候，道家就已存在，但还没有形成道教。关于封禅仪式，提出各种各样意见的是儒家。秦始皇一行来到泰山，这里一定没有道家的人。

封禅是一种礼仪。

儒家最崇尚礼，而道家最轻蔑礼，可以说唾弃了礼。礼是最人为的东西，不符合道家崇尚自然的理想。

夫礼者，忠信之薄，而乱之首。

这是老子的话。礼使人的忠信之心，即真诚之心变得淡薄，只能引起世道的混乱。

道家厌恶人为的东西，自然不会参加封禅仪式等活动。道家的人们本来就没打算侍奉大国皇帝吧。

泰山在齐的版图内，离南面的鲁国不太远。泰山顶上有一个石头，名为“瞻鲁台”，意为眺望鲁国的地方。《诗经·鲁颂》有这样的句子：

泰山岩岩，
鲁邦所詹。

鲁国离泰山很近，可以仰望其巍峨耸立的山姿。

鲁是孔子的出生地，孔子在鲁宣扬自己的思想，组织教团。这块土地上一定有很多儒者。秦始皇来到泰山，召集礼乐的行家儒者，询问封禅之事。被召集的儒生、博士有七十人，但他们众说纷纭，秦始皇便斥退他们，立即开辟车道，登上山顶。真不愧是始皇帝。

秦始皇在泰山封禅是在他即王位二十八年、统一天下即帝位三年——公元前219年的事，他要在山顶立石颂德。

封禅仪式连儒生、博士都说不清楚，秦始皇是如何举行这个仪式的呢？离秦始皇的时代不过百年的司马迁都不得而知。秦始皇大概按照秦的祭祀方法，自创一套封禅仪式吧。当时的记录秘而不传。

既然是自创一套的仪式，恐怕也不想为人所知，因为秦始皇担心一旦人们知道封禅的正规仪式，那么他的封禅就会被认为是无效的。从现代人的感觉来看，这种事似乎无关紧要，但在当时的人们看来，却是生死攸关的大事。

从中天门到碧霞祠，途中没有祠庙。中天门稍微往上，有云步桥，过云步桥，可以看见“五大夫松”。

秦始皇登泰山，途中遇暴风雨。《史记·封禅书》这样记述：

始皇之上泰山，中阪遇暴风雨，休于大树下。诸儒生既绌，不得与用于封事之礼，闻始皇遇风雨，则讥之。

同样是《史记》，在《秦始皇本纪》中却说是在山顶封的仪式结束后下山途中遇到暴风雨。儒生们因为对封禅仪式的回答五花八门，因此派不上用场。按照秦始皇的脾气，也许对他们大声呵斥："封禅之事，你们一概不要参与！"这些儒生们听到秦始皇在泰山遇到暴风雨，大概暗地里幸灾乐祸叫好吧。

路旁有巨大的松树，树下可以躲避暴风雨。秦始皇授予这棵让自己躲雨的松树"五大夫"的爵位。

秦的爵位制是商鞅制定的，分二十等。汉原封不动地继承延续秦的这个爵位制。五大夫相当于九爵。和武术、将棋[①]等的段位一样，秦汉的爵位制也是数字越大爵位越高。二十爵的彻侯最高，其下十九爵是关内侯。从上往下数，五大夫是第十二位的爵位，在汉代的俸禄是六百石。

爵位不是很高，但也不低。这样的爵位授予松树，人们就把这棵松树称为"五大夫松"。这是两千多年前的事情了，这棵松树不会存活至今，现在的五大夫松是它的不知道多少代的繁殖。

秦在秦始皇封禅十二年后灭亡。因为儒家人受到秦始皇的严厉镇压，所以他们说：

始皇上泰山，为暴风雨所击，不得封禅。

不过，山顶上的秦碑保留后世相当长的时间，尽管不知道是什么样子，但肯定举行过封禅之类的仪式。只是在儒家看来，秦始皇没有圣天子的资格，所以上天才会降暴风雨，阻碍他封禅。

雨势相当大，可是登山者，还有老年妇女，为什么还这么多呢？泰山的山路并不窄，登山者络绎不绝，鱼贯而行。不仅仅因为那一天是星期天的缘故。

---

① 将棋：又称日本象棋，一种流行于日本的棋盘游戏。——译注

我登泰山是在1980年5月11日，阴历是三月二十八。据说这一天是泰山神的生日。供奉在泰山顶上的玉皇大帝的生日是1月9日。不知什么时候开始占据封禅地点的玉皇大帝，也不知什么时候从泰山主神的位置上降了下来。

三月二十八是东岳大帝的生日。东岳就是泰山，东岳庙在泰安是总庙，各地有分庙。北京也有东岳庙，据《岁时记》记载，祭礼日是三月二十八。不仅北京，各地的东岳庙都在这一天举行祭礼。

然而，当地人把这一天称为"娘娘日"，说是女神碧霞元君的生日。同样是参拜，大家认为在神的生日这一天参拜尤其灵验，所以老太婆们都选择这一天登山。

道教中的迷信部分，现在已经被舍弃，但是作为当地的传统节日，有的已经在民间生活中固定化，这部分还是得以继承下来。三月二十八的泰山节自古以来就是热闹的庙会。我登泰山那一天，泰山脚下的泰安人山人海。从周边郊区涌来十多万人，车站广场上悬挂着"泰城春季物资交流大会"的横幅，名义上是物资交流大会，实际上还是庙会。

泰安城有一个地方是露天小摊贩的集中地，龙潭河的河滩上长长排列着支着帐篷的小摊。卖药的口若悬河，令人想起日本以前卖蛤蟆油膏的景象，人们围聚在"专治关节炎"之类的幡条下。还有算命的，招牌上写着"为人民服务，解决痛苦"的字句。听说这个物资交流大会要举办十五天，我去的那一天是第一天。卖的东西从水果糖到电视机，应有尽有，我也觉得高兴，便在各处的小摊前逛来逛去，听他们兜售商品，不由得想起我在第一卷所讲述的"矛盾"这个典故出处的场面。

战国时代大概也有这样的庙会，商贩们巧舌如簧地兜售各种东西，其中也有出售矛和盾这种危险武器的商人。

矛应该有铜矛，也有铁矛。铁比铜在地下容易受腐蚀，所以极少出土。不能因为出土的少，就说没有使用过。

在庙会上销售矛和盾的是楚国商人。楚是铁的著名产地，他卖的矛也许是铁矛。

《史记·范睢传》记述秦昭王说过这样一句话：

吾闻楚之铁剑利而倡优拙。

昭王是秦始皇的曾祖父，当时秦已经成为超级大国，但还是担心楚的铁剑锋利，比秦的武器精良。昭王还担心楚的倡优的水平低下。大概他认为，艺人的水平拙劣，说明这个国家的性格质朴刚毅。

秦昭王的母亲是楚人，所以他格外了解楚国的情况，对楚国可怕的炼铁技术也十分熟悉。

楚国商人在各国兜售的武器一定是铁制品，而各国的买家对卖家楚国人的要求也应该会是铁制品。楚的铁制品已经名扬天下。

在这里大家想一想管仲对春秋时期的第一个霸主齐桓公所说的话："阴王之国有三"。这三国就是齐、燕、楚。理由是齐和燕产盐，楚产黄金。

楚国的汝汉（汝水和汉水）一带有砂金矿。融化砂金冶炼成黄金的过程中，其中的砂铁可以提炼成高纯度的优质钢铁。

此前所谓的"金"，其实是铜，把铁称为"恶金"，可见铁的质量很差。齐国在管仲时代，铁不能制造武器，只能制造成农具。

从春秋末期开始，劣质的金属——铁的质量不断得到提高，而且可以大量生产。楚国在黄金冶炼的过程中，作为副产品的炼铁技术也得到开发。铁原先写为"銕"，从中可以想象，炼铁始于东方的夷族。春秋末期突然崛起的吴、越大概是金属工业的先驱者。

我在第一卷的《南风》一章末尾谈到吴越名剑的故事，楚国由于地理位置的关系，与吴越接触很多，最后吞并越国，同时也应该吸收了东方先进的金属工业技术。

春秋和战国的时代划分一般以超级大国晋分裂为赵、魏、韩三国的时候作为分界线，但是，也有人提出以"铁的出现"划分时代。铁的出现不像国家分裂那样具有明确的年代标记，用以划分时代比较模糊，但是，铁的出现的确改变了时代的形态。

铁的出现不仅改变了战争形态，也大大改变了生产形态。原先用石器、木制农具无法耕作的土地，现在使用铁制农具就可以耕作，土地的生产力得到飞跃性的提高。

鲁迅（1881—1936 年）的第五部作品集《故事新编》的八篇小说中，有一篇题为“铸剑”，原名“眉间尺”，创作于 1926 年。

眉间尺是人名，是吴的铸剑名匠干将和其妻子莫邪所生的儿子。关于名剑的传说各种各样，《铸剑》是鲁迅参考《吴越春秋》《搜神记》《酉阳杂俎》，或许还有《列异传》等逸文综合而成的小说。

据《吴越春秋·阖闾内传》记载：还是在吴王夫差的父亲阖闾的时代，越王送给阖闾三把宝剑。阖闾命本国的剑工制造出与之媲美的名剑。吴、越是竞争对手，虽然时而交换礼物，却也频繁打仗，谁也不服输。就剑而言，似乎越国更精良，吴王阖闾为此很不服气，命令打造出更好的宝剑。这对剑工来说，无疑是沉重的负担。

干将和莫邪采五山之铁精、六合之金英，候天伺地，阴阳同光，百神临观，在具备最完美的条件下开炉，开始铸剑。可是，在冶炼的时候，炉内的金铁之精凝结，铁水流不出来。

夫妇俩商量说，过去师傅也遇到过这个问题，当时夫妇跃身跳进炉里，才使金铁熔化。莫邪把自己的头发和指甲剪下来，扔进炉里，并且让三百童男童女鼓动风箱，凝结的金铁好不容易才开始熔化。

他们没有自己跃身跳进炉里，代之以自己身体的一部分——头发和指甲。就这样，他们制造出两把名剑，以夫妻的名字分别取名为“干将”“莫邪”。他们自己都觉得尽善尽美，便将“莫邪”献给吴王阖闾，将“干将”留在自己手里。

雄剑干将的剑身为龟纹，雌剑莫邪的剑身为漫理纹。只有钢铁的材质才会产生这样的纹理。

雌剑莫邪献给吴王，《阖闾内传》以“阖闾甚重”一句结尾。

该书还记述有故事的后续，《太平御览》也引用其中的一部分，但现存的《吴越春秋》没有这部分后续。4 世纪初期干宝写的《搜神记》却有相当详细的记述：

莫邪剑献给王，三年之后，善观剑相者指出这是雌雄一对宝剑中的一把，王怒而杀干将。

《吴越春秋》说这个“王”是吴王阖闾，而《搜神记》说是楚王。干将前去献剑的时候，就预见到自己的命运。那时妻子莫邪已有身孕。他出门的时候，对妻子说道：“如果生男，长大以后就让他为我报仇。告诉他：出户望南山，松生石上，剑在其背。”

这是简单的暗号。本来就看不见南山，原来家里的基石上立着柱子，那就是松树。长大成人的干将之子眉间尺手持斧子将柱子的背面劈开，发现那把干将名剑就藏在里面。

楚王也梦见眉间尺要为父亲报仇，便悬赏千金买其头。眉间尺只好逃跑，他逃进山里，一边哭泣一边唱歌，这时遇见一个过路客。过客询问年轻人为什么痛哭，听完眉间尺的哭诉以后，他表示自己可以代替眉间尺报仇，但需要两样东西：一是眉间尺的头颅，一是这把名剑。

眉间尺听罢，说一声“幸甚”，便自刎，双手捧着自己的头颅和名剑奉送给过客。过客说道“不负子也”，站立的眉间尺的尸体这才倒地。

过客持眉间尺的头颅去见楚王。楚王大喜，过客说：“此乃勇士头也，当于汤镬煮之。”

性格刚烈者死后的幽灵也怀有深仇大恨，壮士的头颅不用滚烫的开水煮烂，就会可怕地作祟。

眉间尺的头颅在镬里煮了三天三夜，却不烂。头颅在开水里翻滚，瞋目暴怒。过客说道：“这孩子的头颅煮不烂，只有大王亲自来看，才会烂。”王依其言，来到镬旁。就在这时，过客迅速抽剑斩大王头颅落于镬中。紧接着，过客也自刎，头颅也掉进镬里。三颗头颅在开水里都煮烂了，无法辨别，只好葬在一起。人们称为“三王墓”，说是至今还在河南省的汝南。

鲁迅的小说内容更加丰富，人物更加丰满，大概他想在这篇小说里描写复仇的美学。

自己没有跳进炉子里，代之以头发和指甲；让一个来历不明的“过客”代替自己为父亲报仇，这些情节替代传说出现在故事里。人的社会活动复杂起来以后，就会出现工作的分工和代理办事这样的现象，“替代”情节的故事的出现也许正是社会活动复杂的反映。

战国时代还有其他有关名剑的传说。最著名的剑匠是欧冶子，有的说他是干将的师傅，有的说他和干将同门。欧冶子所铸造的名剑“纯钧”乃天下至宝。《越绝书》记载，有人问相剑大师薛烛纯钧价值多少，薛烛回答说：“欧冶子即死。虽复倾城量金，珠玉竭河，犹不能得此一物”。当时纯钧的标价是“市之乡二、骏马千匹、千户之都二”。

欧冶子是越人。据说受楚王之命制作铁剑的风胡子也是著名的剑匠。

名剑的名字除干将、莫邪、纯钧外，还有龙渊、太阿、湛卢、鱼肠、巨阙、工布、胜邪等。

有关名剑的故事以及人物基本上都发生在吴、越、楚这三国，说明这个地方是铁的故乡。

如果以铁的出现划分时代，那么也许可以说长江流域是战国的故乡。

铁比青铜便宜得多，而且可以大量制作器具。历史从青铜器时代进入铁器时代。阐述历史的著作经常论断：很早进入铁器时代的欧亚大陆草原的骑马民族征服了尚停留在青铜器时代的周边地域。

不可否认，锡西厄等骑马民族将“铁的文化”传播到各地。但是，中国的铁文化似乎没有浓厚的骑马民族的色彩。如果是骑马民族传播铁文化的话，那么中国的铁的故乡就应该在北方，而实际上吴、越、楚等南方地区是铁文化的先进地区。

全世界的铁的故乡无疑是在东方，不过其制造方法是锻铁法，就是敲打锤炼，而中国的铁器从一开始就使用铸铁法。据说欧洲开始使用铸铁法是进入中世纪（14 世纪）以后。

铸铁法是将铁水倒进铸模里，比锻铁法要求更高的温度，充分有效地利用风箱这种鼓风设备可以达到这么高的温度。这项技术比欧洲早两千年研发出来，但铸铁法生产的铁虽然很硬，却很脆，制造农具还可以，不适合制造武器。所以才让干将、欧冶子这样的名人制作武器。

在中国，铁的发明在开始阶段对农业产生很大的影响，人们的生活模式也发生了变化，自然人的思想意识也产生变革。

春秋时期的诸侯是接受周王室赐予土地的封建领主。由于农业技术的进步，可以自己开垦新的土地，这些土地就不是周王室的赐予，而是自己开垦出来的。

新开垦的土地应该就是领地的边境，领主很少亲自前往边境地区。这些都是家臣的工作，有的是奉命而为，有的是自发而为，不管怎么说，带来很大利益的新土地的产生是家臣的功绩，所以他们主张自己的权利也是理所当然的。

侍奉诸侯的有实力的家臣越发强大，有的甚至凌驾于主君之上。这就是战国的形态。

春秋时代经常发生诸侯家族内部的继承人之争或者权力斗争，然而，战国时代就不仅仅是单纯的家族内乱，而是赤裸裸的篡夺政权。

最显著的例子就是与周王室同为姬姓的超级大国晋国被赵、魏、韩三个大夫所篡夺，国土分裂。

其中的赵氏就是跟随晋文公（重耳）流亡十九年的赵衰的后裔，以晋阳（太原）为中心，在旧晋国领土的北部独霸一方。

魏氏也是跟随晋文公流亡的魏武子的后裔，一旦时代改变，忠臣的后人也变成篡位者。魏占领现在的山西省南部和河南省的一部分。

韩氏继承黄河南岸的，包括周王室所在地洛阳的旧晋国的领地。

公元前 403 年，赵籍、魏斯、韩虔这三个篡位者被周王（当时是威烈王）承认为诸侯。

那个时候，拥有泰山的齐也处在被半篡夺的状态。

篡夺太公望吕尚后裔的齐国的田氏是亡命者的后裔，他的祖先是中原小国陈厉公的公子陈完。厉公死后，其弟宣公继位，但在宣公十二年为太子所杀。因陈完与这个太子关系密切，担心祸及自身，便亡命齐，改姓田。

陈完即田完亡命齐，是在齐桓公十四年（前 672 年）。田完的后裔田和篡夺齐国、被周王室承认为诸侯是公元前 386 年，在田完亡命齐二百八十六年之后。

具有几百年历史传统的诸侯国被强势家臣篡位，这不仅仅是力量对比的问题，更是因为诸侯失去人心的问题。

人心的丧失未必都是因为君主实行暴虐的恶政，君主和民众距离的越来越大，不接触民众，久而久之，就失去了亲切感。

由于铁制工具的发达，到处都在挖水渠、挖水井，兴修灌溉工程，可耕种的土地、可居住的地方不断扩大，离诸侯居住的都城也越来越远。

越来越多的人没见过领主，他们经常接触的是大夫或者大夫底下称为“士”的这个群体。通过居民的努力开拓新土地，可以和自己的利益直接挂钩的强势家臣会主动地和居民接触。

战争的形态由战车作战变为步兵作战。春秋时期的战争，主力是由几匹马拉的三人乘坐的战车。中间乘坐贵族，左右是射手和御者，万箭齐发，勇猛前进。战车的数量由“乘”表示，天子称为“万乘之君”，意为拥有一万辆战车的君主。虽然也有荷戟的步兵，只是作为附属的军队。作战的胜负基本上取决于战车的较量，所以贵族以及作为贵族个人的家臣的射手和御者是作战的主角。

也许由于灌溉工程的发达，导致战车丧失主力的功能。四通八达、纵横交错的水渠成为战车前进的障碍，车轮无法随心所欲地自由驰骋。长江下游的吴、越等国本来就有沼泽和自然的河流，所以一开始就是以步兵作战为主。从这个意义上说，吴越揭开了战国的序幕。吴越是步兵作战的先进国家。这个地方制造名剑，也许是因为经常进行短兵相接的白刃战所需要的。

春秋时代，贵族及其手下是战争的主力军。至战国时代，因为主要是步兵作战，一般民众就成为主角。平时种田的农民，战时被征为士兵。贵族上战场越来越少，这就导致他们的没落。

为方便起见，我在这里称他们为“贵族”，其实不像后来的贵族那样只有少数人，可以理解为“在该国参与祭祀的人”。例如齐国的“贵族”有太公望吕尚的后裔，甚至还包括吕尚所属的姜姓各族的后裔。历经五百年，这个数量是相当庞大的。他们有特权，特权产生堕落，古今皆然。

正如陈国太子田完流亡齐，晋文公流亡各国十九年那样，春秋时代人员的往来可以说十分频繁。这使我想起郑文公冷淡接待流亡的晋文公时说的那句话："路过我国的亡命公子很多，总不能一个个都接待他们。"

城市和乡村越来越膨胀。铁器的发明促使农业迅速发展，造成人口的大量增长。楚国商人到各国销售武器，可见当时的商业也很繁荣。诸侯所居住的城市已经扩大到很大的规模，也有不少来自国外的迁居者。"都会"这个词原本就是"人们从各地都到此会聚"的意思。

以前城市的居民大多是祭祀同一个祖神的同族人，随着外来人口的增加，同族的数量就相对减少，这表明祭祀的权威已经下降。先前祭祀的时候，全城的居民都参加，如今有一半人不参加。

"贵族"具有祭祀的资格，这是他们的权威之源。他们的没落也减弱了对祭祀本身具有力量的信任度。

春秋时代也有很多战争，但似乎很少有彻底的亡国。因为人们相信，如果彻底毁灭一个国家，没人祭祀的该国祖神就会作祟，所以周灭殷后，还把宋地封给殷的后裔，让他们继续祭祀祖神。春秋时代，虢亡于晋，但也不是彻底亡国，晋允许它保留一个小国，称为小虢。小虢在战国时代被秦所灭，那才是彻底的灭亡。

战国时代的胜负很可能导致彻底亡国，那是你死我活的时代，根本不在乎祖神的作祟。春秋时代虽然也是乱世，却还残留着牧歌式的氛围，战国时代却截然不同。

流亡者田完的后代逐渐增强实力，第六代田乞仕于齐景公，任大夫。田乞这个人，缴纳年贡的时候，使用小斗；分给人民谷物的时候，使用大斗。

这是收买人心。那个时代的农民在战时就是士兵，田乞这样做，是为了掌握军队。势力一大，田乞就开始干涉齐的继承人的问题，他废黜景公死后继位的晏孺子，拥立与自己关系密切的阳生（悼公）。田乞之所以能够成功，是因为他握有武装力量。

田乞之子田常效仿父亲的做法，借贷农民谷物时使用大斗，农民交还时使用小斗。当时齐人有这样的歌谣：

妪乎采芑，
归乎田成子。

农民把自己收获的东西首先拿到田常那里去。“田成子”就是田常。田常杀齐简公，立其弟，为平公。这离开他篡权就差一步了。田常的领地比主君平公还要大，实质上已经完全控制了齐国。田常对齐平公说：

德施人之所欲，君其行之；刑罚人之所恶，臣请行之。

人民都很高兴对他们施加恩德，都很憎恨刑罚。请我君实行施恩于民之事，让我充当坏人，掌管刑罚吧。让平公当“德施”的好人，自己甘当坏人，不能不说厉害。

然而，田家实际上利用大斗、小斗也在实行“德施”，现在又掌控司法大权，极具权威，可以说田常已经成为齐国实质上的统治者。

周王正式承认为齐侯的田和是田常的曾孙，从第一代田完算起，是第十代。为与太公望的后裔的齐国相区别，一般将田氏篡位后的齐称为“田齐”。

不言而喻，政治体制的变革和思想意识的变革互为表里。田常之前，废立君主，还有害怕祖灵作祟的心理，但是到田和的时代，似乎根本不在乎太公望的作祟。太公望末代后裔康公即位十九年时被篡位，移居海边，七年后死去，宗庙祭祀从此断绝。晋国的末代君主静公被贬为庶民，祭祀停止。这两个被篡位的大国末代君主能幸免一死，也许是不幸中的大幸。

泰山阅尽下界人间的盛衰兴亡。下界的人们也在仰望泰山，但是仰望的方式似乎在发生变化，产生一种人死后灵魂回归泰山的想法。这样一来，泰山之神——泰山府君，即东岳大帝就变成掌管人的生命之神。

东汉时，道教已经形成体系，诸神也都被纳入系统的等级体制里，泰山之神便成为能够洞察人们暗地里干坏事的、“检察官”性质的神，甚至还有人附会说泰山之神是阎罗王的太子。

现在泰山上的各种建筑物都是道教形成体系以后的东西，我们无法从中想象秦始皇时代的痕迹。据说以前南天门有一座金碧辉煌的亭子，明末造反军队的领袖李自成以为全部都是黄金制造的，命令部下把它搬到山脚下的岱庙里，结果发现原来只是贴金箔的铜柱，就扔在那里不管了，至今还留在岱庙里。这座铜亭是明代万历皇帝为供养母亲而建造的。

岱庙里有一座石塔，据说是秦始皇时代的东西。然而从它的形状来看，应该是佛教传入中国以后的东西，至少要晚于秦始皇时代四五个世纪。

秦始皇统一天下以后，为了封禅，修车道直至泰山顶上。这无疑是一项巨大的工程，也只有秦始皇的威望才能办到，同时也可以视为铁的力量。

秦始皇立于山顶的石碑自然已经荡然无存，《史记》记载有石碑铭文的全文，显示出平定春秋战国之乱世，统一天下，开创新时代的豪迈气概和昂奋精神。

皇帝临位，作制明法，臣下修饬。二十有六年，初并天下，罔不宾服。亲巡远方黎民，登兹泰山，周览东极。从臣思迹，本原事业，祗诵功德。治道运行，诸产得宜，皆有法式。大义休明，垂于后世，顺承勿革。皇帝躬圣，既平天下，不懈于治。夙兴夜寐，建设长利，专隆教诲。训经宣达，远近毕理，咸承圣志。贵贱分明，男女礼顺，慎遵职事。昭隔内外，靡不清净，施于后嗣。化及无穷，遵奉遗诏，永承重戒。

这篇泰山刻石的铭文每三句押韵，文章极为凝练酣畅。秦始皇还在芝罘、碣石、会稽等地立有同样铭文的石碑。

唐代司马贞在《史记索隐》中说各山的刻石皆存。据说秦始皇之子胡亥于父亲死后在石碑上添加文字，字数增至约四百字（秦始皇的原文为一百四十七字）。这些石碑于宋代亡佚，明代时发现有残留二十九字的石碑，称为“二十九字碑”，但也在清代毁于火灾。

百家争鸣

齐国都临淄在泰山东面约一百五十公里，战国时代是一座屈指可数的大都市。不仅在战国时代，秦统一天下，汉继其后，定都长安，在汉代，据说临淄的繁华也不亚于首都长安。

关野雄[①]的考古报告对临淄城遗址的记述颇为详细。现存城墙约七公里，这不过是三分之一，全长约二十公里，而且在其西南角有一座边长为一公里的小城，推断小城即为宫殿。

《战国策》记述苏秦游说齐宣王与赵合纵时说的话：

临淄之中七万户，臣窃度之，下户三男子，三七二十一万，不待发于远县，而临淄之卒固以二十一万矣。

当时是大家族制度，一户人家的人数要比现在多得多。户有上户和下户，下户大概是小户。即使是下户，每户也有可以当兵的壮丁三人，七万户则为二十一万士兵。仅仅在国都就能征集这么多士兵。

年轻男子就有二十万人，如果加上女性和老弱，临淄就是一座人口六七十万的大都市。苏秦接着这样描述临淄的繁华景象：

---

① 关野雄（1915—2003年）：日本考古学会名誉会长，主要研究中国考古学。代表作有《中国考古学研究》《中国考古学论考》等，译有《中国考古学三十年》，监译《新中国的考古学》等。——译注

临淄甚富而实，其民无不吹竽、鼓瑟、击筑、弹琴、斗鸡、走犬、六博、踏鞠者。临淄之途，车毂击，人肩摩，连衽成帷，举袂成幕，挥汗成雨，家敦而富，志高而扬。

街上车水马龙，行人摩肩接踵，说明城市的拥挤喧闹。挥汗成雨的说法是苏秦的夸张，也许应该打点折扣，不过临淄的确是极尽繁华的城市。还有斗鸡、赛狗，可见娱乐活动也不少。

临淄城有十三座城门，西门之一的“稷门”十分有名。齐在稷门附近建造一批宅邸，网罗天下学者。这些学者并没有在齐国政府里当官，他们只是研究思想学问，开展讨论，受到上大夫的待遇。上大夫的地位仅次于卿，即所谓“副部级”待遇。这些学者的人数据说有数百，甚至上千。

由于没有实际职务，他们的言论也许有信口开河之处，但正因为不在职能部门，才能够思想独立，言论自由。

人们以他们所居住的地区名称呼这些学者和思想家，叫他们“稷下学士”。

齐希望通过这些稷下学士的自由讨论，产生出实用性的富国强兵政策，同时也希望在受到优厚待遇的他们的带动下，齐国能够形成尊重学问的风气，从而使人才辈出。如果用有色眼镜看待的话，也许会认为齐国垄断天下的所有学者和思想家，不让人才外流。

战国时代的竞争十分残酷，关系到生死存亡，所有的国家都在努力寻找富国强兵的方略，而且已经认识到最重要的是集结人才。

春秋时代也有很多这样的例子，齐桓公重用管仲，终成霸主；晋文公在跟随他流亡十九年的贤良大臣们的辅佐下成为霸主；吴国因伍子胥而强盛；越王勾践在名相范蠡的辅佐下灭吴，名扬天下；还有郑国子产、齐国晏婴等也是如此。

不仅春秋时代，进入战国时代以后，也有这样的例子。魏文侯广招天下人才，使国势强盛，这大概产生了很大的影响。

齐国大概正是借鉴魏国的经验，才广招学士于稷下。

从时间来看，魏文侯应先于齐国。以下介绍魏国重视人才的情况。

魏国被推为诸侯是在公元前 403 年，那一年文侯成为魏国君主已经二十二年。据说魏文侯向已经高龄的子夏（孔子的弟子）学习经学六艺。由于这种原因，聚集在魏文侯身边的人才多是和子夏有关系的人。

首先是李克。他是子夏的弟子，《汉书·食货志》中以李悝的名字出现。《史记》介绍说他是文侯的顾问，深受信赖，文侯和他商量宰相的人选；《汉书》说他通过调整稻谷价格以提高农民的生产积极性；还有的史籍（《晋书》）记述他制定成文法，看来他的颇多业绩为后人所记录。

说到顾问，必定想起段干木。他也是子夏的弟子，和文侯师出同门，虽然没有做官，却时常给文侯建言献策。

兵书《吴子》的作者吴起也仕于魏文侯及其子武侯。吴起原是卫国人，离家出走，发誓“不为卿相誓不还”，入曾子（孔子的弟子）门下学习。他果然信守誓言，连母亲去世也不回家，据说因此被曾子驱逐出门。

吴起还有杀妻的故事。他起先仕于鲁，齐攻打鲁的时候，被任命为将军，但因为吴起的妻子是齐人，不被信任，于是他杀死妻子。吴起是一个彻头彻尾的官迷。由于他的做法太过分，在儒士很多的鲁国被人厌恶，他就跑到正在网罗人才的魏国，仕于魏文侯。吴起果然是军事奇才，在官兵中享有盛誉，率军击秦，连下五城，任黄河西岸的守军。

吴起想当官，魏文侯曾向李克询问吴起的为人，李克说道：

起贪而好色，然用兵司马穰苴不能过也。

吴起这个人，人格上有很多问题，但擅长用兵之道，连司马穰苴（齐国名将）也不如他。魏文侯的用人方针是，只要他有一技之长，出类拔萃，对其他缺点可以视而不见，于是重用吴起。

三国时代，曹操曾下令，只要有才能，不管他和嫂子私通，还是收受贿赂，都可以引荐。在国家生死存亡、战争酷烈凄惨的时代，只能采取能力至上主义。

西门豹担任邺（河南省）令，业绩斐然，大力兴修水利，使农业迅速发展。他还努力破除迷信，改变了河伯（黄河之神）娶妻时要把年轻女子扔进河里的恶俗。他反而把强迫人们接受这个迷信的巫婆及其同伙扔进河里，这在当时需要相当大的勇气。这个西门豹也是子夏的弟子。

田子方和子夏、段干木一样，也是文侯的师傅，也没有做官。

由此观之，魏文侯身边的人多是子夏等儒家出身的人。除了师傅级的这三个人外，其他人虽说也是出于儒家之门，但不少不像儒家。例如吴起虽是曾子的弟子，从他的品行来看，毫无儒家的味道。他被儒家破门，如果分门别类的话，谁都会把他归类到兵家。

热心于法律、经济、产业等实务的是法家。

李克、西门豹是儒家子夏的弟子，但从他们的业绩来看，大概只能归到“法家”。在儒家看来，他们是叛逆者。

魏文侯需要的是对富国强兵马上就能发挥作用的实务型人才，而一味强调修身的儒家不能满足眼前的需要。为了不辜负魏文侯的期望，他们必须转变立场，否则，也不可能建功立业，名留青史。

从这个意义上说，齐国的稷下学士和魏文侯身边的人才集团的形态不同，首先他们不是实务型人才，原则上都没有实务性的职务。

田齐的第一代田和称为太公，其子田午称为桓公，从桓公之子田因的时代开始改称王号。先前称王号的只是楚、吴、越等南方的诸侯，中原诸侯一个也没有，田因首开其例，称齐威王。他在位三十六年，其子为宣王。

宣王喜文学游说之士，自如驺衍、淳于髡、田骈、接予、慎到、环渊之徒七十六人，皆次列第，为上大夫，不治而议论。是以齐稷下学士复盛，且数百千人。

这是《史记》的一段话。细读这段话，可以知道宣王时代的稷下学士相当兴旺，那么开始阶段应该在更早以前。威王时代，大概就已经集结有不少稷下学士。

《史记·六国年表》记载，齐威王元年是公元前378年，这与《竹书纪年》的记载有较大差异，威王即位在公元前357年似乎是正确的。

有意思的是，《史记》的年表，前面的春秋时代很准确，而后面的战国时代反而混乱。这是因为秦灭六国统一天下的时候，把各国的史料都付诸一炬的缘故。各国的史料记录都把秦视为“敌人”，没说秦国的好话，所以一把火全被烧了。

秦始皇只把自己国家的史料保存下来，但是正如司马迁所说，秦的记录“不载日月，其文略不具”，好像是杜撰的。根据这样的史料编写，比起有鲁国《春秋》那样出色历史记录的春秋时代，战国时代的记录自然就含糊不清了。

《诗经》《尚书》或者儒家的书籍也同样被烧毁，后来发现的都是民间偷偷隐藏下来的。有的藏在墙壁里，外面抹上灰泥，才得以保存下来。然而，民间不可能有国家所记录的史籍文献，一旦被烧毁，哪里都没有副本。但是，秦始皇统一天下之前就放进墓里的《竹书纪年》幸免于火，后来被发现，对《史记》年表的勘误起到很大的作用。

现在回到齐威王即位年份的话题上来，如果是公元前 357 年，那恰好是魏文侯死后三十年。魏是从晋分裂出来的新兴国家，这时却已经成为强国，打中山国，攻郑国，吴起连拔秦国五城。如果研究一下魏国强大的根源，就会明白其根本原因在于大胆使用人才。

吴起从卫到鲁，又从鲁到魏，后来又跑到楚，这个人贪婪、好色、杀妻，名声很不好；被景仰为君主的帅傅的段干木是个商人，但魏国不问门第等，予以重用。魏本身就是和它的同伙共谋篡权晋国的僭主，所以本来就没有资格对门第等说三道四。

对上篡位，对下施恩。大斗借贷，小斗归还，这是收买人心的一个手段。对于僭主来说，下层人是自己的同伙，所以重用这个阶层的人才是极其自然的。

齐在稷门旁边修建豪宅，广聚人才，是仿效魏国成功的经验。只要才华出众，不问门第身份，一律重用。

《史记》说稷下学士的初期负责人淳于髡是齐的赘婿。

所谓“赘婿”，就是家贫无钱娶妻，只好寄居女方家里的男人。无嫡子而迎男子入女方家门的是一般的招女婿。但赘婿与此不同。如同“赘肉”等用例一样，“赘”是多余的意思。家里有嫡子，但买来男子给家里的奴婢做丈夫，这种形式入赘的男子视同奴隶，也许就是奴隶。淳于是姓，髡是名，这个名字是光头的意思。当时的奴隶都剃光头，大概淳于髡不是本人的真实姓名，而是绰号。这种出身最下层的人成为学士院的“院长”。从这件事也可以看出稷下学风完全是不拘一格。

齐威王即位的时候，是一个典型的荒唐愚妄的君主，弄得国家陷于朝不保夕的状态。《史记·滑稽列传》这样记述道：

喜隐，好为淫乐长夜之饮，沉湎不治，委政卿大夫。百官荒乱，诸侯并侵，国且危亡，在于旦暮，左右莫敢谏。

“隐”是隐语的意思。威王说话不是直截了当，而是隐晦曲折，让人猜谜语一样。身边人绞尽脑汁地猜解他的话，但如果把他话中暗含的意思顺利地猜出来，他又会很不高兴。大家拿这个年轻的君主实在毫无办法。而且这个人脾气暴烈，要是触怒他，说不定自己的脑袋就会搬家，所以没人敢劝谏他。于是淳于髡给这个喜欢猜谜的君主出了一道谜语：

国中有大鸟，止王之庭，三年不蜚又不鸣，王知此鸟何也？

威王回答说：

此鸟不飞则已，一飞冲天；不鸣则已，一鸣惊人。

从此以后，威王像是变了一个人，成为天下的明君。这个故事让我想起日本的织田信长[①]，他年轻的时候，用稻草把头发束成茶刷形，用绳子拴吊着腰刀，穿着打扮奇形怪状，被大家称为蠢人。然而，在平手政秀[②]

① 织田信长（1534—1582年）：日本战国、安土桃山时代的武将。1560年在桶狭间大败今川义元，名声大噪。1573年流放将军足利义昭，灭亡室町幕府。修建安土城，着手统一全国时，在本能寺遭明智光秀偷袭，自尽。——译注

② 平手政秀（1492—1553年）：日本战国时代的武将。织田信长的家老，以自杀劝谏织田信长改变恣肆妄为的状态。——译注

的死谏以后，一夜之间，完全变样。

其实，齐威王也好，织田信长也好，都不是一夜突变。他们的怪异言行只是掩盖真实面目的伪装，在窥伺时机的同时，也在观察周围的人。

说是三年不鸣，威王却是蛰伏九年。刚即位不久，三晋（韩、赵、魏）就攻打齐国的灵丘。那时晋还没有分裂，三年后，晋被一分为三。威王六年（前 348 年），鲁攻阳关，魏入博陵；威王七年，卫占薛陵；威王九年，赵取甄，齐对各国的进攻似乎一筹莫展，无能为力。

长夜之宴饮不过是威王的烟幕，其实他一直暗地里加紧准备，将亲信派往各地，调查地方官吏治政的情况。淳于髡不可能不知道这个内幕，他出这个谜语的真实意图大概是告诉君主“时机已到”。威王也觉得所有的准备都已就绪，他对淳于髡及时准确的判断一定给予很高的评价。

威王立即召见即墨的长官和阿的长官，对即墨的长官封以一万户的大名，对阿的长官烹杀。

威王几乎每天都能听到对即墨长官的诽谤，对阿长官的赞美，但是经过实地调查，知道即墨的治理十分出色，田地整饬，荒野开垦，政务有条不紊。相比之下，阿的荒野疏于开垦，人民生活贫苦，赵国入侵时不能救援，卫国攻打薛陵时，甚至连情报都搞不到。

阿的长官以为身居首都临淄的君主是一个愚蠢的少爷，就贿赂威王身边的人，让他们在威王面前赞誉自己。而即墨的长官根本不考虑如何对付宫廷，一心一意地勤勉于地方的管理。

实在是秋霜烈日般的刑罚。接受阿的长官的贿赂，在威王耳边为他大唱赞美歌的那些官员也被烹杀。《史记·滑稽列传》说受到召见的地方长官不止两个，而是七十二人。升迁和处刑，都在全国所有地方长官的面前进行，让他们心惊肉跳，也让他们振作奋起。

进攻齐国的各国见威王不敢抵抗，大概都瞧不起威王，以为他果然是个“蠢物”。然而，此时威王以迅雷不及掩耳之势出动军队，一气收复所有的失地。威王在位期间，诸侯再也没有发兵进入齐国领土。

地方长官都奋勉政务，各尽厥职，齐国的内政改善，国情稳定。

从上面的事情可以看出，齐威王是一个具有独特个性的人物，正因为如此，才会产生独特的构想：在稷门开辟豪华的学者区域，给予他们大臣或者副大臣级别的薪金，让他们自由发表言论。这个学者村的第一任“村长”是淳于髡，也许学者村其实是淳于髡的主意，而威王装成愚笨没出息的样子说不定也是淳于髡的设计。

周边都是强大的帝国，而且即位不久就接连受到外敌侵略的一国之君大概总是渴望尽快地富国强兵。肯定有人劝说他先要巩固基础，而他接受这个意见。建言者也许不止一个，能够从善如流的威王也决非等闲之辈。

《史记》列举的六个稷下学士中，田骈、接予、慎到、环渊是道家，淳于髡不知来历，驺衍是阴阳家。

如此看来，似乎没有儒家和墨家，其实只是《史记》没有列举他们的名字，还有孟子、荀子这样的大儒家。另外还有宋钘、尹文这样接近墨家的人。不过，稷下学界的主流可以说是道家。

《吕氏春秋》记载，道家第一人田骈向齐王解说道术。田骈的思想主张万物平等，自由无碍，毫无先入之见。齐王听他这种抽象的理论，心里急躁，说道：

寡人所有者齐国也，愿闻齐国之政。

你尽给我讲这些高深莫测的道理，我统治的是实实在在的齐国，我关心的是如何治理齐国的政治，你就集中讲这一点。田骈回答说：

臣之言，无政而可以得政。譬之若林木，无材而可以得材。愿王之自取齐国之政也。

正如对想要木材的人讲解森林里的树木一样，森林里的树木本身不是木材，但可以从中得到木材。我的话虽然不是谈政治，但从中可以得到许多治国的道理。

齐王应该理解了田骈的这一番话。这个齐王大概就是威王吧。正因为理解，才会在稷门建造学者村。稷下的学风不是实用型的，具有重视理论的倾向，这也一定是威王的思想。

稷下聚集着来自各国的学者，他们的思想千姿百态。即使同为儒家，也有孟子的性善论和荀子的性恶论这样两个极端不同的学说。这两个人生活在不同的时代，不可能在稷下见面，但同时代的各个学派的学者们每天在稷下讨论争辩。人们称之为：

百家争鸣

这些有着不同思想倾向的学者称为诸子百家，他们争先恐后地发表自己的学术观点和思想，评论对方的学说和主张。没有自由的风气，不可能实现百家争鸣。威王和宣王允许稷下有这样自由的氛围，鼓励开展积极的百家争鸣。

稷下的百家争鸣可以说是中国学术、思想的黄金时代。通过争论，学术和思想更加完善成熟，并产生出新的观点和思想。以现在的观点来看，对齐威王、齐宣王在稷下广招学者、开展百家争鸣的历史功绩的评价要远高于收复被侵略者占领的土地、扬威天下。

无论哪个诸侯都想招贤纳士，他们脑子里只考虑如何富国强兵。前面说过，魏文侯招募实务型的人才，文侯之孙自然也是如此。魏惠王和齐威王相继称王，但实力不如威王，大败于齐，太子被俘，还丧失了上将军庞涓。其国都安邑离秦国很近，感到危险，不得不迁都东面的大梁（今开封附近）。因为迁都大梁，魏惠王也改称为梁惠王。《孟子》开卷第一篇题为《梁惠王》，其中记述孟子和梁惠王的对话。惠王问道：

叟！不远千里而来，亦将有以利吾国乎？

“叟”是对耆宿的称呼，当时孟子至少已年过五十。您千里迢迢而来，能否提出对我国有利的建议呢？孟子回答道：

王何必曰利？亦有仁义而已矣。

这与齐王和田骈的对话很相似。田骈讲述道家的“道”，而孟子断言唯有“仁义”。齐王和魏王都求贤若渴，自然都期望有利于国家利益。

齐王理解田骈的主张，建造稷下学者村。魏王能理解孟子的主张吗？魏惠王会见孟子后不久就死去。孟子对惠王之子襄王的评价是“望之不似人君”，看来不是有作为的君主。孟子大为失望，离魏去齐。此时齐威王也已死去，宣王刚刚即位。但是稷下学士已名扬天下，齐国公开地敞开大门迎纳各路贤人，孟子去齐是顺理成章之事，当时是公元前318年左右。

孟子，本名孟轲，生卒年说法不一，一般认为生于公元前372年，卒于公元前289年，寿八十四岁，在当时是长寿者。他从魏去齐当在五十五岁左右。

把孟子也算做稷下学士之一人，似不妥。他本人大概也不屑归于此类。《孟子·万章》中有这样的话：

抱关击柝者皆有常职以食于上。无常职而赐于上者，以为不恭也。

门卫、打更巡夜的人都是固定的职业，都有工资可拿。没有固定职业的人，却拿着君主的赐予，这是不恭，即是对自己的人生不诚实的态度。

他具有这样的信念，没有固定职业，无所事事，只是参加讨论，对拿着齐王高薪的稷下学士不以为然，自己绝对不当这种被豢养的学者。

孟子认为自己不是稷下学士，而是君王的老师、国家的宾客。他是清高之人，可以说过于清高。孟子游历各地，总跟随着几十辆车和几百人的随从，有一种自己对等于诸侯的自尊心。

他主张王道主义的政治哲学。魏惠王想收复被秦、齐夺走的土地，问他有何办法，孟子回答道：

仁者无敌。

哪怕是只有方圆百里的小国，只要施仁政，就不可战胜。所谓仁政，就是减轻租税，深耕细作，对年轻人进行孝悌忠信的道德教育。受到仁政的人民，作战勇敢，而不施仁政的国家的人民，就不支持主君，就会背叛主君。所以，仁者无敌，唯有仁义。

孟子为自己是孔子正统的继承者感到骄傲。孔子主张仁，孟子主张仁义。《论语》说：

孝弟也者，其为仁之本与。

这是有子（孔子高足有若）的话，但可以认为就是孔子本人的思想。孝，就是对父母深怀爱情；弟（悌），就是尊敬兄长。他认为这二者是仁的根本。《孟子·离娄》记述孟子对仁义的见解：

仁之实，事亲是也；义之实，从兄是也。

对孔子“仁”的延伸无疑就是“仁义”，而且，智、礼、乐也都发之于仁义。

孟子思想最重要的有两点，首先：

民为贵，社稷次之，君为轻。

这是《孟子·尽心》里的名句。“社”是土地神，“稷”是五谷神，社稷是国家的祭祀，也被视为国家本身。孟子是说国家比君主珍贵，人民比国家重要。

这说明孟子具有革命思想：不看重人民的君主，必然灭亡，不，应该灭亡。

齐宣王问孟子关于殷臣周武王讨伐主君殷纣王之事，孟子回答道：

贼仁者谓之贼，贼义者谓之残，残贼之人，谓之一夫。闻诛一夫纣矣，未闻弑君也。

这段话见于《孟子·梁惠王》。失去仁义的人，就没有做君主的资格，只不过是“一夫”(一个男人)。周武王所杀的只是一个名叫“纣”的男人，不是君主。这里体现出君为轻的思想。

齐宣王问孟子关于卿（大臣）的态度时，孟子把卿分为两类：一类是和王室有血缘关系的贵戚的卿，另一类是和王室没有血缘关系的异姓的卿，他们对君王的态度各不相同。贵戚之卿是：

君有大过则谏，反复之不听，则易位。

对君王反复劝谏，如果君王依然置若罔闻，就应该驱逐君王，另立新王。宣王听后，一定脸色很不好看。

孟子认为，贵戚之卿和王室有血缘关系，所以必须挑选王族中的仁义之人，他们负有更换君主的义务。

异姓之卿则是：

君有过则谏，反复之而不听，则去。

因为和王室没有血缘关系，可以不必考虑废立君主之事，如果君主不听劝谏，他可以离开这个国家，很干脆地说走就走。孟子认为臣子没必要世世代代侍奉同一个王统的君主。

战国时代的君臣关系极其自由，没有盛气凌人的教条主义。孟子本人生于山东的一个小国——邹，可是他不仕于邹的君主，而是跑到魏，后来又到齐国。据说他在齐国当上了卿，但因为是异姓之卿，当知道自己的志向不被接受时，就可以随时离去。孟子在齐国七八年后离去。

这是孟子的民本思想。

另一点是重视经济的思想，这是从民本思想衍生出来的。

无恒产者无恒心。

这句话在《孟子·滕文公》里重复两遍。无固定产业者，其心也不稳定。他认为使人民具有恒心是政治的要害。

君主可以更换，不是十分重要，人民才应该受到尊重。

孟子的思想在本质上不适宜所谓万世一系的日本，所以民间传说装载《孟子》的船在驶往日本途中翻船沉没。17 世纪初叶，中国出版的明代随笔集《五杂俎》中有这样一段话：

倭奴亦重儒书，信佛法，凡中国经书，皆以重价购之，独无《孟子》，云："有携其书往者，舟辄覆溺。"此亦一奇事也。

这句话是谁说的呢？《雨月物语》也记述装载《孟子》的船沉没之事。上田秋成[①]从事创作活动的时候，已经出现《五杂俎》的日本版，始作俑者似乎还是这本随笔集吧。

当然这只是民间传说，《孟子》还是传到日本，成为知识分子的必读书。江户时代，出版有伊藤仁斋[②]的名著《孟子古义》。《孟子》与《论语》《大学》《中庸》并称"四书"，极受尊重，广为传播。

孟子是中国少有的"大丈夫"，总是堂堂正正地宣扬自己的主张，不管君王的脸色变得多么难看，他依然泰然自若。他毫不怀疑自己的思想。而他的先师、被尊为至圣的孔子在梦不到周公的时候还哀叹自己的衰老，说"其矣吾衰也"。

孟子和孔子一样，理想不为现实社会的当政者所接受。失意之下，

① 上田秋成（1734—1809 年）：日本江户时代后期浮世草子作家、国学家。代表作有志怪小说《雨月物语》等。——译注

② 伊藤仁斋（1627—1705 年）：日本江户时代前期的儒家。初学朱子学，后在京都私塾古义堂讲授古学。著有《孟子古义》《论语古义》等。——译注

离开政界，回到故乡邹，献身教育，培养后辈，直至终老。他长寿，活到八十多岁，一生从未悲观失望。

孟子离开齐国的情景大概最鲜明地表现出他的大丈夫气概。他极富人性。哀叹自己老迈的孔子令人感觉具有人性，而具有钢铁般意志的孟子也洋溢着浓厚的人性。

孟子离开齐国，是因为他断定齐宣王不会接受他的理想。他大概早就预料会有离去的这一天，而这一天的到来却缘于一件不可思议的事情。

孟子在齐国，自认为自己决非齐王的普通家臣，也不愿意别人视他为稷下学士，他把自己定位为王的老师。既然是齐王的老师，王就不会召见自己。孟子说自己是“所不召之臣”，不是能被颐指气使之臣，相当于殷汤王之臣伊尹、齐桓公之臣管仲。

如果王有事想和孟子商量，王会亲自登门，但不会把孟子叫去。

孟子有时也会进宫，那是因为他想主动对王提建议的时候。这是他自己要去，而不是王叫他去。孟子说：

管仲且犹不可召，而况不为管仲者乎？

管仲是辅佐齐桓公成天下霸主的名相，桓公绝不会传唤管仲。孟子坚信自己比管仲还优秀。管仲只是辅佐主君成为霸主，而孟子要辅佐主君成为王者。连霸道的管仲都没有被主君传唤，更何况王道的自己呢！

有一天，孟子正打算进宫，大概想对君王提什么建议吧。但这时王的使臣来他家里，传达君王的话：

寡人如就见者也，有寒疾，不可以风。朝将视朝，不识可使寡人得见乎？

我本打算去见您，可是患上感冒，不能外出。如果您能来的话，就和您在宫殿里相见。如何？您能见我吗？

孟子回答说：

不幸而有疾，不能造朝。

刚才自己还打算进宫，其实什么病也没有，但他还是拒绝被召见。

宣王以感冒为由，想把孟子叫到宫里来。“所不召之臣”的孟子却不会应召进宫。虽然自己本来也有话想对君王说，但在原则问题上不会让步。

第二天，东郭氏去世，孟子想去吊唁，他的弟子公孙丑劝阻道：

昔者辞以病，今日吊，或者不可乎?

昨天你还借口生病不进宫，今天却去吊唁，还是不要去吧。孟子回答道：

昔者疾，今日愈，如之何不吊?

昨天生病，今天好了，怎么能不去吊唁呢?

说完便出去了。可是这时王的使臣来了，王听说孟子生病，派人前来慰问，还带来医生。留在家里的弟子孟仲子惊慌失措，掩饰说：“昨天有点小病，不能造朝。今天有所见好，已经匆匆忙忙地进宫去了。不知道现在到了没有。”接着，急忙派几个人到孟子可能经过的道路去寻找。孟子游历各地时，跟着数百弟子、随从，所以家里应该有很多人。孟仲子让寻找的人告诉孟子“不要回家，直接进宫”。

可是孟子既不进宫，也不回家，却到朋友景丑家里住一个晚上。景丑批评孟子不从王命。孟子对他说自己是“所不召之臣”，上面引用的“况不为管仲者乎”的话正是他对景丑说的。

由于这件事，孟子和宣王之间的关系变得不融洽，从而也促使孟子下决心离开齐国。

如果这时孟子毅然决然、义无反顾地离开齐国，他绝对是一个“钢铁之人”，可敬畏、不可亲近的人，因为太杰出了。

齐宣王对孟子强烈的理想主义不敢认同，但对他的人品和特殊的才华倍加珍惜。孟子即将离去时，宣王亲自登门，问他“以后还能见到吗”？孟子回答道：

不敢请耳，固所愿也。

这个回答的意思很复杂：我还想见你，但我不会请求你见我。我不讨厌和王见面。宣王听他这句话，心想还有希望。

宣王手下有几百个拿着高薪却无所事事的稷下学士，虽然不能期望孟子对现实的政策发挥作用，但把如此精英放到别国去，实为遗憾，于是通过孟子的弟子陈子向孟子提出挽留的条件：

我欲中国而授孟子室，养弟子以万钟，使诸大夫国人皆有所矜式。

我在首都的中心地区给你豪宅，支付给你一万钟的俸禄以培养你的弟子，让朝廷所有官员都尊敬你。“钟”是稻谷的计量单位，据说约为五十升。其实对钟的具体内容还不甚了解，如果按照这个说法，折合日本江户时代的俸禄还不到一千五百石。当然价值观念不同，不能简单换算，不过，孟子大概觉得宣王的条件太低。

如果按照传统的解释，孟子断然拒绝宣王以财富引诱他的做法，但也许是因为钓饵太少的缘故。《孟子·公孙丑》说道：

如使予欲富，辞十万而受万，是为欲富乎？

孟子似乎曾拒绝过宣王十万钟俸禄的待遇，如果这样的话，这一次宣王的条件就显得太没有诚意。十万钟的俸禄都没有接受，却接受一万钟，这能说是希望富贵的人吗？

人都想富贵，但必须通过公正的方式。《孟子·公孙丑》说：

有贱丈夫焉，必求垄断而登之，以左右望而罔市利。人皆以为贱，故从而征之。

以前，市场是通过以物易物的方式互通有无的场所，然而，现在有利欲熏心的卑贱者站在垄断上盯视周围的交易者。“垄断”，即高处。市场交易，一般都是把自己带来的东西摆放在平地上，等待愿意和自己交换的人。但站在高处，可以发现谁带来好东西。这些人来这里不是为了交换生活必需品，是为了营利。“罔市利”，就是像拉网一样独占全部利益。

人们谴责这种行为是多么的卑劣，政府也对他们征（税）。其实孟子想说的是，我不是那种卑贱的商人。

“垄断利益”这个词语典出《孟子》，孟子是说自己不是站在垄断上的人，从而拒绝宣王提出的条件。

但事情到此并没有完。

在离开齐国的途中，孟子在一个名叫“昼”的地方滞留三天。这令人感觉孟子果然是恋恋不舍，似乎在等待宣王派人来再次挽留他。

齐国有一个名叫尹士的人，自认为是大丈夫，大概是孟子的私淑弟子吧。正是因为他对孟子过于景仰，所以当听说孟子住了三天才离开昼的“濡滞”时，大失所望，觉得自己看错了孟子。

当弟子高子把这件事告诉孟子后，孟子说尹士无法理解他。

不远千里来到这里是他的愿望，但自己的想法不能被接受，当然这也不是自己所希望的，实在是无奈的事。

予三宿而出昼，于予心犹以为速。王庶几改之。王如改诸，则必反予。夫出昼而王不予追也，予然后浩然有归志。予虽然，岂舍王哉？

孟子说住三个晚上出发还嫌快。

如果王能采纳我的主张，不仅齐国人民安宁，全天下的人民都会讴歌和平。如果王回心转意，这个理想是可以实现的。一想到这些，我的心就激动不已，焦急地等待着王的使臣的来临。劝谏主君不被采纳就怒气冲冲地拂袖而去，这不是心胸狭隘的“小丈夫”吗？

孟子的话传到尹士的耳朵里，他叹道：

士（自己）诚小人也。

等待三天，离开昼，孟子依然还说是不弃宣王。这是为了天下的人民，人民最为宝贵。为了人民，自己什么事都可以做。

夫天未欲平治天下也；如欲平治天下，当今之世，舍我其谁也？（《孟子·公孙丑》）

孟子的这句话是多么充满自信啊！他断言：现在天还没有期望太平，一旦天期望的时候，要想让天下太平，除了我，无人可以实现。

孟子自然是儒者，可是他的言行带有侠客的气质。身在乱世，心怀大志者，恐怕都会沾染侠客的习气。

荀子的出现仿佛是接替孟子，他是赵人，本名荀况，其著作为《荀子》。齐的稷下学士院第一任总长是淳于髡，最后一任可以说就是这个荀子。

说到荀子，人们自然都会联想到“性恶论”。中国的一般看法，似乎视性善论的孟子为好人，视性恶论的荀子为坏人。然而，这两个人看似两极对立，其实说的是一回事。孟子认为人性本善，不善是后天的环境和习惯造成的，只要摈除不善，仁义就会彰显出来，所有的人都可以成为圣人。荀子认为后天的东西才是善，通过后天的善改造原本恶的人，所有的人都可以成为圣人。

荀子说后天的东西的时候，他脑子里所想的就是儒家的根本——“礼”。按照性善论，人保持自然状态应该是最好的，那为什么圣人还要制定“礼”呢？礼是人为的东西。正因为圣人一定认为把人置于自然状态是不好的，才制定礼。那么，人性原本就是恶的。这就是性恶论的起源，可见荀子是多么重视礼。

“伪”这个字，现在的形象很坏，是假冒、赝品的意思。但是在《荀子》中，这个字不是赝品的意思，而是“人为”的意思，再派生出“矫正”的意思。

人之性恶，其善者伪也。

这句话见于《荀子》。他断定唯有努力制作的东西才是善。

荀子思想中引人关注的一点就是倡导贤人政治。他主张，只要是贤能高士，即使是庶民，也应该任命为士大夫。这是摈弃世袭制和血统主义的思想，对当时的社会体制无疑是巨大的改革，可以说是推动了儒家所具有的合理主义一面的主张。

通过录用贤能人才，推翻门阀制度，从而开辟一条通往官僚体制的道路。荀子的弟子中出现韩非子、李斯等为建立秦的官僚体制作出贡献的人物也是不足为奇的。韩非子猛烈抨击儒家，他出自儒家荀子的门下令人感觉奇怪。郭沫若（1892—1978 年）等推测，韩非子是为了侦察敌情打进荀子门下的。

从现存的《荀子》看，荀子的学识非常广博。他不仅是儒学的集大成者，而且吸收诸子百家之学，可以形容他是“百科事典派”。所以，不论钻研哪个方面的学问，入他的门下准没错。但只是因为范围广博，似乎深度上有点问题。

诸子百家的学问，后来相当多中断，未能流传下来，但《荀子》中记载有一些片段。从这个意义上说，可以说荀子是后世研究家的大恩人。为什么在他的言论里会记述其他学派的观点呢？其实是为了对其进行批判。

据说荀子三次被任命为祭酒。祭酒，就是“大学校长”。稷下学士原则上没有具体职务，当然也有例外。淳于髡等就经常作为外交使节被派遣出国。

一旦担任重要职务，往往难免卷入政治斗争。荀子也受到谗言毁谤，不得不离开齐国，亡命楚国。

稷下学术的主流似为道家。这一派的学者在稷下星罗棋布，但由于庄子这一颗辉煌璀璨的明星，使他们黯然失色。

庄子与老子并驾齐驱，俗称“老庄”。他和孟子基本上是同时代的人，但和稷下没有关系。如果老子忠实于崇尚自然无为的道家理想，就会像庄子那样，回到故乡做漆园的管理人，过着悠然自在、朴素简单的生活才是正道，而他居然满不在乎地接近权势气息浓厚的稷下，这就不像道家的样子。

不喜欢积极主义的道家为什么在齐国发展兴盛呢？这的确是个疑问。道家应该并不是很希望本派的学问兴盛起来。齐似乎出于什么原因将保护、扶植道家作为自己的国策。郭沫若认为，齐国本来就是盗窃的政权，为了不使自己的国家也被人盗走，就把提倡消极主义的道家思想作为国家思想的主流。

无能为力——这种思想看似无奈，但如果深究下去，问道那该怎么办，也有的道家早就准备好了答案。

稷下学士慎到认为人的力量有限，所以必须依靠法律和制度。

孟子、荀子主张所有的人都应该成为圣人，但对圣人采取怀疑的态度。无论什么样的圣人，仅仅凭借他的知识无法通晓天下之事。与其依靠极其难得一遇的圣天子的统治，不如制定规则，人人遵守规则，这样反而安全。由于慎到倡导这个学说，所以被归类到法家。

孟子把杨朱作为道家的代表，同时抨击他和墨翟（墨子）。

圣王不作，诸侯放恣，处士横议，杨朱墨翟之言盈天下，天下之言，不归杨则归墨。

这段文字见于《孟子·滕文公》。后来的中国思想界成为儒家的天下，就产生儒家从一开始就占据优势的错觉。但是，从这段文字可以知道，百家争鸣时代似乎是包含杨朱的道家和墨家的天下。孟子哀叹道：

杨墨之道不息，孔子之道不著。

现在我们一说道家，浮现在脑海里的首先是老子、庄子，其实孟子那个时代，其代表人物似乎是杨朱。只是这个人的著作和传记没有留存下来，现在只能通过散见于《孟子》《韩非子》《列子》等史籍的记载在一定程度上模糊地勾勒出他的轮廓。有的说他是老子的弟子，有的说实无其人。

《孟子·尽心》记述杨朱的这段话很有名：

杨子取为我，拔一毛而利天下不为也。

杨朱这个人，自己仅仅受到拔去一根毛这样极小的损失就会有利于天下的事都不会做。可见他奉行的是极端利己主义的哲学，这和墨子所倡导的彻底的博爱主义、利他主义的观点截然相反。

那个时代，激烈的言论似乎很流行，重视中庸的儒家的形势自然不被看好。《列子》里有《杨朱》章，收入有关杨朱的故事最多，但有人认为这本书是晋人的伪作，所以可信度很低。《列子》中所描写的杨朱是一个享乐主义者。利己主义和享乐主义是相通的。

各种学派互相争论，齐国的稷下一带一定非常热闹。既然是争论，就要取胜，于是各派又都钻研提高辩术，热心研究逻辑学。汉代时，研究逻辑学的人被称为“名家”，而在战国时代称为“辩者”或“察者”。

名家中最著名的就是“白马非马”论的公孙龙。“白”是对颜色命名的概念，“马”是对形状命名的概念，“白马”是这两个概念的综合，所以不等于一个概念的马。其实，“白马非马”论是比公孙龙稍前的兒说先提出来的。《韩非子》记述，兒说带着这个“白马非马”论，和稷下辩者辩论，结果把他们辩得哑口无言。郭沫若推测公孙龙是兒说的弟子。

名家是逻辑学学者，分布在儒家、墨家、道家里。《吕氏春秋》记载公孙龙向惠王讲解兼爱，也许他属于墨家。公孙龙是赵人，其生平事迹几乎不为人知。

战国七雄

各个领域的学者、思想家齐聚于齐国的稷下，他们的出身各式各样。孟子是小国邹人，荀子、慎到是赵人，最早提出“白马非马”论的名家兒说、宗钘是宋人，道家环渊是楚人。

当然，齐人也不少。淳于髡是齐的赘婿。顺便说一句题外话，渡海来日的传戒大师、唐招提寺[1]的鉴真和尚姓“淳于”，据说鉴真和尚是淳于髡的末代子孙。《史记》把淳于髡归到《滑稽列传》。

“滑稽”这个词的意思与现在我们所理解的不完全一样，是语言精妙、能言善辩的意思。唐代《史记索隐》这样介绍“滑稽”：

流酒器也。（崔浩的解释）

犹俳谐也。（姚察的解释）

崔浩理解为犹如酒从酒器里流出来一样，形容说话滔滔不绝。“俳谐”是说谐语滑利，智计疾出。姚察的解释稍微接近于我们现在使用时的意思。

淳于髡这个人无法归类，大概由于他涉及的范围很广，是一个全才型的人物。

要说齐国的看家本领，恐怕当数兵法。

孙武是吴王阖闾的一员大将，曾发挥其杰出的军事天才，在吴国攻陷

① 唐招提寺：日本寺院，由鉴真大师主持完成。——译注

楚国首都郢的战争中立下奇功，他就是齐人。孙武以兵书《孙武》的作者而著称，还有一本兵书《司马法》与《孙武》齐名。

齐景公时候，差不多和孙武同一时代，齐国有一员名将叫司马穰苴。他虽是庶出，却是田完的后裔，本姓田，经齐国宰相晏婴举荐任将军，击退晋、燕的侵略军，身居大司马要职。这时，田氏还没有篡位太公望谱系的齐国。

田氏篡齐以后，威王时代，表彰具有王室血统的司马穰苴。记录其言行的《司马法》，据说全书一百五十章，但现存只有五章。

见其老幼，奉归勿伤；虽遇壮者，不校勿敌；敌若伤之，医药归之。

我喜欢《司马法》中的这段话。它教导说，对敌方的老幼要奉归，要发给盘缠让他们回家。不仅老幼，即便是年轻人，只要不抵抗，就不可伤害他，而且应该对敌方的伤员予以治疗。

大捷不赏。

大败不诛。

这句话的含义也很深邃。

清代乾隆时期编纂的《四库全书》在目录的“司马法”处有这样一句评语：

三代遗规，往往见之于此书。

“三代”，指的是夏、殷、周的圣天子时代。《司马法》中可时常看到那三个时代的美好遗规。

古者逐奔不过百步，纵绥不过三舍，是以明其礼也。

“步”和“舍”都是长度单位。据说战国的一步为一点三五米，一舍为十二公里。对于败逃之敌不可穷追。

在孙武、司马穰苴之后百余年，出现吴起、孙膑这些兵法家。吴起是卫人，离齐极近，其妻是齐人。前面介绍过吴起杀妻的故事。

《史记》说孙膑出身于阿和鄄附近，这两个地方都是齐的领土。前面说过齐威王处死阿的长官，孙膑的“膑”也不是原名，是受过膑刑的意思。他受到切去胫骨的刑罚，所以外号叫“膑”。

《史记》说孙膑是孙武的后代，他和庞涓同门，师从何人，不得而知，学的是兵法。后来庞涓仕于魏，惠王时任将军，位高权重，春风得意，但他有一个心病，就是师出同门的孙膑比他更加优秀出色，他担心如果孙膑来魏，很可能会夺走自己的地位。于是，庞涓悄悄派人把孙膑叫来，制造口实，诬陷其有罪，处以膑刑，脸上刺墨，以为这个可怕的竞争对手从此就不会出人头地了。

齐国使者来魏国时，有机会和齐人孙膑交谈，对他的才华大为震惊，便悄悄带他回齐。在齐国，孙膑成为将军田忌的宾客，田忌很快就将他举荐给齐威王。孙膑大概得到稷下的宅邸，成为稷下学士，担任威王的兵法顾问。

稷下学士原则上不担任官职，但赵国受到魏国的进攻向齐国求援时，威王欲封孙膑为将军，孙膑以“刑余之人”谢绝，最终由田忌任将军，孙膑任军师乘坐辎车出征。

赵国求援，但孙膑率兵不往赵国，而是直奔魏国。魏兵远征，当知道老巢被齐国军队偷袭时，慌忙撤兵，在桂陵大败于齐军。

十年后（《史记》作十三年，《竹书纪年》为十年），魏赵联合伐韩。这是晋国分裂出来的三晋（韩、魏、赵）的兄弟国之间的战争。韩向齐求援。

这一次孙膑也没有进兵韩，而是进军魏国。魏国将军庞涓急忙撤兵，在马陵惨败于齐。孙膑在这次作战中使用的是“增兵减灶”的计谋。

孙膑命令第一天垒可供十万人吃饭的灶，第二天灶减至五万，第三天再减至三万。庞涓根据灶冒出来的烟判断对方的兵力，以为齐军有很多士兵逃跑，就甩掉行动迟缓的步兵，亲自率领轻装精锐的部队追击。

马陵这个地方，两边山势险要，道路狭隘。孙膑在山路两旁埋兵备弩伏击，而且把路边一棵大树的树皮剥开，写下“庞涓死于此树之下”几个大字，命令见火光射箭。孙膑计算魏军追击的速度，判断傍晚可以到达这里。果然不出所料，庞涓带兵来到这里，得知一棵剥皮的大树上写有字，他想看看什么字，命人点起火把。齐国士兵看见火光，万箭齐发，魏军顿时一片混乱。

庞涓觉察到齐军的指挥原来是自己同门的天才将领孙膑，乃自刭，临死前愤愤地说道：“遂成竖子之名。”魏太子申在这次战斗中被俘。

《竹书纪年》记载这次作战是在魏惠王二十七年（前 344 年），《史记》的记载在其三年之后。

通过这次败战，魏惠王痛感战争的胜负取决于人才，于是广招贤才。孟子也是在这次战争之后被招募的。

传于后世的兵书《孙子》的作者是仕于吴国的孙武还是齐国的孙膑，一直存在争论。三国时代的曹操注释过《孙子》，但有人甚至认为，曹操不仅注释，还编造正文。不过，1972 年 4 月从山东省临沂县银雀山的西汉古墓出土了《孙膑兵法》的竹简，以此可断定传于后世的《孙子》的作者是孙武，孙膑的《孙子》在失传一千几百年以后重见天日。新出土的《孙子》有不少无法辨认，但可以知道其基本轮廓，这些竹简被一根一根地保存在玻璃试管里，说是学者正进行认真研究。

马陵之战是魏、赵攻韩，韩请求齐救援，所以是四个国家参与的战争。如此，战国时代的战争更加国际化。

弱国算不了数，被称为“战国七雄”的七大强国成为这个时代的主角。以周公末代的正统而自豪、还是著名的孔子故乡的鲁国，殷人后裔的古老的宋国，先前的姬姓大国卫国等都沦落成二流的国家。

在富国强兵的竞争中，各国竞相收罗人才，进行政治改革，其中实行最有效的政治改革的是西部的秦国。

东周以后，秦才被封为诸侯，是一个新兴的国家。三监、田齐虽然是篡权新政，但国家本身很古老，旧制度、旧风俗都原封不动地继承下来，但因为有各种各样的抵制，所以不能进行大胆的改革。这一点，秦国没有可顾虑的旧习俗，对改革的抵制也比其他国家少。

孙膑仕于齐的时候，公孙鞅在秦国受到重用。据说公孙鞅原是卫王的庶子，仕于秦后，因功绩受封于商这个地方，所以称为商鞅或者商君。他年轻的时候，研究刑名学。前面说过，这个学说产生于稷下学士慎到的思想，也可以称为法家的法治主义。

起先他是魏国宰相公叔痤的家臣，陪臣是很难受到重用的。《史记》记述，公叔痤生病，对魏惠王说，如果自己发生意外，建议重用公孙鞅。接着补充道，如果不能重用他，就应该把他杀掉。但是，魏惠王没有听从公叔痤的进言。

公叔痤死后，公孙鞅前往秦国。因为秦孝公正在广招天下人才。在秦穆公时，秦国曾一度国力强大，跻身于春秋五霸，但后来被三晋进攻，失去相当大的领土。秦孝公雄心壮志，要重现穆公的全盛时代。

公孙鞅依靠孝公的宠臣景监接近孝公，很快升为左庶长，开始着手秦国的政治改革。简而言之，他的政治方针是把秦国改造成极权[①]主义的国家。其大纲如下：

一是什伍法。组织以十家为“什”、五家为“伍”的邻制。也有人认为是五家为一保、十保承担连带责任。这是彻底的告密政治。邻保中如有奸者，不揭发则处以腰斩之刑，揭发者可获得相当于在战场上取敌人一个首级的奖赏，隐匿者受到相当于在战场上降敌的惩罚。

二是分家的义务。家有两个以上男子，必须分家，否则赋税加倍。一家耕种一定的田地，家庭人口无论怎么增加，都不算是生产增加。当时盛行开荒，大概旧的家族制度成为鼓励开荒的阻碍。

三是军功依战场上所取敌人首级的数目而定。表示等级的“级”这

① 极权：统治者依靠暴力行驶的统治权力。——译注

个字，就是首级，也是表示计数首级。

四是禁止私斗。按照私斗之轻重，决定刑罚之大小。

五是鼓励产业。虽然是男耕女织，但多缴纳谷物、布帛者可免除夫役。从末利者、怠而贫者，充当官奴。

六是宗室没有军功者，不得列入公族簿籍。

七是阶级的明确化。制定二十爵制度，以此规定土地、房子的大小、臣妾的数量、衣服的程度等。有战功者可以享受奢侈的生活，无战功者即使很富裕也不能生活奢华。

无论哪些方面，都规定得非常周全细致，当时的人们一定感到痛苦窒息。实施新法以后，据说有几千人诉说新法造成的不便。

不多久，太子犯法，无论怎么说，也不能对王位的继承者——太子施加刑罚。于是，太子的傅（监护人）公子虔受到处罚，太子的师（老师）公孙贾受黥刑。

酷法使人们重足而立，所有的人都战战兢兢，生怕违法。没有人干坏事，从这个意义上说，人民更易于生活。原先诉苦新法造成不便的人，也有的转而赞扬新法的便利。

然而，商鞅说：

此皆乱化之民也。

统统强迫他们移居到边境地区。

对于商鞅来说，法是绝对的。批评法自不待言，就是赞扬法也决不允许。极权主义就是只要人们不声不响地顺从。人们受束缚，不自由，但国家集中，易于统治，政绩迅速显现出来。

秦国内政整饬，垦荒造田，产业振兴。国力充实以后，自然军队就随之强大。

魏国在马陵大败于齐国的孙膑，商鞅向秦孝公建议伐魏。在马陵之战的第二年，商鞅为将军，率兵出征东面的魏国，智取魏国将军公子卬。魏大败，割地求和，将黄河以西的土地割让给秦国。

对于秦国而言，这是实现了收复失地的夙愿。商鞅以功受封于商，号“商君”。魏感觉西边的国都安邑危险，后迁都东边的大梁（开封）。

商鞅是一个霸道的人。极权主义本来就是霸道的。然而，对他的怨恨之声，尤其是来自王族等上层的抱怨越来越大。这是一个酷法严厉的专制国家，人们只能小心翼翼地暗地里怨恨，不能公开流露出来，然而，这样的反抗像地下水一样蔓延。

极权主义原本如此，商鞅所谋求的是强化君主的独裁权。为此，必须削弱贵族的势力。对商鞅的高压专制最痛恨的也正是这个阶层的人。

平民遭受酷刑的自然也非常多，人民的不满在全国形成一股潜流。

商鞅的改革分两次进行，上面所述的是第一次，在秦孝公三年（前359年）推行，第二次是在秦孝公十二年（前350年）。

第二次改革，禁止父子兄弟同室。这是对人性的挑战。村落原本是自然形成的，但硬性地划分行政区域三十一个县，由中央委派令（长官）、丞（副官）管理。极权主义的国家自然是官僚专制的国家。第二次改革的时候，实行度量衡的统一，这可以说是一件善政。

尽管商鞅受到人民的怨恨，但是他稳稳当当地当了十年（一说十八年）的宰相，这无疑是因为得到秦孝公的绝对信任。有人认为，秦孝公的宏大愿望是完全收复失地，他本人就是一个强大的独裁者，商鞅不过是为他俯首帖耳服务的走卒。

孝公死后，商鞅的失势显而易见。太子惠文君触犯新法，结果他的监护人和老师受到商鞅的处罚，一旦即位，必定报复。赵良劝商鞅道，把受封的商的领地还给朝廷，然后归隐田园，这是唯一的生路。

秦王一旦捐宾客而不立朝，秦国之所以收君者，岂其微哉？亡可翘足而待。

赵良最后警告商鞅“亡可翘足而待”。商鞅很快就要失势，似乎是旁观者清，当局者迷。

久居权力之上，随心所欲地独断专行，结果普通人都能看得明明白白的事情，自己反而看不清楚。商鞅是法家，盲信法的绝对性。法已经对任何人——包括制定者——显示出威猛的力量。

就在赵良忠告商鞅的五个月后，孝公死去。对商鞅有刻骨仇恨的惠文君即位，所以商鞅的下台势所必然。惠文君十七岁即位，他触犯新法导致身边人替他受罚的时候，应该还是幼年。商鞅对幼年太子也要问罪，的确残酷无情，但如果不这样做，恐怕新法就无法贯彻下去。

遭受劓刑（割掉鼻子）、八年没有外出的公子虔及其同党以"商鞅欲谋叛"的罪名，命人逮捕他。商鞅逃出国都来到国境，想在客舍投宿，以"商君之法，舍人无验者坐之"遭拒。

按照商君制定的法律，如果允许无身份证者住宿，罚连坐。商君之法在商君身上严厉实行。

商鞅担任宰相之时，将国都从雍迁往咸阳。国家能够迁都，说明国力充裕。这个充裕的国力是商鞅带来的。秦国的有功之臣如今被驱逐出秦国。要从咸阳逃往国外，只能沿渭水去往东面的魏国。

如果想逃往楚国，必须翻山越岭，翻越秦岭、大巴山，山路险峻崎岖。商鞅受封的商地，在咸阳的东南面，商鞅对它完全指望不上。这也是商鞅自己制定的法律，它规定只能从受封地获得缴纳的年贡，对封地没有统治权。商鞅这个法家所考虑的是防止封侯进行地方割据。他自己受封于商，但实际上除了派人前往征税外，和商几乎没有任何联系。

商鞅无奈，只好逃往魏。他曾经是魏的陪臣，却担任秦国的将军攻打过魏。在魏看来，商鞅是个忘恩负义之徒。商鞅想路过魏亡命其他国家，但是魏没有同意。商鞅是秦国的国贼，秦是强国，秦国追捕的要犯来到魏国，必须把他送回去。于是，魏国把商鞅送回秦国。商鞅来到自己所陌生的封地商，自暴自弃，索性举兵反叛，结果在黾池（今河南渑池）被杀。惠文君车裂商鞅尸体，并诛杀其全部家族。

商鞅的遗产是通过自己强硬的政策而强盛起来的秦国。惠文君即位十三年时称王，公元前 325 年，《史记·秦本纪》说韩也同时称王，但年表记载，韩称王是在两年以后。齐威王和魏惠王称王的时间比秦惠王（惠文君）早九年。

秦国对改革的抵抗比较少，这只是与其他国家相比较而言，其实秦国的政治改革也产生不少纠纷。商鞅只是一个牺牲者。

在遭受车裂的商鞅所打下的坚实基础上，秦国养精蓄锐，积蓄起足以统一天下的力量。秦始皇在商鞅死后一百一十七年统一天下。

效仿秦国称王的韩国是七雄中最弱的国家，人口也少，没有强大的产业。韩国山多平地少，与魏、秦、楚这些强国接壤，战事不断，国都也多次搬迁，从平阳到新郑，再到阳翟。

申不害担任宰相的十五年，是韩国最强盛的时期。申不害和商鞅几乎是同时代人，二人并称“申商”。他们都是学习刑名的法家，但司马迁说申不害的学问出自黄帝、老子，将他和老子、庄子、韩非子归在同一项里。

《史记》记述申不害有著作《申子》两篇，似乎早已失传，所以只能从《战国策》《韩非子》等的记述中了解其轮廓。

虽然并称“申商”，但商鞅是法治主义者，尤其重视法律，而申不害的学问应该说是“帝王学”。所谓帝王学，本是君主一个人的学问，臣子学习帝王学，这本身就有问题。法律至上的商鞅似乎总是高举法律的大旗，一副严肃凛然的样子。申不害似乎过于在意君主，总是对君主察言观色，他经常随机应变，那是因为按照君主的意向，随时改变自己的主张。司马迁形容申不害“卑卑”，其意大概是学问易懂而卑近。郭沫若解释为申不害性格卑鄙。

虽然没有自己的原则，紧随君主的意向摇摆，但他作为汉国昭侯的宰相尽职尽力，内政外交没有失分。战国时代的韩国，离开申不害，就没有给人留下任何印象，所以申不害决非平庸之辈。申不害晚于商鞅一年死去。

韩是一个给人印象浅薄的国家，与之相比，三晋之一的赵国可以说极具个性。赵国在三晋的北面，与北方各民族频繁的交往造就赵国的特殊性格。赵的国都从晋阳（今山西省太原）迁至邯郸（今河北省南部），赵的南面有魏、齐这样的强国，所以主要向北方发展。狄的国家中山国离国都不是很远，北方有匈奴、楼烦、林胡等彪悍的部族。赵国试图通过开拓荒地和移民，实行其北上政策。

燕国的远祖是召公奭，国都定于蓟（今北京），远离中原，虽然很少卷入中原的战乱，但也有山戎等塞外民族入侵的另外的苦恼。

燕国在整个春秋战国时代都没有在国际大舞台上扮演重要的角色。《史记》的年表只是简略地记述公元前536年“齐伐我”，然后是第二年“惠公归至卒”。一百六十多年间只是即位年份和数字的排列。世界从春秋变成战国，而燕国在一个半世纪里，没有发生一起值得记述于年表的重大事件。有人认为，因为山戎等非中原部族阻隔了燕国和中原之间的交通，所以燕国即使发生重大事件，也没能传过去。

《史记》年表的公元前373年项记述“败齐林孤”,这与上一次的“惠公归至卒”记事相隔一百六十二年。

南方的楚是一个大国。春秋时代，北晋南楚，相当强大，中原各国害怕楚北进，曾联合和楚作战。

春秋之雄的楚在战国时代进一步扩大领土，灭越，全部吞并先前的吴越之地，并进而发兵云南，大肆扩张自己的势力范围。从辽阔的国土面积来说，楚国大概相当于其他六大国面积的总和。

然而，战国时期的楚总让人觉得缺少活力。由于领土的急剧扩张，也许必须把主要精力放在国内的稳定上，就没有余力活跃于国际舞台。或许国内尚不团结也是一个原因。这固然有领土急剧扩张的因素，恐怕也有楚人性格激烈的因素。性格激烈未必不好，热情奔放，只要正确引导这个能量，也可以进行了不起的建设事业。但如果这个激烈的能量用于内讧，因为性格注定不愿意妥协，最终会陷入无法自拔的困境。

更加不幸的是，在关键的时候，楚国出了个昏君。关于楚的话题，后面将结合屈原详细叙述。

齐和魏前面已经叙述，“战国七雄”本书就这样一带而过，至于沦为二流国家的鲁、宋、卫等，没有特别需要提出来记述的事件。现在稍微谈一下中山国这个特殊的国家。

“中山”这个国号本身就很怪异，即使是战国七雄秦、楚、魏、赵、韩、齐、燕，国号都是一个字。中原人的思想意识里，两个字的国号就不属于中原。北方塞外民族，有匈奴、楼烦、林胡、月氏等，大抵都是两个字。不使用汉语单音节语言的民族的国号都名称，翻译成汉字，大抵都变成两个字，如朝鲜、日本、蒙古、鲜卑、铁勒等也是如此。从东汉至魏晋南北朝，日本派使节来中国的时候，使用的国号都是“倭”，也许中国感觉有点奇怪，到圣德太子开始在国书中使用“日本”这个国号，或许认为这才是正常的吧。

从中山这个国号也可以知道，中山国是非中原部族的国家。一说到非中原，往往有一种偏见，以为在塞外，其实中山国位于赵、燕之间，即现在河北省的保定、石家庄一带。不是位于中原国家之外，而是夹在中原国家之间的国家。

《史记》时常出现这个国家的名字，但具体情况不详。中山国最初见于《史记·赵世家》，记述献侯十年（前414年）“中山武公初立”。唐代的《史记索隐》注释道：

> 按：中山，古鲜虞国，姬姓也。《系本》云中山武公居顾，桓公徙灵寿，为赵武灵王所灭，不言谁之子孙。徐广云西周桓公之子，亦无所据，盖未能得其实耳。

虽说和周同为姬姓国家，但“不言谁之子孙”，所以出身不详。大概是建国的时候，为了提高主权者的权威，尽量把优秀的先祖抬出来。

中山国建国五年时，被魏消灭，魏封皇族为中山君，但桓公用兵复国。

1974年11月，在河北省平山县发掘中山国的王陵，出土的铜圆壶、铁足大铜鼎、铜方壶等有很长的铭文，据此知道墓主人是复兴中山国的桓公的孙子譽。据考古报告说，出土文物虽有中原文化的风格，但显然也具有北方民族的特色。

今后的研究定然会弄清很多问题，不过中山国可以说是非中原民族在文化上已经相当中原化的一个例子。也许这不过是一个例子，规模大小另当别论，中国各地与此相似的情况应该很多。

在谈论中国文化形成过程的时候，往往只强调周边民族的中原化这一面，其实相反的情况也不少，中原人也吸收周边民族的优秀营养。

普通民众在日常生活中不知不觉地进行文化交流，很多东西扎根于本国文化中，而没有产生很大的排斥感。但经过三代圣天子时代，儒家的华夷思想占据上风，可以想象正式接受夷狄文化遇到的很大抵抗。赵国武灵王的“胡服骑射”就是一个著名的例子。

赵国武灵王是肃侯之子，公元前326年即位。当时是秦惠王末年，韩、燕都继秦之后，开始先后称王，但武灵王不赶这个时髦。据说他说道：

无其实，敢处其名乎？

即使称王，如果“名”不副实，也没有意义。这样的虚名宁可不要，他如此高调，但也可以说是一种气度品格。他让国人只称他为“君”。现在称他为武灵王，其实是他死后的追称。

从这则逸闻也可以知道，武灵王是一个重实轻名的人。他认为北方民族的作战方法很优秀。大概是锡西厄族的传统，北方民族都骑马。马在中原的作战中也发挥重要的作用，但主要用于拉战车。马拉着战士乘坐的战车，而不是战士骑在马背上。但是，北方民族都骑在马背上，不言而喻，这样就具有极大的机动性。武灵王在和北方民族的接触中，自然也会有军事方面的交流，同时也通过和他们的作战，深知对方的强悍，于是吸收他们的长处——骑马术。这些在草原上如风驰骋的骑马民族可以骑在奔腾的马上射箭。赵国军队也许在战场上好几次尝过他们的苦头。

骑马并非易事。所有的本领都来源于生活。赵的军人是中原人，不是轻轻松松地就能骑到马背上的。首先必须改变服装。中原人的传统服装像现在日本人的和服，身穿状似长袍的外衣，束带，不穿内衣。穿着这种“简易和服”很难骑在马上。北方的骑马民族穿的是裤子，这样方便骑马。然而，骄傲的中原人认为这是野蛮人的服装，称之为“胡服”。

务实的武灵王认为，国家要强大，必须采用骑马战法，为此必须改穿胡服。这个想法遭到大臣，尤其是贵族的强烈抵制。武灵王耐心地说服他们。《史记》详细记述说服的过程。从我们现在的眼光来看，也许会觉得不可思议，仅仅是改变服装怎么会引起这么大的骚动呢？

如果在秦国，这种事轻而易举，极权主义的方式，按照“法”，自上而下强制实行就可以了。然而赵国是三晋之一，具有古老的国情，改变旧制并非一蹴而就。

昔者舜舞有苗，禹袒裸国。

武灵王甚至把这样的典故都搬出来。古代圣王舜为了征服苗族（有苗），和苗人一起跳舞，以博取他们的人心。圣王禹到裸体习俗的地方去，自己也光着膀子。武灵王的逻辑是，要吞并中山国，征服北方的骑马民族，就要效法古代圣王，采用对方的风俗。经过他的努力，穿胡服的习俗终于在国人中普及，并成功地建立起一支战无不胜的骑兵部队。

武灵王似乎具有宏伟的计划，想要征服秦国，称雄北方。他希望自己有一个可以自由随意行动的身份，以便实现这个计划，于是把王位让给儿子何。何即位称惠文王，退位的武灵王称主父（主君之父）。

由此观之，武灵王是一个不拘一格的人物，他的目标是吞并中山，攻占北方，使赵国突飞猛进地发展。如果武灵王活的时间长一点，也许统一天下的就是他，而不是秦始皇。

然而，武灵王不幸而死。事情是这样的：

有一天，武灵王梦见一个少女弹琴而歌：

美人荧荧兮，
颜若苕之荣。
命乎命乎，
曾无我嬴！

我美丽如花，但是没有人赞美我。这也是命啊！没有法子。

武灵王谈起这件事，也许问家臣："是否有美女被你们私自藏起来了？给我找出来。"大臣吴广一听，急忙把自己的女儿孟姚献给武灵王。这个绝代佳人就是惠文王（何）的母亲。

赵国太子原是公子章，但何出生以后，武灵王就打算废章立何为太子。武灵王退位，继位的惠文王何年龄尚小。不久，备受宠爱的孟姚死去，武灵王又觉得被废黜的公子章很可怜，打算把国家一分为二，让公子章成为北部代这个地方的王。可是公子章不知道父亲的这个想法，忍无可忍，举兵谋反，被公子成镇压下去。公子成是武灵王的叔叔，对武灵王的"胡服骑射"最为反对。

公子章败逃，大概还身体负伤，逃到父亲的宫殿。此时的武灵王已经退位，称为主父，但还是开门让儿子进来躲避。于是，公子成的讨伐军包围了主父的宫殿。

公子章在主父的宫殿里死去。这样，讨伐军的处境就变得复杂起来。公子章针对同父异母弟惠文王发动叛乱，所以公子成的讨伐是理所当然的行动，但是，他竟然包围主父居住的宫殿。公子成是王族的长老，深知主父一直对公子章怀有感情，正因为爱这个儿子，所以才允许败逃的公子章进入自己的宫殿躲避。那么，公子章已死，就撤兵解围吗？公子成一伙竟敢围攻宫殿，必定会被武灵王诛杀。

于是，公子成继续围困宫殿。宫内粮尽，甚至吃麻雀充饥，三个月后，主父饿死于沙丘宫。

从决定"胡服骑射"这件事来看，赵武灵王是一个果断的人，是一个富有决断力的独裁者。他明白公子成久围不撤的心思，在处理国家政事上那么毅然决然，可是在家族的内讧上，却如此优柔寡断。司马迁评论说：

怜故太子，欲两王之，犹豫未决，故乱起，以至父子俱死，为天下笑，岂不痛乎！

武灵王是一个情绪起伏变化强烈的人，得到美人孟姚以后，和她朝夕相处，几年不临朝。如此沉溺于感情的人，却通过“胡服骑射”成功地改造赵国军队的体制，这表现出他优秀的一面。然而，他作为家庭的一员，无法平衡爱情的关系，终于酿成激情者的悲剧。这种情绪的急剧起伏让王族、重臣感到害怕，也成为他的致命伤。

赵国后来出现廉颇、蔺相如等贤臣良将，所以更感觉武灵王死得可惜。

那是一个人才决定一切的时代。没有在历史舞台上发挥重要作用的燕国也深感招贤纳士的必要。挤压在中原大国之间的中山国被赵国武灵王所灭，使得燕国接近中原。赵、秦的势力之争一旦激烈，燕国也会感觉到强烈的余震。

燕王哙把国事一手交给宰相子之，国内分为宰相派和太子派，纷争不断，愈演愈烈，甚至发生死者数万的动乱。此时，孟子成为齐国的宾客，据《史记》《战国策》记述，孟子建言齐王伐燕，说这是和周文王、周武王伐殷一样的仁义之战。《孟子·公孙丑》的补充记述感觉有点像辩解：

为天吏则可以伐之。

孟子的话附有条件。这个条件就是“天吏”——如果替天行道的话。但是，齐趁燕国内乱之机攻燕，吞并其领土。从这个结果来看，孟子上述的话只能说是辩解。

两年以后，齐从燕撤军。

燕王哙死去，宰相子之亡命，太子平即位。这是太子派的胜利。太子平，即燕昭王，认为齐的攻燕是“先王之耻”。

为雪先王之耻，首先必须招贤纳士。于是，燕昭王和他的老师郭隗商量：“为雪先王之耻，想招贤者，给予他们最高的待遇。”郭隗回答道：

先从隗始。

你给予我最高的待遇，比我优秀的人才就会不远千里前来投奔。

昭王便为他修建豪宅，给予最高的待遇，果然那些自信比郭隗优秀出色的人纷纷来到燕国，其中有魏国的乐毅、齐国的驺衍、赵国的剧辛。

燕国招纳人才，迎来了黄金时代，昭王二十八年（前284年），与秦、三晋联合伐齐，洗劫临淄，为先王复仇。此时燕国的上将军是乐毅。

昭王一死，其子惠王就更换上将军。惠王在太子时代就和乐毅不和，新任命的上将军是骑劫，乐毅亡赵。齐国将军田单立即率兵攻燕，杀死骑劫，全部收复被燕抢走的失地。

盛极而衰，衰极而盛，国家大都如此重复。在秦始皇领导的秦国崛起之前，没有产生一个可称为超级大国的强国，这是很自然的。

从燕国的情况可以知道，人才对于兴国是何等重要。不仅各国的国王网罗人才，连贵族也根据自己的实力招纳人才。有实力的贵族养着几千食客，“战国四君”可以说是典型的代表。

“战国四君”中，最有名的是齐国的孟尝君。他是齐宣王的幼弟田婴之子，威王之孙，本名田文。据说有食客三千，名声闻于诸侯。

秦昭王听说孟尝君贤明，请他担任宰相。这是在公元前299年，赵武灵王退位任主父的时候。孟尝君前往秦国，但是秦昭王的亲信劝谏秦昭王说：“孟尝君是齐国王族，即使成为秦国宰相，依然会把齐国的国家利益置于首位。”贤能之士，不被重用就被杀，不能为别国所用，这就是战国时代的利己主义。

秦昭王欲杀孟尝君。在这千钧一发之际，孟尝君贿赂昭王的爱妾，请她说服昭王释放自己。这个爱妾提出的报酬要求是一件“狐白裘”。

狐白裘是用狐狸腋毛中的白毛织成的皮衣，据说一件需要上千只狐狸，乃价值千金、天下无双的珍宝。其实，孟尝君带着这件宝物来到秦国，但已经献给了秦王，所以他十分为难。不过，孟尝君的食客中有一个“狗盗”的天才。他从秦宫的珍宝仓库里把这件狐白裘偷出来，于是孟尝君被释放。

孟尝君急如星火地奔回国内，因为不知道秦昭王什么时候会变卦。秦昭王果然后悔释放孟尝君，派人追赶。半夜，孟尝君一行来到国境函谷关，这时已经知道有人追赶。按照当时的规定，城门在鸡叫之前不开。不过，孟尝君的食客中有人善于模仿，于是模仿鸡叫的声音。守城人听到鸡叫，便打开城门，孟尝君一行得以出城逃脱。

这就是“鸡鸣狗盗”这个成语的由来。它被用以形容不入流的本领。这则故事过于小说化，大概是根据孟尝君的食客里什么样的人都有这个事实，编造出这种有趣的故事吧。

孟尝君回到齐国后，任缗王的宰相，因其声望受人嫉妒，感觉危险，便逃到魏国。魏昭王重用他为宰相。他在魏国所做的事情，就是联合秦、赵、燕，共同攻打自己的祖国齐。燕国就是在这次作战中为先王雪耻的。

缗王败逃莒，并死于此地。孟尝君后来在诸侯中采取中立的态度，成为小国之王。

阅读孟尝君的事迹，有许多不解之处。首先，他是齐王的侄儿，为什么可以到秦国、魏国担任宰相呢？他在秦国差一点被杀，孟尝君这样的人为什么没有觉察呢？

还是不能用现代人的感觉套用两千多年前的战国时代。春秋时代就有不少贵族公子因为卷入，或者害怕卷入继承人之争而流浪各国的。像晋公子那样最后成功回国即位的例子极为罕见。流浪的贵族及其随从不少都是贤能之士。他们贫穷，所以仕于其他国家也无人指责吧。

虽然周王室沦为名存实亡的处境，但即使在五百多年的分裂时代，天下一统的思想意识并没有在人心中消失。齐的王族在秦国、魏国任宰相，似乎也没有感觉有什么不合适。

秦昭王招请孟尝君的时候，把自己的弟弟泾阳君送到齐国当人质。他要杀孟尝君的时候，大概做好了为了国家利益牺牲弟弟性命的思想准备。

孟尝君招募人才，但似乎尽是鸡鸣狗盗之徒。第一流的人才集中在稷下，他所能募集到的也就是这些剩余者。一百多年后，司马迁访问孟尝君受封之地薛，《史记》记述此地多有粗暴凶恶的年轻人。他们大概是孟尝君的食客的后裔吧。

赵国平原君，本名赵胜，是惠文王的弟弟。其母不知是否是那个美女孟姚。作为王的弟弟或者叔父，他任惠文王和孝成王的宰相，三起三落，其人生大概是跌宕起伏。不过，他一生仕于祖国，这一点比孟尝君简洁。

秦昭王五十年（前 257 年），秦军攻赵，深入内地，包围国都邯郸。平原君赴楚求援，他的食客毛遂手按剑柄，逼迫楚国的考烈王承诺出兵救援。平原君似乎主要招募有侠义之人，不过，“白马非马”的公孙龙也受到平原君的优厚待遇，所以未必都是任侠无赖之徒。

指挥楚国援军的也是战国四君之一的春申君。其他三君都是王族，唯有春申君不是。他姓黄，名歇，和作为人质的楚太子一起被扣押在秦国，后来设计让太子逃跑。秦昭王要杀他，秦的应侯进言道，他是一个可以为主君献出生命的忠臣，不应该杀这样的人。黄歇因此幸免一死。楚太子即位为考烈王后，自然要重用他，封了江东之地。

上海别名申江，是因为黄浦江古时候名叫春申江。黄歇受封于此地，称为春申君。据说食客三千，其权势凌驾于楚王之上。主张“性恶论”的荀子离开齐国稷下以后，投奔寄食于春申君门下。春申君有胆有识，也很有文化修养，但由于错综复杂的原因，为李园所谋杀。

派援军解邯郸之围的不仅仅有楚国，魏国也派遣十万大军。不过，这是魏国安釐王的弟弟魏无忌私自出兵。魏王对救赵并不赞成。调动国家军队需要叫做“虎符”的兵符。它是用青铜做成的老虎形状的令牌，劈为两半，右边的一半留在国都，左边的一半由驻地的司令保管。魏无忌杀死保管虎符的将军，从而调动军队。

这个魏无忌称为信陵君。信陵君的姐姐是平原君的夫人，所以他无论如何要救赵国。然而，违背国王意愿，私自调动军队，在成功救援解围邯郸以后，信陵君十年不能回国。

公元前247年，当听到秦国攻打魏国的消息时，信陵君爱国热情高涨，急忙回国，率五国之兵在河外击退秦军的进攻。安釐王也哭着宽恕了信陵君。

魏有信陵君，秦就无法东出函谷关，于是秦使用反间计，散布信陵君窥视王位的谣言，据说秦为此花费了黄金一万斤。安釐王也逐渐开始怀疑信陵君，夺去他的兵权。信陵君忧愁郁闷，终日酗酒，四年后死去。安釐王也于同年死去，于是秦国大军趁机排山倒海般越过函谷关进攻魏国。

战国四君都具有浓厚的“侠义”色彩，侠义与粗暴、无赖只隔着一层纸。据说孟尝君在鸡鸣狗盗之徒的帮助下逃出秦国，回国途中，路过赵国平原君的领地，听见路旁的人们议论说“原来是一个矮矬子啊”，一怒之下杀死道路周围的几百人，毁灭一座县城。这种事只有黑社会暴力团伙才做得出来。

四君的手下都有敢死队、刺客这样的人，往往会干出以国王的名义干不出来的事。他们说是国王的别动队，但有时也会在势头上干出令人感觉是凌驾于国王之上的行为。

如果战国时代的时间再长一点，类似战国四君的势力也许会篡夺诸侯国。

蜀和楚

战争、外交、政治、诸子百家的思想，等等，有关战国时代的记录很不少，然而涉及平民生活的记录极为少见。战国时代的农民，虽然和三代（夏、殷、周）至春秋时期一样，都一直在种田，但并非毫无变化。农具改良，铁器普及，兴修水利灌溉工程，扩大了可耕地面积。

诸侯从周王室获得领地，由农民耕作的形式也发生了变化。由于可耕地面积的扩大，就出现诸侯下面的强势家臣成为新开垦土地领主的现象。然而，在诸侯手下当领主的形态并不太平，想实行君主独裁的诸侯是不允许自立性很强的领主存在的。

商鞅的改革使秦国的领主变得有名无实，领主无法统治自己的领地，实际的统治权掌握在朝廷派去的“知事”手里。领主从领地只能收取年贡，这样领主就变成了地主。

这个改革使秦国强大起来，中央的意志可以畅通无阻地贯彻到全国的各个角落。从动员军队这一点来看，这是效率极高的体制。

开发巴蜀地区（今四川省）又进一步增强了秦国的力量。四川土地肥沃，称为“天府之国”。

巴和蜀似乎都是古代的部族名称。这一带历来有两个中心城市——成都和重庆，至今还是如此。蜀族以成都为中心、巴族以重庆为中心各自建立政权。

东汉许慎的《说文》是研究文字的专著，成书时间恰好是公元100年。

其中这样解释“巴”字：

巴，虫也。或曰食象蛇。

《山海经》记述巴国有青首黑蛇，食象。《说文》就是据此解释“巴”字的吧。巴表示虫，即蛇，这大体没错。巴族大概是以蛇为图腾的部族。

“蜀”字当中就含有“虫”字，但《说文》认为这是蚕。这种解释不知是否正确，不过成都自古就是丝绸的产地，锦尤其出名，连流经成都的河流都称为锦江。

秦国开发四川，这并不是说此前四川是蛮荒之地。四川自古以来就有相当高的文明。周武王伐殷时，据说四川的部族也参加，可见并非与中原毫无交流。

蜀等在国力强盛的时候，甚至沿长江而下攻打楚国。《史记·楚世家》记述“肃王四年（前 377 年），蜀伐楚，取兹方”。兹方是楚国西部边境的地名。楚建扞关以防御抵抗。虽说是边境地区，但还是被夺走，可见蜀决非弱小的国家。以现在的行政区划来说，兹方、扞关都属于湖北省。有关兹方的说法不一，今松滋县的说法较有说服力。松滋在宜昌市以东，相当偏远。

说到蜀攻楚，我们会立即联想到沿长江而下，从四川过三峡进入湖北，但当时蜀军似乎沿清江而下。清江在宜昌下游的宜都和长江汇合，当时这条水路应该是近路。

《三国志》写刘备入川仿佛别开天地，至少读者有这种感觉，实际上长江之外还有其他渠道可以通往楚国。蜀绝不是孤立的地域。

史料记载，秦国车裂商鞅尸体的第二年，即惠文君元年（前 337 年），蜀来朝，大概是遣使向新君即位表示祝贺吧。同年，楚、韩、赵也遣使往秦。新君即位，遣使祝贺，可见当时秦国和蜀国之间的来往已经相当频繁。

蜀不仅和楚，和秦之间的交通也已经开通，虽然道路崎岖险阻，但人还是可以通行的。《三国志》以及后代诗人的作品给人蜀乃孤绝之地的印象。例如李白以其汹涌澎湃的狂放热情创作惊天动地的诗篇，感叹蜀道之难，广为传诵。

噫吁戏，危乎高哉！
蜀道之难，难于上青天！
蚕丛及鱼凫，
开国何茫然。
尔来四万八千岁，
不与秦塞通人烟。
西当太白有鸟道，
可以横绝峨眉巅。
地崩山摧壮士死，
然后天梯石栈相钩连。
……

这是李白长诗《蜀道难》的开头部分。这位8世纪的诗人形容前往蜀地比登天还难，相当的夸张。

汉代扬雄（前53—18年）是蜀人，著有《蜀王本纪》，已佚失。据其他书籍引用该书的佚文记述，其中提到蜀王的名字有“蚕丛、柏濩、鱼凫”等。

殷代甲骨片里有占卜征蜀凶吉的内容，可见蜀自古就和中原有关系。1957年从四川省新繁水观音发掘的古墓中出土有铜戈、铜斧、铜镞等铜器物，与中原出土的殷代铜器几乎完全一样。

《蜀王本纪》佚文说鱼凫之后，天降杜宇，自立为蜀王，称望帝。望帝将王位禅让给鳖令，鳖令号开明帝。

其原因据说是望帝无法治理洪水，任命鳖令为宰相后，他修复水渠，使人民得以安居乐业，于是望帝效仿尧让位给舜的先例，禅让给鳖令。但佚文也说望帝趁鳖令到外地治水之机，与其妻私通，望帝愧于自己德薄，禅让国家后离去。

鳖令是荆（今湖北）人，死后尸体溯江而上，入蜀后复活，遂受望帝重用。

按照这个传说，似乎可以解释为鳖令是在湖北战败的部族，溯江而逃，入蜀后仕于望帝，最后篡位。鳖就是鼋鱼，以此为图腾的部族，与水深有关系，善于治水。

“禅让”这样的佳话大抵是儒学昌盛以后为美化历史编造出来的。在民间则有另外的传说，《太平寰宇记》（10 世纪的地理志）记述其片断，说是望帝逃亡。以他为首领的杜宇族一定是被鳖令族追逐而逃的。

望帝自逃之后，欲复位不得，死，化为鹃，每春月间，昼夜悲鸣，蜀人闻之曰：我望帝魂也。

杜鹃鸣叫时吐出红舌头，看似吐血，被视为悲剧性的鸟，所以有这样的传说。此鸟之所以叫杜鹃，传说是杜宇（望帝）的化身，别名“蜀魂”，也是出于同样的传说。

战国时代的蜀国遣使赴秦，侵掠楚地，其执政者大概是鳖令族开明帝的后裔吧。

4 世纪成书的《华阳国志》在《蜀志》章中记述，周显王二十二年（前 347 年），秦王赠送五个美女给蜀王，蜀派五个壮士前往迎接护卫，当他们来到梓潼时，看见一条大蛇钻进山洞里，一个壮士抓住蛇的尾巴往外拽，却纹丝不动。于是，五个壮士合力，齐声叫喊着一起拽蛇，突然山崩，把五个美女和五个壮士全部掩埋。

李白《蜀道难》的开头部分就谈到这个传说。

蜀原先和秦国边境也不相通，只有太白山上空鸟飞的道路，唯有鸟儿可以从蜀地峨眉山的山峰上横穿而过。然而，自从大蛇事件发生以后，终于道路开通，利用天梯、石栈相连着通行。

当然这是诗人描绘的诗歌世界。当时蜀的掌权者是鳖令族的后裔，大概具有先进的治水技术，但综合实力落后于秦。秦送美女，和蜀国保持友好关系，但真正的意图是最终吞并蜀国。

秦的惠文君即位十三年后称王，从第十四年起改称王的国号。惠文王九年（前 316 年），秦终于伐蜀，灭之。

商鞅试图构建极权主义的国家体制，削减贵族的势力，结果遭恨被杀。但是，秦的国家基本方针没有偏离商鞅所设计的轨道，后来在统一天下的政策问题上出现意见对立的两派，引发激烈的争论。

宰相张仪主张“灭周”。

将军司马错主张“讨蜀”。

这两个人在惠文王面前各自阐述自己的论点。两个人的目标是一致的，都是为了“王业”，即统一天下。首先听听张仪怎么说的：

争名者于朝，争利者于市。

张仪把这句谚语搬出来。欲得名声者必定把朝廷作为炫示自我的舞台，欲得大利者必定在国都的市场上进行营利活动。其意思是：与其当村议会议员，不如当国会议员；与其在乡下开杂货铺，不如在城市经营百货店。

蜀是乡下，在那种地方费力“去王业远矣”，中原依然是天下的舞。

今三川、周室，天下之市朝也。

三川，指的是包含黄河与其支流伊水、洛水这三条河川的地域。“中原”的含义基本没变。

当时，韩觊觎秦的东部边境，秦便打算同从南北两面夹韩的楚、魏两国建立友好关系，以压迫韩。

韩是战国七雄中最弱的国家，申不害任宰相时整顿内政，国力相当强大。但申不害在秦的惠文君元年死去，而且周王室的领地在韩国内，虽说周王室已经衰微，但毕竟还是天子。张仪的意图是攻韩逼周，获得周之九鼎。九鼎乃传国之宝，相当于日本的三种神器，一旦得到，便可以号令天下。这就是“灭周”论。

司马错提出“讨蜀”论。

欲富国者，务广其地；欲强兵者，务富其民；欲王者，务博其德。

根据这三条资格，秦国所统治的土地还很狭小，所以必须扩大领土；秦国军队还不够强大，这是因为人民的生活水平还很低，所以必须提高。

要实现王业，就必须普及道德。周王室虽然只是名义上的国主，但作为天下的“大宗”依然受到尊敬，讨伐周王室必然会背上不义的恶名。相比之下，蜀是戎狄之地，讨伐之，大概谁也不会出来指责。

秦王对这两种主张进行比较后，赞成“讨蜀”论，进兵蜀地。于是，蜀国灭亡，归入秦的势力范围。秦将一万户居民迁往蜀，加速开发蜀地。

秦王赞成司马错的“讨蜀”论，还因为这也是很好的对楚政策。

秦国吞并巴蜀后，反对“讨蜀”的张仪出使楚国，宣传和秦国保持友好关系的好处。

秦西有巴蜀，大船积粟，起于汶山，浮江已下……不费牛马之力，不至十日而距扞关。

这是警告与秦为敌的危险。秦有巴蜀，装载着军粮的大船接连不断地顺着长江而下，用不着十天就能到达贵国的扞关。不仅无须牛马驮粮，而且士兵乘船直达楚国领土，毫不疲劳。可以说位于长江上游的势力的强大是决定性的。

《史记》没有记述司马错的“讨蜀”论，《华阳国志》是这样记述的：

水通于楚，有巴之劲卒，浮大舶船以东向楚，楚地可得。得蜀则得楚，楚亡则天下并矣。

秦要统一天下，挡在前面的绊脚石是具有强大实力的楚国。只要灭楚，秦就可以包揽天下，为此，必须先取巴蜀之地。

楚国吞并吴越后，其领土将近天下的一半。秦自商鞅变法以后，通过国家改造，迅速强盛起来。有能力统一天下的，实际上也就是这两个国家。

秦、楚决战，以秦胜告终。胜利的因素有很多，其中秦国的外交政策的成功是重要的因素之一，但秦把位于楚国上游的巴蜀之地收入囊中可以说是更主要的因素。张仪之所以能玩弄近于恫吓的外交手段，也是因为秦国占据了巴蜀。

当时，由于蜀和巴纷争不断，才使得秦国轻而易举地把它们全部吞并。楚国虽然处在下游的不利位置，但如果趁着四川内乱的机会，其实完全可以将巴蜀并入自己的势力范围。没有把握这个时机，是楚国在秦、楚决战中失败的最大原因。进一步说，楚国稀里糊涂地错过这么好的机会，被秦抢先得手，这是楚国为政者的责任。楚国的为政者为什么如此无能呢？

一言以蔽之，就是因为忙于派系斗争。

不论哪个国家，不论哪个时代，都有派系斗争，而楚国的派系斗争尤为激烈。

兵法家吴起先后仕于魏文侯和魏武侯，政绩斐然，后因故离魏去楚，任宰相。他著有兵书《吴子》，被视为兵法家，辅佐楚悼王，也是一个才能优越的政治家。

吴起在楚国实行的政治和商鞅在秦国的差不多，而且吴起比商鞅早几十年，可以说是前辈。吴起、商鞅都是卫人。

为了加强君主的权力，就必须削弱公族的力量。吴起完善法令，废除不必要的官职和特权，将节约下来的经费用于对战士的培养训练，使国力充实，从而吞并陈、蔡，并击退三晋的南下。

然而，与君主有着血缘关系的楚国公族一直享受着官职等各种特权，他们对吴起怀恨在心，结成反吴派，等待着打倒吴起这一天的到来。

吴起深受悼王的信任，只要悼王在，反吴派就不敢轻举妄动。悼王一死，就注定了吴起的命运，吴起为反对派的公族所杀。这一点与深受秦孝公信任、孝公死后就被杀的商鞅极为相似。

然而，吴起之死比商鞅富有戏剧性。悼王一死，反对派的公族以为盼望已久的打倒吴起的这一天终于来临，便迫不及待地举兵。吴起逃到悼王的尸体旁边，一下子趴在尸体上。公族的士兵接连不断地对吴起射箭，吴起被射死，但箭也射中悼王的尸体。

太子即位，即肃王，以箭射先王尸体之罪诛杀举兵者，株连一族，据说诛灭七十多户。吴起在死后为自己报了仇。

挖掘平王坟墓，鞭尸三百的伍子胥是楚人；站在秦宫廷前号啕大哭七天七夜的申包胥也是楚人。由于这种激烈的性格，使得派系斗争比其他国家更加剧烈残酷。

说到楚人的激烈性格，无论是谁，首先浮现在脑子里的大概就是屈原这个名字吧。

吴起死于非命五十多年后，楚怀王即位。屈原仕于楚怀王，和王同姓，出身名门。

天下形势，山雨欲来。在楚怀王即位十年之前，秦国的商鞅就已死去，但商鞅的国家改造卓有成效，秦国迅速壮大起来。据《史记》年表记载，秦国采纳司马错的意见吞并巴蜀是在楚怀王十三年（前 316 年）。楚国的长江上游完全被秦国控制。

张仪、苏秦这些策士活跃在各国的舞台上。孟子在齐国宣传仁义，由于无人接受，只好返回故乡。赵国的武灵王即位仅仅比楚怀王晚两年。可怕的胡服骑射已经出现在北方。

在这个刻不容缓的关键时刻，楚怀王的表现不能算是一个十分英明的君主。而爱国主义者屈原殚精竭虑，因为对手是强大的秦国，必须投入军事、外交的全部力量。

东面有强国齐，稷下人才济济，不久以后，短时间地和西面的秦共同称“帝”，秦为西帝，齐为东帝，大有平分天下之势。

屈原主张，要与秦国对抗，必须联合东面的巨人齐。但也有人认为，秦是强国，应该与其建立友好睦邻关系，以保证楚国的安全。

楚人的性格，两派的激烈斗争不可避免。

博闻强志，明于治乱，娴于辞令。入则与王图议国事，以出号令，出则接遇宾客，应对诸侯。王甚任之。

这是《史记·屈原贾生列传》开头的一节。屈原出身王族，学问渊博，熟知治乱历史，文章锦绣，所以深得楚王信任，内政上和楚王商量国是，据此发布政令；外交上出使诸侯各国，折冲樽俎。

屈原的人生起点是极其得天独厚的，这在他的《离骚》中也很自豪地表述：

帝高阳之苗裔兮，
朕皇考曰伯庸。
摄提贞于孟陬兮，
惟庚寅吾以降。
皇览揆余初度兮，
肇锡余以嘉名。
名余曰正则兮，
字余曰灵均。
纷吾既有此内美兮，
又重之以修能。
扈江离与辟芷兮，
纫秋兰以为佩。
……

把楚的诗文学“楚辞”和《诗经》进行比较，就会知道，楚辞具有丰富的表现力和想象力，甚至令人感觉装饰过头，丰富过分。

屈原首先炫耀自己是五帝之一高阳的末代。“朕”用于普通人的第一人称。这个词作为天子的专门用语，禁止别人使用，是从秦始皇开始。

我可以断定，自己具有天生的内在美质，再努力加强修养，富有出类拔萃的才华。我充满信心，无所畏惧。

江离、辟芷、秋兰都是香气馥郁的植物，象征着清雅洁白、人品高尚。屈原毫无顾忌地自我赞美，这大概是楚人的特有性格吧。过强的自尊心会导致低估别人，说得好听是孤高狷介，说得不好听就是自命不凡。

屈原深受怀王的信任，开端极其顺利良好。但是，亲齐派的他必然和亲秦派的重臣们形成对立。亲秦派的代表人物是上官大夫靳尚，官位和屈原同级，竞争反而更加激烈。两人为了获得楚王的信任，展开白热化的竞争。

屈原是文学家，留下优秀的诗篇。他可以在作品中进行自我辩护，上官大夫靳尚是仇敌，自然就是坏蛋。靳尚自我辩护的文字没有流传下来。《史记》的记述也是以屈原的作品为基础。这种时候，我们似乎应该尽可能地替上官大夫想出一些自我辩护的理由吧。

屈原的亲齐主张未被采纳，楚国采取亲秦的政策，其结果是被秦消灭。如果联齐抗秦，结果会是如何，不得而知。而且也不知道齐是否愿意和楚联盟。唯一明白知道的是，亲秦政策彻底失败。

屈原精通古今的治乱之术，他应该是看穿了秦国冷酷无情的马基雅维利主义，所以认为竭尽全力抗秦才是正确的方法。但是，也不能因此就说主张与秦加深友好的一派一概都是投降派、卖国贼。他们大概相信这种方式更有利于楚国。

楚辞燃烧着如火如荼的激情，表现手法潇洒豪放，和屈原对立的势力在这一点上无论如何处于劣势。

惟夫党人之偷乐兮，
路幽昧以险隘。
岂余身之惮殃兮，

恐皇舆之败绩。

干坏事的是反对党，他们要把天子的车子拉向黑暗险峻的方向。我不怕引火烧身，只是畏惧天子的车子倾覆翻倒。

屈原大概对秦国为实现平定天下的野心所采取的每一步战略步骤都洞若观火，对那些看不出来的人，他是心急火燎；对于听信他们意见的楚王，他是怅然无奈。

楚怀王认为屈原的反对派的主张言之有理，决定奉行亲秦政策。屈原为什么无法阻止呢？表现力如此丰富的屈原说服不了楚怀王简直令人不可相信。

上官大夫靳尚、子兰这些反对派的说服力不会在屈原之上。因此，只能认为他们的背后有一批可怕的策士，他们受到这些策士的操纵驱使。

有一个怪才名叫张仪。

战国时代，奔走于诸侯之间到处游说的策士称为“纵横家”。春秋时代就已经有这种游说外交家，引经据典，说义讲理，但是到战国时代，他们嘴里讲述的就完全只是利害关系了。

可以说张仪是战国时代纵横家的代表。

要讲述屈原的悲剧，就不能不说说纵横家。

屈原真正的敌人其实并非上官大夫靳尚和子兰，应该说是张仪。那么，张仪究竟是一个什么样的人呢？

张仪是魏人，学于鬼谷先生，同门还有洛阳出身的苏秦，这两人被称为鬼谷先生门下“双璧”，但张仪的成绩似乎更好。

鬼谷先生何许人也？不知其详，似为齐人。不清楚是否和稷下学士有关系。其专长，说得好听一点是国际外交，说得难听一点是谋略权术。与其说是钻研学问，不如说是擅长谋术。

近代疑古派史学家中，有人认为鬼谷先生是虚构的人物。不过，有一本著作《鬼谷子》，唐宋之前存世，里面有所记录，所以应该认为鬼谷先生实有其人。不仅鬼谷先生，甚至还有人怀疑鬼谷先生两大高足之一的苏秦也实无此人，这是疑古主义走过了头。

有关他们的事迹过于小说化，所以就有人觉得连人物本身也可能是编造的。

《史记》等史籍中故事性的记述或许掺杂着一点后人的创作。

毕业于鬼谷先生学门的这两个弟子到各国游说。说是游说，其实就是寻找工作。先就业的是成绩稍逊的苏秦。他的就业也并不顺利，原本就穷愁潦倒，受到妻子的轻蔑嘲笑，这样贫困的状态在当地都出了名，于是他远远地跑到西部秦国，宣扬统一天下的主张。当时正是惠文君时代，那个辩才商鞅刚刚被杀，所以很憎恨这种摇唇鼓舌的人，没有录用他。苏秦便来到燕国和赵国。

如果苏秦被秦国重用，一定会为统一天下出谋划策的，而他被燕、赵重用，又会为如何阻止秦国的统一天下而出谋划策。

两面事都可以做，可见鬼谷先生所教的不是学问，而是谋术。不能不说，这两人都是谋士，缺少哲学精神。

苏秦主张合纵。秦国过于强大，所以其他六国必须联合。

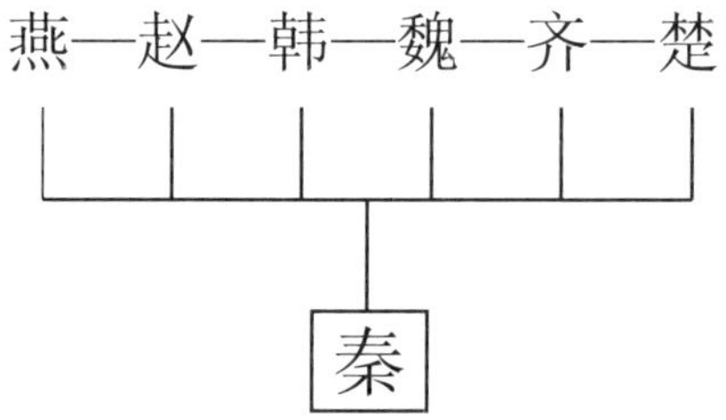

秦对六国同盟当然要分化瓦解。这个方法就是张仪主张的连衡（或为连横）。具体地说，就是秦国和六国单独媾和。

秦—燕

×

秦—赵

×

秦—韩

×

秦—魏

×

秦—齐

×

秦—楚

通过这样的横向联合破坏六国的纵向同盟。每一个国家都比秦国弱，秦国自然认为连衡最为合适。名义上是友好条约，但鉴于强国和弱国之间的关系，实质上是近似于投降的条款。

如上图所示，对于六国来说，似乎合纵最为合适。大家齐心协力共同对付强大的秦国，应该才是六国的生存之路。但是，六国的情况各不相同，即使六国同盟打败秦国，各自的势力范围的版图发生变化，接着就会发生六国之间的对立，所以六国同盟绝非易事。再加上秦国的连衡政策，不遗余力地对六国进行分化瓦解工作。领头指挥的正是比苏秦更具卓越才能的张仪。

合纵和连衡短兵相接，在虚虚实实之间展开激烈的交锋。这个时期的外交战达到白热化的程度。

连衡的倡导者张仪在游说各国的时候，曾经跟随楚国宰相出席宴会。可是，恰在这时，这个宰相的珍贵玉璧丢失了，于是怀疑为食客张仪所偷。为什么会怀疑张仪呢？据《史记》记述，“仪贫无行”。贫穷还不要紧，主要是张仪的品行似乎不太好。与孔子的学堂不同，鬼谷先生的学塾对品德礼仪的教育一定不是很严格。

张仪受到怀疑，被鞭笞数百，但没有承认是自己所为。回到家里，全身鞭伤，他的妻子抱怨道：“嘻！子毋读书游说，安得此辱乎？”

张仪伸出舌头，问妻子道：“视吾舌尚在不？”

妻子笑着回答："舌在也。"

张仪说道："足矣。"

虽然遍体鳞伤，只要舌头在，这就足够了。辩士的形象跃然纸上。果然，凭借自己的三寸不烂之舌，他终于出人头地。

《史记》记述张仪仕秦的部分也略显小说化。

不论怎么自信，如果没人把自己引见给诸侯，再大的本领也无用武之地。当时在诸侯手下有人把引见客人给诸侯作为一种获利的手段。不给这帮家伙相当的贿赂，就不会被引见给君主。张仪贫穷，知道自己的同窗同学苏秦已经仕于赵国，很有出息，便请他把自己引荐给赵王。结果被苏秦臭骂一顿赶了出来。

据说其实这是苏秦的深谋远虑。他仕于赵，推动各国合纵，但是他心里明白，一旦秦国攻打过来，各国诸侯不会齐心协力的。因此他要以事实来证明合纵的失败。

在合纵需要更加巩固的时候，不能让秦国出兵。能说服秦国不出兵的人，唯有张仪。苏秦最了解张仪这张嘴具有千军万马的力量。

张仪离开后，苏秦命部下带着许多金钱财宝追他。这些金钱财宝都是从赵国国库支取出来的。有何目的呢？张仪不知道这些金钱财宝的出处，便收纳下来。

他不知道送给他金钱财宝的人是苏秦的部下，表示感谢的时候，对方说道：

苏君忧秦伐赵败从约，以为非君莫能得秦柄，故感怒君，使臣阴奉给君资，尽苏君之计谋。

苏秦其实是激励你奋起，才故意这样对待你。他希望你说服秦国，不要出兵赵国。这些金钱财宝全部是他送给你的。

张仪利用这些金钱财宝，得以会见秦王。

据说张仪为报答苏秦之恩，说服秦王不出兵赵国。这件事总觉得是编造出来的。张仪的这张嘴决非万能。前面说过，他的灭周论就没有被采纳，而是采纳了司马错的讨蜀论，便是一例。

但无论如何，张仪作为秦国宰相，发挥聪明才智，以连衡破坏苏秦的六国同盟的合纵。另一方面，苏秦成功地实现六国合纵，据说亲自兼任六国宰相。《史记》说由于苏秦的努力，秦国十五年不敢东出函谷关。

苏秦的合纵后来为张仪所破，苏秦辗转于赵、燕、齐，最后在齐国为刺客所杀。

苏秦之死也颇具小说化。据说他在燕国与易王之母私通，因害怕暴露被诛，便请求去齐国。他对易王说道："在齐为燕谋事。"

其实，这是在燕获罪而亡齐。他利用如簧之舌得到齐缗王的信任。当时，齐宣王刚刚死去，苏秦劝缗王举办盛大隆重的葬礼以显示孝心，然后又建议大兴土木，兴建豪华的宫殿和巨大的庭园以显示政治的稳定。由于大肆挥霍，齐的国库迅速空虚，人民也疲惫不堪。齐的国力变弱，燕国自然安泰，苏秦的确是在为燕国尽力。

但是，曾为合纵之首、身兼六国宰相的苏秦如今在六国内部从事这种分化破坏的活动，所以他的行为不能不被低估。他在齐国受到重用，结果为嫉妒者暗杀。他的死应该说也不是很光彩。临死之前，他对齐王说道："我死后，请在街市上把我五马分尸来示众，宣称'苏秦为了燕国的利益在齐国作乱'。这样，谋杀我的凶手必然会自我暴露。"

刺客果然以为自己杀了叛逆者，会获得奖赏，便公开出面，结果被抓斩首。这种死后复仇的做法和吴起很相似。

由于时代和地理位置的关系，有关苏秦的故事中多有矛盾。因此有人甚至认为苏秦实无其人。如果完全相信他的事迹，那么他就是一个超人。

然世言苏秦多异，异时事有类之者皆附之苏秦。

司马迁的这个见解是正确的。

如果秦国远远领先强大起来，其他六国当然会考虑同盟。为实现六国同盟努力奔走的一定不只是苏秦一个人。主张合纵的也应该有好些人，他们都各自绞尽脑汁，做各种各样的事情。把他们所做的事情统统加在苏秦身上，只因为苏秦是合纵论的代表人物。

把不同时代的很多人所做的事情都归为苏秦一个人的行动，自然就会出现时代性的舛误。地理位置的不合理性也很多，难以解释，可信度就受到质疑。

作为历史人物，张仪的轮廓远比苏秦清晰。合纵涉及六国，连衡以秦国为中心，所以与张仪相似的人物没几个。

连衡选中的目标是楚国。秦和三晋太近，而且诸侯之间的来往也很密切，工作很难开展。秦和齐、燕相距太远。国境接壤、难以对付的强手是楚国。楚国历史上不是中原国家，要打破六国同盟，攻下楚国至关紧要。

秦国的间谍活动集中在楚国。楚国本来就存在亲秦和亲齐两派，由于秦国暗地里的工作，两派的分裂日益扩大，从而削弱了楚的国力。

屈原属于合纵派。合纵，并非就是六国同盟。如果六国聚在一起，国家利益的冲突变得复杂起来，很难团结一致。如果是两个国家，关系就很清楚。屈原大概对合纵进行研究梳理，提出亲齐的政策。

秦国当然要采取一切手段进行破坏。楚国这个大块头对秦国就已经是巨大的威胁，由于派系斗争产生分裂，楚国的可怕减少了一半。楚国如果实现统一，那对秦国的影响非同小可，再如果和东方大国齐联盟，秦国统一天下的夙愿就会化为泡影。

张仪的对楚工作就是在楚国朝廷里扶植亲秦派的势力。

上官大夫靳尚、王族的子兰都成为重要的亲秦派，对楚王产生影响。张仪的工作不断产生切实的效果。

此时，楚和齐还是合纵关系，秦国便派天才外交家张仪到楚国，终于成功地解除了楚齐同盟。作为代价，张仪承诺将秦国商于地区的方圆六百里地割让给楚国。但是，当楚国将军和张仪一起前往商于接收领地的时候，张仪假装醉酒从车上摔下来，说是生病，要休息三个月，把自己关在屋子里，因此无法进行土地的交接。这个时候，应该觉察到这是张仪的诡计，然而愚蠢的楚王还以为“仪以吾绝齐为尚薄邪”？秦国之所以推迟割让领土，大概是因为对楚仅仅和齐绝交还不够满意吧。如果采取比绝交更厉害的行动，秦国满意以后，就会履行承诺，把土地交给自己的。于是，楚王派人送去一封辱骂齐王的信函。《史记·楚世家》说派勇士侮辱齐王，信函送往别处。但无论什么样的勇士都很难进入外国的宫廷辱骂齐王，所以大概还是送信。

齐王自然怒发冲冠，决定和楚国断交，和秦国建立友好关系。

那么，秦国割让给楚国的领土又怎么样呢？张仪在秦齐和好之后，便说自己的病好了，对楚国将军说道：“请您接收我所承诺的方圆六里之地。”原先承诺的方圆六百里现在变成了方圆六里。楚国将军愤然回国。楚怀王闻罢，心头火起，发兵攻秦。那边秦国也调兵遣将，准备迎敌。

这一年据说是楚怀王十七年（前312年）。

战争还没开始就已经决定了胜负。秦国将承诺的方圆六百里改为方圆六里，就断定楚国会怒不可遏。不，也许这样做本来就是故意激怒楚国的计谋。张仪早就研究透了楚王的性格，才定下这个谋略。按照楚王的脾气，一怒之下，会失去理智，贸然出兵。这已在秦国的预料之中，所以早就调遣军队，严阵以待。蓄势以待的秦军和莫名其妙突然间仓促被拉上战场的楚军，还没开战，就胜负已定。

楚军在丹阳大败。不是现在江苏省的丹阳，而是流经陕西省东南部的汉水支流丹江的以北地区。这个地区离秦国假装承诺割让的商于很近。楚军惨败，八万甲兵被斩，将军屈匄被俘。

秦军乘胜追击，占领楚地汉中（陕西省南部）郡。楚怀王暴怒，实行总动员，倾国之兵，深入到秦国的内地蓝田。然而，这也都在秦国的预料之中，他们极其冷静，在蓝田大破入侵的楚军。

此时，一个可怕的消息传到楚国首都：当韩国、魏国得知楚军正在秦国蓝田苦战时，便共同发兵南下，已经进入楚地邓。邓是现在的河南省南阳市西南部的邓县，正南面是楚国的重镇襄阳。

楚怀王惊骇万分。不撤回正在和秦军作战的军队，就没有兵力阻挡韩、魏的南下军队。但是，秦不会白白让楚军撤兵的。于是，楚国只好把两座城献给秦国，乞和撤兵。

第二年，秦国派使者赴楚，提出把占领的汉中郡的一半归还给楚国。秦为了打破合纵，也想与楚国和好。然而，楚王的回答显示他一贯的冲动急躁：

愿得张仪，不愿得地。

他把一切都归咎于张仪的奸诈诡计，不杀张仪不解恨。只要杀了张仪，失地可以不要。作为君主，这是不该有的情绪性的发言。

张仪听到以后，欣然应战，请求去楚国。按照楚怀王的脾气，张仪一旦到了楚国，显然要受尽屈辱，残忍折磨而死的。惠文王也劝阻张仪不要去，但张仪胸有成竹。他早就在楚国的朝廷里布好棋子，亲秦派已经根深蒂固，稳操实权。楚王的心腹里就有听从张仪调动指挥的重要人物。

头一个就是上官大夫靳尚。张仪出发赴秦之前，潜伏在楚国里的秦国间谍大概就已经和靳尚密切联系，事先做好一切准备工作。

当时楚怀王最宠爱的女子是郑袖。怀王的性格非常情绪化，易于激动，无法控制自己的感情爆发，对女性也是如此，非常固执。他对郑袖的话百依百顺，言听计从。张仪对此早有耳闻。而且，靳尚和郑袖关系密切。

张仪一进入楚国，立刻就被抓起来，命在旦夕。这时，靳尚对郑袖说道：

秦王甚爱张仪，将以上庸六县及美女赎之。王重地尊秦，秦女必贵而夫人斥矣。

秦王非常喜欢张仪，愿意献上上庸六县以及美女，以赎张仪之命。听说这个美女是绝代佳人，大概会令大王迷恋的。郑袖了解怀王专宠一个女人的性格，感觉到自己将会失宠的危险，认为只要尽快释放张仪，秦王就不会献上绝代美女。于是，她日夜对楚王哭求道：

臣各为其主耳。今杀张仪，秦必大怒。妾请子母俱迁江南，毋为秦所鱼肉也。

楚怀王对郑袖宠爱至极，以至于一旦她离开身边，自己就一天也活不下去，于是听从郑袖的意见，释放张仪。

是否真的有这种略显艳情的小说般的场面，令人怀疑。张仪获释，实有其事，再加上楚怀王溺爱女人的性格，于是综合起来，编造出有趣的故事。

张仪获释的真相应该是靳尚等怀王的亲秦派心腹极力劝说怀王的结果。

前年打仗，献出两城，秦国好不容易才撤兵。如果现在杀张仪，就给了秦国攻楚的借口。那时，韩、魏也以为大好时机，一定会再次南下。楚和齐已经废除结盟，还送去不礼貌的书信，两国已断交。东面的齐国也会打过来。楚怀王一听这利害关系，再怎么感情用事，应该也不会杀张仪而招大祸。

获释的张仪会见楚怀工，劝诱秦楚和好。

从巴蜀之地舟行十天，士兵、牛马身不疲惫就能出兵楚国，前面所说的张仪外交恫吓就是在这个时候说的话。

怀王听从张仪的建议，同意和秦结为友好关系。张仪离楚而去。

这个时候的屈原又是什么情况呢？在张仪提出割让六百里地的时候，亲秦派在楚国占据优势，亲齐派的屈原自然受到冷落。因为和齐国断交是秦国割让土地的条件，所以这期间亲齐派被撤职。

楚国在秦国背信弃义的战争中接连失败以后，才有人提出亲齐派的主张是正确的。

然而，楚、齐还处在断交状态，不管怎么说，必须和齐国恢复外交关系。楚国对齐国做了相当失礼的事，必须道歉。《史记》记述，在张仪去楚国的时候，屈原出使齐国。大概是去赔礼道歉，或者是修复外交关系吧，才选派他这个亲齐派担任使节。

屈原从齐国回来一看，已经把张仪释放了。屈原激动地质问怀王：张仪给楚国造成那么大的灾难，为什么不杀他？屈原和怀王，两人性格不合，但都是情绪激昂的人，这一点倒很相似。也许因为如此，互不相让，互相排斥。被屈原一质问，也许怀王想起去年所受的屈辱吧，立即反悔，命人追赶张仪，但已经来不及了。

张仪是个怪才。但是，他能够充分发挥自己的才能，是因为得到秦惠文王绝对的信任。断然而行，必定招人嫉恨。即使不是如此，也有不少重臣嫉妒外来人张仪的飞黄腾达。他们都在期待张仪的下台。

得到秦孝公绝对信任的商鞅在孝公死后被逼得走投无路，被杀后尸体处以车裂之刑。深受楚悼王信任的吴起曾大显身手，但悼王一死，他就遭到反对派的捕捉，最后趴在悼王的尸体上被乱箭射死。

张仪在楚国被囚获释的那一年，秦惠文王死去。他的政敌便开始一起对他攻击诽谤。由于继位的秦武王在太子时代就和张仪关系不和，使得政敌更加气焰嚣张，责难的声音越发高涨。

一世精于谋略权术的天才张仪如何摆脱这场危机的呢？

张仪请求新即位的武王把自己送往魏国。武王问为何，张仪回答道：“听说齐王恨我。他一定会攻打我所在的那个国家。因为秦国强大，齐王不敢进攻。如果我去魏国，齐必攻魏。齐魏相争，对秦国又是一次好机会，可以出兵三川灭周。秦国认为东方发生动乱是天助。而这个动乱是我制造的。”

武王认为张仪所言有理，派三十辆车骑送他到魏。魏国是张仪的故乡，当时是魏哀王时代。

听到张仪入魏的消息，齐湣王果然发兵攻魏。魏哀王胆战心惊，张仪却镇静自若，说“不必担心，齐军即退”。原来他派一个名叫冯喜的部下秘密进入楚国，然后以楚国使节的名义去见齐王，传递给他一个绝密情报：张仪入魏在东面制造动乱是为了秦王，他不是亡命魏国的。他离开秦国的时候，秦王还派给三十辆兵车，对他待遇优厚，这就是证据。现在大王正中了张仪的计谋，为敌国秦讨伐盟国魏。

齐王大概已经听说三十辆兵车的事情，现在得到验证，于是相信冯喜的话，从魏撤兵。

张仪对秦王说齐必攻魏，对魏王说齐必撤兵，他的预言都得到应验。后来，张仪任魏国宰相大约一年，平平安安地离开这个世界。

张仪的人生幸福吗？也许他本人觉得很充实，感到满足。但在我们局外人看来，连自己平平安安地死去都要依靠权术计谋才能得到，所以不认为他的人生是幸福的。

我们看到吴起、商鞅、苏秦的悲惨结局，对张仪的寿终正寝不由得松了一口气。

司马迁对辩士的批评相当严厉。《史记》评吴起说：

以刻暴少恩亡其躯。悲夫。

评商鞅说：

商君，其天资刻薄人也。

评苏秦和张仪说：

要之，此两人真倾危之士哉。

我们对这些人非常敬佩，但觉得不适合个人交往。

但是，如果没有他们，战国社会就不会运转。这些可怕的谋士都是以天下为素材的艺术家。艺术家对“美”是极其刻薄无情的，而且总是危险人物，不要以为他们是允许妥协的艺术家。

把他们的活动动机仅仅简单地归结于名誉欲和权势欲，这种看法问题太多。他们的生命时时刻刻都面临着危险。谁会心甘情愿这样子呢？我不觉得应该将他们视为战国时代的艺术家予以重新评价。

谋士孕育出中华帝国，无论名叫秦，还是韩，或者是唐，或者是宋，它们的骨骼是一样的。

现在我来论述反对建立这样的国家的思想家们。本来应该更早一点涉及，但不先谈张仪，对他们就难以理解。

天下统一，诞生一个强大的国家，对人民果真是幸福的吗？对于谋士来说，这是先验论，但有人表示怀疑。这就是前面时而涉及的老庄思想。这个思想，与其说是非政治，不如说是反政治的思想，如果勉强总结老庄的政治思想，那就是四个字：

小国寡民。

不可成为大国，人口不可太多。

《老子》在靠近末章的地方论及小国寡民，其中列举许多理想的实例，例如：即使有各种文明利器，最好尽量不要使用；重死亡，不远行；即使有舟车，也不要使用；即使有武器，也不应该拿出来。引人注目的大概是这一点：

使人复结绳而用之，甘其食，美其服，安其居，乐其俗。

《老子》本身是用文字写成的，但是他的理想是不使用文字，而是像古人那样用结绳的方法表达意思。文字和文明的利器、舟车、武器一样，都属于可以有，但尽量不使用的东西。所谓乌托邦，就是人们感觉自己所吃的东西味道最美，自己所穿的衣服最好看，安于居所，乐于风俗。这一章的最后一句十分有名：

邻国相望，鸡犬之声相闻，民至老死不相往来。

邻国之近，可以相望，甚至鸡鸣狗叫的声都可以互相听到，但居民们一辈子，年老至死都互不来往，这才是理想的状态。《庄子》里也有几乎同样内容的文章，庄子称之为“至德之世”。这是一种反文明论，但弄得不好，可能会被愚民政策所利用。

满足现状，没有欲望，所以无须争斗，政治理想也是“为无为，事无事”。因为所做的事情都是多余的，所以会引起各种纠纷。这是一种无所事事的消极主义，也许更应该说是否定主义。

为拯救弱肉强食的战国社会，价值观必须进行脱胎换骨的转变，如果是出于这种想法，那么老庄的思想看似消极主义，其实是巨大的积极主义。

现实政治没有实行过老庄的思想，张仪的政治实行的是“大国多民”主义。这个主义统治着现实社会，但不等于说老庄的思想就消失得无影无踪。作为个人的人生观，老庄思想一直活在人们的心中。

思考中国历史的时候，不能无视心灵深层的老庄思想。

老子是春秋时代的人，但《老子》这本书可能成书于战国时代。其中有的部分推测为是针对《孟子》的观点而写的，所以大抵可以认为成书晚于《孟子》。

虽然属于同一思想体系，但老子和庄子还是略有不同。老子虽然主张无为，对政治却依然关心。庄子对政治则极其冷淡，大概还有比政治更能强烈地吸引他的东西吧，比如佛教所说的大彻大悟。《老子》类似处世训，讲述人如何度过这一生，而《庄子》讲述人生应该如何超越的问题。

超越自我的人就进入绝对自由的境界，就成为庄子所说的至人，或者神人。《庄子》开卷第一页有这样一段话：

北冥有鱼，其名为鲲。鲲之大不知其几千里也。化而为鸟，其名为鹏。鹏之背不知其几千里也。怒而飞，其翼若垂天之云。是鸟也，海运则将徙于南冥。南冥者，天池也。

表现力的奇崛独异，令人惊叹。不通过这样的寓言，就无法表达至人、神人境界之一斑。

《史记》说老子是楚国苦县人，庄子是蒙人。蒙在河南商丘一带，属于宋国，离楚的边境很近。从大的分类来说，可以说老子和庄子都是南方人，自由奔放的性格，丰富奇拔的想象力。也许各人看法不同，我觉得庄子的想象力有类似屈原之处。

庄子和屈原是同一个时代的人。《史记·老子韩非列传》记述，楚威王极尽礼仪想聘请庄子为宰相，庄子笑而拒绝道：

子亟去，无污我。我宁游戏污渎之中自快，无为有国者所羁，终身不仕，以快吾志焉。

这是庄子回答楚王使者的话。

庄子的祖国宋是殷代遗民的国家，亡国之民，大概受到歧视吧。前面说过宋襄公和楚国打仗时候的“宋襄之仁”以及“守株待兔”等故事，此外还有“揠苗助长”的故事也和宋人有关。宋国有一个人担心种下的禾苗长不起来，就往上拔苗，说“予助苗长矣”。结果当然适得其反，所有的禾苗都枯死了，成为世人的笑柄。这则故事见于《孟子·公孙丑》。

世人对宋人的评价似乎是尽做可笑事情的怪人，作为亡国遗民，大概心情也不好受，这从庄子的思想以及论述思想的态度上也能感觉出来。

庄子这个人，正如他明确表示的那样，不仕君主，只愿意做漆园的管理人，默默无闻地度过一生。他不愿意出头露面，所以他的思想也只是成为中国的思想的潜流，没有浮现到表层上来。

张仪这样的人物在历史舞台上进行轰轰烈烈的精彩表演，为实现“大国多民”的理想而奋不顾身，其结果是秦国的统一天下。

乱世末日

张仪去魏，最后死于魏国，但是秦国并没有因此改变其基本方针。这与商鞅死后，秦国继续推行极权主义政策的情形是一样的。

张仪死去的公元前 309 年，齐缗王想成为合纵的领袖，便给楚国送去亲笔信，诱其加盟，楚怀王也倾向于齐国。

三年后，秦昭王即位，给楚送去厚赂和美女，楚因此改变政策，弃齐亲秦。

两年后（前 304 年），楚怀王去秦国的黄棘与秦结盟。不论什么时候，总是弱国先访问强国。秦国高度评价楚王的这次访问，把上庸之地送给他。楚国从此开始了和秦国的蜜月时代，但这个行为是对齐国的背叛。于是，齐联合韩、魏伐楚，出兵的理由是对楚国违背合纵盟约的问罪。楚国自然向盟国秦国求援。

楚国在秦国和齐国之间像钟摆一样左右摇摆不定，秦国对它也不是完全信任。在楚太子作为人质以后，秦国才出兵救援。齐、韩、魏三国从楚国撤兵。

但是，楚怀王二十七年（前 302 年），发生在秦国当人质的楚太子因私事杀死秦国大臣后逃跑回国的事件。于是，秦、楚断交。第二年，这一次是秦国联合齐、韩、魏三国出兵攻打楚国。楚已无处求援，楚将唐昧战死，楚国的东部边境重丘被占。第二年，公元前 300 年，秦国单独出兵攻楚，楚将景缺被杀，两万官兵战死，楚国惨败。如此，楚国只好回到原先的亲齐路线。为了取得齐国的信任，楚国无奈，只好把太子送去当人质。

第二年，秦又出兵伐楚，占领八城后，给楚送去国书，提出要在武关和楚王会面。武关自然在秦国境内。

去，还是不去？

楚怀王左右为难。

亲齐派的屈原、昭雎认为秦是虎狼之国，去必被欺，劝说楚王不要去。

怀王之子子兰是亲秦派，极力宣扬与秦断交的可怕，劝说楚王前往武关。最后，楚怀王前往秦国，受到欺侮，被扣留在武关。秦逼迫他将西南面的巫和黔中之地割让给秦国。这两个地方一旦被秦拿走，秦国在巴蜀的势力将进一步扩大，对楚国更加不利。楚怀王虽然不是明君，却也性格固执，表示宁死也不同意，于是就一直被扣留在秦国。

一国之王被扣留在秦国，太子又被送到齐国当人质，楚国面临着前所未有的国难。如果此时秦、齐联合攻楚，楚国必定灭亡。如今既无国王又无太子，国将不国，因此可以考虑立怀王在楚国的庶子为王。

但是，国王和太子虽然人在外国，但都还活着，而且身受痛苦，所以不宜立庶子。既然无法让秦国归还怀王，那就请求齐国归还太子——编造国王已死的谎言欺骗齐国放回太子。

齐国在归还楚国太子的问题上有两种不同意见，一派认为无条件归还，另一派认为必须要求楚国割让淮北之地。但是，如果附带条件，也有可能迫使楚国放弃这个当人质的太子，另立其他王子为王。那样的话，不仅齐国手里的人质太子会变成“空质”，而且担心被全天下视为齐国不讲信义。于是，齐国无条件地送还太子。

太子回国即位，称顷襄王。楚国将此事通知秦国：

吾赖社稷之神灵，吾国已有君矣。

这样，被秦国扣留的怀王就成为“空质”。秦大怒，从武关发兵攻楚，斩首五万，夺取析地十五城，大获全胜。

令人悲哀可怜的是“空质”怀王。太子已在楚国即位，怀王不再是君王，他煞费苦心地逃离秦国，打算进入赵国，但赵国害怕秦国，不允许怀王入境。此时的赵国，武灵王已退位，称主父，其子惠王继王位。废王怀王没有办法，打算逃往魏国，但被秦国追兵抓回秦国。三年后，怀王在秦国怀着思乡之情郁闷离世。

怀王的尸体被送回楚国。楚国人民对怀王的悲惨命运深表同情，对秦国燃烧着同仇敌忾的烈焰，然而，楚国的力量已今非昔比了。

秦昭王十四年（前 293 年），秦将军白起伐韩，在伊厥（伊水之谷，洛阳之南）斩韩军二十四万，取得巨大胜利。趁着胜利的势头，秦给已经断交的楚国送去一封信。这封信类似最后通牒，其中写道：

楚倍秦，秦且率诸侯伐楚，争一旦之命。愿王之饬士卒，得一乐战。

这是《史记·楚世家》记载的秦王亲笔信的内容。“得一乐战”，就是高高兴兴地打一仗的意思。对于连战连捷的秦国来说，和楚国打仗也许真是轻松愉快，但对于疲惫困顿的楚国来说，实在不堪一击。楚终于和秦恢复外交关系，但这是强者对弱者的媾和。由于和秦重新和好，这下子又得罪了齐国，意味着楚、齐关系恶化。

楚顷襄王十四年（前 285 年），秦昭王和楚王在宛会晤，结为睦邻友好关系。宛是今河南省南阳，在楚国境内。这一次秦昭王不像上次那样把楚怀王叫去，而是亲往楚国，双方大概就友好结盟的条件进行谈判。

第二年，秦率诸侯大军阀齐，楚国也站在秦国一边，出兵齐国。这大概是在前一年的宛会谈上达成的协议吧。仅仅口头的承诺是不够的，要表示诚意，必须付诸行动。楚国这次出兵获得了齐国淮河以北的土地。

出兵的第二年，楚王和秦王两次会晤。《史记》说是“好会”（友好会晤），其实应该是秦国对楚国提出各种要求吧。

两国不是平等的外交关系。就这样，楚国似乎逐渐沦为秦的附属国。

自尊心很强的楚人心中大概愤愤不平吧。

楚、秦表面上的友好关系维持十多年。这期间，楚国的反秦派急先锋屈原自然无法在政治上有所作为。顷襄王时代，担任令尹（宰相）掌权的是顷襄王的弟弟子兰。

屈原对最坚定的亲秦派子兰深恶痛绝，无法宽容。因为正是这个子兰劝说楚怀王前去武关，结果被秦国扣押。

屈原是一个诗人，爱憎分明，直言不讳。子兰知道屈原憎恨自己，于是唆使同样是亲秦派的主要人物、身居上官大夫要职的靳尚向顷襄王告状，诽谤屈原。顷襄王相信谗言，流放屈原。

《史记·屈原贾生列传》记述他们个人之间的恩怨争执，其实真相应该是派系斗争。

屈原至于江滨，被发行吟泽畔，颜色憔悴，形容枯槁。

这是屈原被流放之后的形象。官职被免，冠冕脱下，所以披头散发，长发遮面。他过于高洁孤傲，心里十分明白会有这样的下场，但决不卑躬屈节。他深怀忧虑，徘徊江滨，行吟泽畔。

长太息以掩涕兮，
哀民生之多艰。
余虽好修姱以鞿羁兮，
謇朝谇而夕替。
既替余以蕙纕兮，
又申之以揽茝。
亦余心之所善兮，
虽九死其犹未悔。
……

这是屈原《楚辞·离骚》中的一节。他慷慨悲歌：自己之所以被罢官流放，是因为身上装饰着香蕙的佩带，又去采撷香草。这相当于“修姱”。我努力崇尚美德、修养高洁，这才是被放逐的原因。我不会迎合世俗，同流合污。只要自信是善行，我就会坚持下去，绝不改变，哪怕为此九死也不后悔。

不过，他似乎也有过离开楚国仕于其他明君的想法。在诗歌的浪漫幻想中，屈原攀登昆仑山，向往着不周山和西海，最后他的精神在高空翱翔，但是他的心一直深深地怀念祖国，不忍离去……

陟升皇之赫戏兮，
忽临睨夫旧乡。
仆夫悲余马怀兮，
蜷局顾而不行。

还是不能去其他国家。可是那又该怎么办呢？让我们阅读一下这篇题为《离骚》的诗歌的“乱”吧。

先介绍一下对屈原这篇代表作的题目《离骚》的两种看法。

第一种看法认为“离”是“罹”，得病遭灾的意思。“骚”是“忧”，所以是抒发忧怀的作品。持这种观点者主要是东汉的班固等。

第二种看法认为“离”是“离别”，所以意为“离别之忧愁”。持这种观点者主要是东汉的王逸。

第一种观点更有说服力。

“乱”是长诗的结尾带有总结性的小节。相当于《万叶集》[①]里的反歌[②]。

已矣哉！国无人莫我知兮，

---

① 《万叶集》：日本现存最古老的歌集。二十卷。成书于奈良末期或平安初期，编选者不详。收录有长歌、短歌、旋头歌等四千五百余首，表现自仁德天皇至淳仁天皇的约三个半世纪的日本各阶层的生活。——译注

② 反歌：尾歌。和歌中附加在长歌后面的短歌，形式为短歌，有的一首，有的数首。——译注

又何怀乎故都！
既莫足与为美政兮，
吾将从彭咸之所居！

故国没有人才，又无人赏识自己的才能。如今无论我多么怀念祖国，那又有什么用处呢？故国已经没有和我一起实行善政的志同道合者，我只好去彭咸所在的地方。

彭咸是殷代的贤人，据说劝谏主君，未被采纳，投水而死。屈原想去彭咸所在的地方，就是想死去的意思。

《离骚》是屈原被放逐以后的初期作品，在创作这篇诗歌以后，他依然在水边徘徊。他仿效彭咸，投水自尽，当在此后晚些时候。

楚成为秦的附庸国以后，被亲秦派包围的顷襄王也终于忍无可忍。《史记·楚世家》记述有善于弱弓射雁的顷襄王所说的奋发图强的话：

夫先王为秦所欺而客死于外，怨莫大焉。今以匹夫有怨，尚有报万乘，白公、子胥是也。今楚之地方五千里，带甲百万，犹足以踊跃中野也，而坐受困，臣窃为大王弗取也。

顷襄王决定重新合纵，意欲伐秦，从亲秦转向反秦。

这种国家政策一百八十度的大转变恐怕不是弱弓名手一个人说了算的。如果无所作为，早晚要被秦国灭掉。反正都要灭亡，索性勇敢奋起，与秦决一死战。在热情澎湃的楚国，这种声音大概响彻全国。顷襄王也不能不倾听这样的呼声，这里面自然也有像屈原这样被放逐的反秦派的声音。

楚国派使者赴其他诸侯国，意欲重建反秦联盟。秦得知后，出兵楚国。顷襄王十九年（前280年），楚国失去汉北和上庸之地。第二年，秦再次出兵，又夺走楚国的西陵。

秦连年攻楚。

顷襄王二十一年（前278年），秦将白起终于攻陷楚国都郢，火烧先王坟墓夷陵。顷襄王只好退守陈城（今河南省）。

翌年——顷襄王二十二年，秦攻占楚国的巫和黔中。这两个地方是楚国生死攸关的要害，秦国曾要求被扣留的楚怀王割让这两地作为释放的条件，但怀王至死也不答应。现在秦国终于用武力夺走了这两个地方。

据推测，屈原绝望于祖国的前途投汨罗江而死就是在这一年。

《九章》中有《怀沙》一篇，据说是屈原的辞世之作。“怀沙”，就是怀抱石头，以便自沉。

进路北次兮，
日昧昧其将暮。
舒忧娱哀兮，
限之以大故。

只有死，才能将忧虑哀伤变成喜悦。

屈原被放逐到南方，楚国首都郢在北方，他的心大概一直都是向着北方，也许他来到汨罗江边的时候，已经得知国都沦陷的悲惨消息，于是怀石投水。

《怀沙》的“乱”的结尾是这样的：

知死不可让，
愿勿爱兮。
明告君子，
吾将以为类兮。

这不是无谓之死。他显然想把自己这个宁死不屈、始终爱国的人物形象记录下来。当知道死不可避免的时候，应该不会惜命，自己也希望如此。我要告诉世上的君子：我不是愤慨而死，我的死将成为你们的典范。

在屈原自尽的第二年，楚国曾一时振作起来，顷襄王在东部集结十多万兵力，西进攻秦，收复被秦国夺走的长江流域十五邑。

但是，楚一味反秦，其实日子也并不好过。顷襄王二十七年（前 272 年），楚将太子送秦当人质，重新和秦结为友好关系。楚国的外交一直摇摆不定，直至灭亡。

随同太子去秦的黄歇，就是春申君。他是战国四君之一，其权势之大，可与君主匹敌，甚至有时凌驾于君主之上。战国四君中，唯有他不是王族出身。

顷襄王在位三十六年（前 263 年）死去。在此之前，春申君安排太子逃出秦国。太子回国后即位，为考烈王，春申君自然担任宰相。

春申君气魄凛然，视死如归，他设计安排作为人质的太子逃脱后，秦昭王自然震怒。春申君是主谋，请求昭王赐死。秦国大臣应侯进言道："他回楚国，必受重用。让其无罪回国，以此与楚和睦相处，乃为上策。"这样，春申君才免于一死。

胆略过人、奋不顾身是春申君的为人风格。在他执政下，楚国再现大国风范。他担任宰相的第五年，秦国包围赵国首都邯郸，楚接受赵的求援，他亲自率兵赴赵。其实，在楚军到达之前，秦国就解围撤兵，虽然楚、秦没有交战，但楚国恢复了和秦国作战的信心。

三年后，春申君再次率兵北伐，攻打鲁国。以周公为始祖、圣人孔子的故乡、历史悠久的鲁国，终于面临灭亡的命运。不仅仅是鲁国，尽管是有名无实，但毕竟名义上还是天下之主的周王室，也在这一年被秦国拿走镇国之宝。

当时的周王室已经一分为二，分为东、西两部分，实质上不过是小诸侯国，呈现出末日的症状。公元前 255 年被秦国占领的是西面的周王室，东面的周王室于六年后，即公元前 249 年灭亡。从此断绝祭祀的这一年应该算是周王室灭亡的年份。巧合的是，被楚进攻后迁到莒的鲁国也是在公元前 249 年这一年断绝祭祀的。

天下动荡，沧海横流，走向统一。

秦昭王即位五十六年（前 251 年）死去。楚国派春申君作为使节前往吊唁，上一次作为太子人质的随从离开秦国已时隔十二年。据说韩国等君王亲自身着丧服参加这次盛大的国葬。

春申君是楚的家臣，实际上却是楚国的代表，他豢养众多食客。这些食客不是楚国的臣下，而是属于春申君个人。据说主张性恶论的荀子在离开稷下之后，也投奔春申君门下，被任命为兰陵地方的长官。

楚考烈王当然心里很不痛快，虽然春申君有冒死帮助自己逃离秦国的恩情，但这种恩情甚至反而令人感觉厌恶。

虽然楚国恢复了国力，但秦国越来越强大。诸侯苦于秦国的不断进攻，自然开始酝酿恢复合纵。掌握合纵主导权的只能是楚国，而楚国的代表就是春申君。春申君成为事实上的合纵盟主，与秦国对抗。

楚国首都郢遭受秦国蹂躏后，王宫迁至陈城，但这个地方离秦太近，非常危险，于是又迁都寿春（今安徽省）。这也是根据春申君的食客朱英的建议，春申君把一切都控制在自己手里。

春申君平时不在寿春，而是在自己的领地吴处理政务。这种一国两主的形态与赵武灵王退位居住于代，而其子惠文王在国都邯郸的情况很相似。

楚考烈王的担心不是没有道理，而且这个国王似乎身体虚弱，不生孩子。春申君也接连给他送去不少女子，可就是不怀孕。

春申君的食客中有一个名叫李园的品行卑劣的野心家，他有一个姿色妙丽的妹妹，于是李园想出一个歪主意，想通过这个妹妹爬上去。如果把妹妹献给楚王，一定会受到宠爱的，可是要想一直受宠，实在非常困难。人老色衰，不再受宠。但如果给王生个儿子，就可以维系这个宠爱。不过，也许考烈王根本就没有生育能力。

奸诈狡猾的李园和妹妹合谋出一个计划。英雄好色，春申君在这方面也是身手不凡。有一天，李园对春申君说齐王欲娶其妹，春申君果然很感兴趣，说自己想见见他妹妹，如果合适的话……就这样，春申君对李园的妹妹宠爱有加，她很快就怀孕了。

两人合谋以后，李园的妹妹把自己怀孕之事告诉春申君："您因为从楚王当人质时代的关系受到他的重用，但楚王无子。楚王死后，他的某个兄弟继位，哪个兄弟都有自己的心腹，受重用的肯定是他的亲信。您身居权势高位，做了不少得罪王族的事，所以很难祸不及身。……今天和您商量，能不能把我献给楚王？我在楚王的内宫分娩，如果得天之助，生个儿子，就可以嗣位楚王。这可是您的儿子啊。那个时候，整个楚国不就是您的天下了吗？"

春申君担任宰相二十年，这与秦国的商鞅、楚国的吴起很相似，他所采取的政策就是削弱王族的势力，集中于王一个人，所以自然遭到王族的憎恨。现在已经到考虑身体虚弱的考烈王死后如何安排的时候了。春申君终于同意李园的妹妹的劝说。

既然是宰相献上的美女，楚王自然受纳。她还生了个男孩，因而得到楚王无与伦比的宠爱。她的哥哥李园也受到重用，参与管理国政。

李园的阴谋并未就此结束，他要杀死知道这个秘密的春申君。春申君实际上已经参与这个阴谋，大概不会泄露秘密。但是，李园害怕春申君会拿这个秘密作为把柄，压制他行使权力。李园要取代春申君成为楚国的第一把手，所以不能让他活着。

建言迁都寿春的那个朱英识破李园的阴谋，劝春申君杀掉李园，但未被接受。

李园，弱人也，仆又善之。

春申君瞧不起李园，认为他是懦弱的人，自己又善待他，没什么可怕的。他太掉以轻心了。其实李园在秘密豢养刺客。

朱英见春申君不纳忠言，担心祸及自身，离他而去。十七天后，考烈王死去。春申君必须从吴赶往寿春。李园将刺客埋伏在宫殿大门后面，春申君一进宫门，就遭受夹击，被刺刎首。春申君一族也全部被杀。

春申君养三千食客，在这个时候一个也派不上用场。

考烈王死后，即位的就是李园的妹妹所生的那个儿子，称楚幽王。春申君被杀是在公元前238年。

据说《史记》作者司马迁生于公元前135年左右，离春申君之死大约百年以后。这是风云激荡的百年，亲耳听过事件见闻者讲述的人，虽然已是老年，却还健在。司马迁对春申君是这样评价的：

初，春申君之说秦昭王，及出身遣楚太子归，何其智之明也！后制于李园，旄矣。

以秦昭王为对手，舍生忘死策划安排太子回国时候的春申君是何等的智勇双全啊！二十多年以后，作为楚国的头号人物长期身居高位的同一个春申君却被李园之流所杀，又是多么愚蠢糊涂啊！

春申君、李园、李园的妹妹、楚考烈王以及其子幽王——他们的关系实在扯不清。

春秋战国五百多年间，类似的事件恐怕数不胜数，但能够记述于年表，谈论于世间，还是值得注意。是因为长期被隐瞒的东西没有必要继续隐瞒下去了吗？

人们公开谈论这些流传的故事，并不是觉得这已经不可耻，平民能够讲述上层阶级糜烂腐败的形态，应该视为开始嘲笑对血统的迷信。从根本上彻底推翻社会秩序的能量就从这里产生。

乱世末日的形态——有关春申君晚年的故事，应该这样理解吧。

比春申君的故事更加可怕的故事也在世间流传，这已经不是那种不为人知的历史内幕，也许可以说是塑造了我们现在所见到的、统一的中国的原型的故事。

前面说过，战国时代，商人来往于各国之间经营商业。随着疆域的扩大，买卖也越做越大。商业和工业规模的发展壮大，离不开铁器使用的普及这个要素，尤其可能是中国发明的铸铁技术需要大量的氧气，而风箱的发明解决了这个问题。铸铁不同于锻铁，家庭的作坊无法生产，需要相当大的厂房。人口增加，需要量也随之增大，商人也忙碌起来。

战国末期，已经产生可以称为大实业家的人物。

出身于阳翟（今河南省）的吕不韦来往于各国之间做生意，成为拥有千金财产的大商人。他跑遍各国，见多识广，而且感觉敏锐，独具慧眼。

有一次，吕不韦来到赵国首都邯郸做生意，他见到在这里当人质的秦王的孙子子楚。吕不韦见到子楚的那句话非常有名：

此奇货可居。

“奇货”，就是罕见的商品。一般人不识货，视而不见，只有道里的行家才慧眼判断其价值空间，而且现在不会看出价码，要储藏一段时间后，才有可能巨大升值。这就是“奇货”。“可居”，就是先储藏起来。

为什么秦国的人质子楚会成为“奇货”呢？

战国时代的习惯，诸侯之间经常互换人质。弱国送往强国的人质多为太子等重要人物，强国送往弱国的人质多为不很重要的王族成员。

秦国送往赵国的人质子楚也不是重要的王族成员。当时是秦昭王时代，子楚是昭王的次子安国君之子，虽然也是昭王的孙子，但并非太子之子，王位继承序列比较靠后。

既然是人质，一旦秦国攻打赵国，就应该会被杀掉。秦国总想肆无忌惮地攻打别国，所以都是把那些被杀掉也不可惜的人送去当人质。子楚也是为了国家利益随时准备献身的一个人。

但是，秦国的太子死去，次子安国君成为太子，子楚也就变成了太子之子，王位继承顺序一下子提高很多。不过，新太子安国君有二十多个儿子，身居国都的儿子继承王位有利，送到国外当人质的子楚希望不大。

吕不韦走遍各国，收集有各种情报，对秦国内幕十分熟悉。秦国太子安国君的正室是华阳夫人，但是她没有生子。华阳夫人点名的人就是太子的继承人，将来就会登上王位。

虽然太子有二十多个儿子，但都不是太子无比宠爱的华阳夫人所生，从这一点来说，所有的儿子的条件都是均等的。在赵国当人质的子楚也和他的二十多个兄弟处在同一条起跑线上。

如果子楚被华阳夫人点名，就有可能成为秦王。子楚是这个意义上的“奇货”。

吕不韦是一个国际性商人，对具有指名权的华阳夫人的人脉也了如指掌。对华阳夫人最有影响力的是她的姐姐。吕不韦作为商人能够出入于宫廷，对华阳夫人的性格喜好，喜欢什么，她的姐姐是什么样的人，都了解得一清二楚。对华阳夫人做工作，他比任何人都有自信。

这个“奇货”在赵国的日子很贫困，赵国对他很冷淡，外出的时候甚至连车子都没有保证，更没有和上流社会接触的机会。

吕不韦游历各国，有点积蓄，但当时还不是大富豪。他对子楚说：

吾能大子之门。

“大门”，就是富裕的意思。我可以让你富裕起来。子楚听罢，笑着说道：“你先把自己的门大起来，然后再来大我的门。”吕不韦话中有话地回答道：

子不知也，吾门待子门而大。

等你成为大富豪以后，我再成为富豪。子楚聪颖敏捷，大体觉察到吕不韦的意图，从此两人开始共同谋划。

吕不韦毫无吝啬地拿出全部财产，以千金作为本钱，开始活动。子楚和他约定，如果自己能成为秦王，“请得分秦国与君共之”。就是说，把国家的一半分给吕不韦。

吕不韦投下的千金资本中，五百金作为子楚的交际费，结交宾客，以逐渐提高自己的知名度。另外的五百金用以购买送给具有决定权的华阳夫人的礼物。吕不韦通过夫人的姐姐打通关节。他首先以子楚天资聪颖、贤惠足智、广交宾客、声名鹊起为卖点，然后绘声绘色地讲述子楚思念父亲以及正夫人，“以夫人为天”，日夜哭泣。虽然有点夸张，但似乎很有效果。吕不韦还通过夫人的姐姐对华阳夫人说：

以色事人者，色衰而爱弛。

这句话让华阳夫人心有所思。她现在是太子夫人，不久就成为王后，但也是驻颜无术。如果有亲生的儿子，可以维系太子对自己的宠爱，可是自己不能生子——必须想办法。

与其说价值五百金的礼品，不如说她为自己的未来而谋虑。如果亲自点名决定继承人，对方一定对自己的恩情深怀感谢。

华阳夫人向太子哭诉，请求将子楚收为自己的养子。于是，太子和夫人给身在赵国的子楚送去丰厚的钱财，子楚的生活越发富裕，交际越发活跃。

一切顺利进行。吕不韦回到赵国，和子楚之间发生一点小小的摩擦。不过，也许子楚根本就不认为是摩擦。

邯郸是著名的美女之都，吕不韦成为大富翁以后，凭着有钱，开始把美貌的舞妓养在家里。当时的富豪家里都有家妓，以接待宾客。有的大富豪家里养几十个。有一天，子楚应邀来到吕不韦家，一眼看中最漂亮的那个舞妓，说想要她。

其实吕不韦和这个舞妓有染，而且已经怀孕。如果拒绝子楚的要求，先前的投资都会付诸东流，子楚是自己将来的摇钱树，绝对不能放手。于是，吕不韦决定把这个舞妓送给子楚，但是他们都隐瞒怀孕这件事。

这个舞妓在邯郸生下一个男孩，子楚满心以为是自己的儿子，取名政。

这个政，就是后来横扫六国、统一天下的秦始皇。

《史记·吕不韦列传》中记述秦始皇坎坷的出生故事，该书的《秦始皇本纪》轻描淡写地记述道：

秦始皇帝者，秦庄襄王子也。庄襄王为秦质子于赵，见吕不韦姬，悦而取之，生始皇。

据说秦始皇生于秦昭王四十八年（前259年）正月。

秦始皇两岁的时候，曾经历过生命危险。

秦、赵经常交战，秦始皇出生的前一年，秦将白起在长平大破赵军，消灭四十多万。在赵国的人质子楚终日提心吊胆。

昭王五十年（前257年），秦军包围赵国首都邯郸。邯郸城里有秦国人质子楚。这种时候，人质就会成为祭旗的牺牲。子楚和吕不韦商量，以黄金六百斤买通监视的官员，子楚在千钧一发之际逃回秦国军营。

赵国要杀死留在邯郸的子楚的妻子和儿子。子楚的妻子是邯郸人，抱着幼子可以隐藏下来。大概吕不韦早已为她准备好隐藏之处以及照顾的人，以防万一。

邯郸久围不下，秦军束手无策，只好撤兵。这时，春申君率领楚军急奔邯郸救援。

围困邯郸六年后，秦昭王死去，春申君作为楚国使者赴秦吊唁。大概是这个时候赵国将子楚的夫人及其子政送返秦国。

子楚的父亲安国君即位，为孝文王。当时的规矩，服丧一年之后正式即位。昭王死后一年，孝文王好不容易等到除服，可是举行即位大典刚过三天，就突然死去。

“奇货”就是奇货——子楚成为秦王，称为庄襄王。

吕不韦自然任宰相。

华阳夫人被尊为华阳太后。

庄襄王在位三年死去，比吕不韦预料的要快。太子政即位。

秦王政元年为公元前246年，当时政十三岁，是一个少年国王。秦王政二十年（前221年）时才号始皇帝。为方便起见，本书从现在开始就称他为秦始皇。

吕不韦虽然失去了珍贵的奇货，但奇货之子依然在握。他其实是自己的孩子，又很年轻，应该容易掌控。吕不韦被尊为相国，这是比一般的宰相更高的称号。平清盛被称为相国入道[①]，日本人对这个称号也很熟悉。同时进而尊吕不韦为“仲父”。这是仿效春秋时期齐桓公称管仲为仲父的典故。其本来意思是指父亲的弟弟，即叔叔，含有“等同于父亲”的感觉。

现在的吕不韦成为秦国唯我独尊的人物。

同一个时期，楚国的非王族宰相春申君的权势凌驾于国王之上。吕不韦大概很在意春申君。春申君为李园所杀在秦始皇九年。

统一天下者，非秦即楚，就是说，进行最后决战的秦、楚两国的君主其实都不是王统的真正继承人。这个事实似乎正是乱世末期的象征。

怎么知道秦始皇其实是吕不韦之子、楚幽王其实是春申君之子呢？此事又是如何被记录下来的呢？阅读《史记》的有关文章，总觉得难以理解。

这两个人的情况十分相似，正因为过于相似，反而令人感觉不可信。也许是平民百姓对作威作福的最高权势者的不满和反抗，才编造出他们出生的故事，想把高高在上、耀武扬威的偶像拉拽下来。

秦始皇烧毁秦国以外的六国史籍，司马迁只好主要依据秦国的史料记述。秦国的正史不可能记载秦始皇不体面的出身。不过百年前的战国末期对司马迁来说不会是神话的世界，他一定是根据自己的均衡感觉对民间生动传神的传说进行取舍后记述历史的。

他们出生的故事是否属实另当别论，但不可否认的是，进行最后决战的秦、楚两国的主将都纠缠着一段不光彩的出生传说。

出现春申君、吕不韦这样凌驾于国王之上、就差没篡权的权势家，正是战国末期的状态。也许人们一般都具有期待演出篡权戏剧的心情。即使表面上没有篡权，其实在血统上已经篡权，可以说具有编造故事的土壤。

不论是好是坏，总之人们心中对现实的历史进程怀有期待，这种期待

① 平清盛（1118—1181年）：日本平安末期的武将。在保元、平治之战中大破源氏，成为太政大臣。但只担任三个月，便辞职归隐出家，世人称之为“相国出道”。——译注

有时也会混入到历史本身里去。

在吕不韦之前，有战国四君的榜样。他进入秦国朝廷担任要职的时候，楚国的春申君和魏国的信陵君还健在，赵国平原君和秦昭王死于同年（前251年），可以说都是同时代的人。

吕不韦也和战国四君一样，养有很多食客，因此必须散财。后来食客多达三千，家童多达一万，实在无法想象是如何生活的。

秦始皇即位的时候还是少年，吕不韦对他大概有时也会麻痹大意。然而，他绝不是可以掉以轻心的少年。他是人质之子，懂事的时候，还受到赵国的监视，过着提心吊胆的生活。父亲逃回秦国，他一个少年，就成为被通缉的要犯。在敌国长大，大概养成了冷眼看人的习惯。他的人生从一开始就不得不直面生死的问题。

庄襄王（子楚）死后，吕不韦和自己原先的妾、秦始皇的母亲开始私通。虽说是旧情复燃，但现在她在秦国是太后这个身份的女性，吕不韦简直是胆大包天。在这件事上似乎是太后主动，据说她是一个离开男人就没法活的女人。

秦的宫廷内部的情况极其复杂。

随着秦始皇的长大，吕不韦越发不安，要是和秦始皇母后的关系被人发现，必定会招来弥天大祸。他想应该适可而止，了断关系，但太后那边不肯放手。

吕不韦心想如果向她推荐一个更具有性魅力的男人，她就会放过自己，于是找到一个名叫嫪毐的人。《史记·吕不韦列传》说嫪毐是“大阴之人”，就是好像生殖器特别巨大。这一招果然奏效，太后迷恋于嫪毐，吕不韦终于离开她的身边。

在太后身边侍奉的人必须是宦官。嫪毐乃大阴之人，不能去势，便伪装成太监，混入内宫。不久，太后怀孕，于是收买占卜者，卜卦为“当避时，徙宫居雍”。就是以躲避灾祸为由，搬到秦国的旧都雍去居住。嫪毐自然是扈从。他和太后生活在一起，在雍生了两个孩子。

秦王政九年（前238年），宫廷的这桩丑闻终于暴露出来。嫪毐是否太监，一查身体就知道，铁证如山，结果嫪毐的三族被诛，太后所生的两个孩子也被杀。而在前一年，嫪毐被封为长信侯，成为华族，据说有家僮数千、舍人一千多人，此人以大阴为资本，飞黄腾达。罪及舍人，他们的财产全部被没收，流放到蜀地。

此时秦始皇二十一岁。《史记·吕不韦列传》说有人告密，秦始皇处理嫪毐事件。但该书的《始皇本纪》说嫪毐兴兵作乱，秦始皇命昌平君和昌文君镇压。嫪毐没有掌握兵权，突然兴兵叛乱，这种说法令人感觉异常。大概是他被逼到不得不举兵的地步，或者根本就没有发生兵变，而是秦始皇以“叛乱”为由单方面地发兵镇压。

秦始皇的目的也许不在小人物嫪毐，而是要清除相国吕不韦。对于二十一岁的年轻君主来说，吕不韦实在令人厌恶。但在吕不韦看来，正是因为他发现“奇货”，费尽心血，才让子楚登上王位，其子秦始皇也才能继位。这一切都是自己的功劳。

现在先把吕不韦是秦始皇亲生父亲的说法暂搁一边，即使这个说法不是事实，吕不韦是秦始皇的大恩人这个事实是不可改变的。正因为这是铁的事实，才让秦始皇很不愉快。

一个雄心勃勃的君主，对掣肘的强势家臣的存在非常看不顺眼，但是，谁都知道吕不韦是秦国首屈一指的大功臣，不能像对待嫪毐那样以叛乱的理由将他清除。而且，吕不韦的三千食客中，有不少优秀人才，秦始皇也想得到他们。

吕不韦和嫪毐事件显然有关，把这个大阴男人推荐给太后的正是吕不韦。秦始皇首先免去吕不韦的职务。

这个处分决定是在嫪毐事件发生一年多以后，秦始皇十年（前237年）十月宣布的。《史记·吕不韦列传》说秦始皇本想诛杀吕不韦，但宾客、辩士极力为他辩护求情，才没有杀他。大概免职的处分也遭到众多的反对，所以拖延一年多才决定。

秦始皇命令罢官以后的吕不韦移居受封地河南洛阳，但诸侯的宾客、使臣频繁前往访问。秦始皇担心吕不韦谋反，命其移居蜀地。《史记·吕不韦列传》记述当时秦始皇的亲笔信有以下内容：

君何功于秦，秦封君河南，食十万户？君何亲于秦，号称仲父？其与家属徙处蜀！

你有那么大的功绩吗？你有那么浓的血缘关系吗？秦始皇接二连三咄咄逼人的责问，最后以“到蜀地去”的决定，抹去吕不韦的全部功绩和血缘关系。

吕不韦自度“恐诛”，遂服毒自尽。

这是秦王政十二年（前235年），嫪毐事件已经过去三年。说到秦始皇，给人果断刚毅的独裁者的形象，凭着恼怒憎恶的情绪当即决断处理，其实他不是这样的人。他从年轻的时候就知道耐心等待这个道理。

秦始皇调查都有哪些人在吕不韦的葬礼上伤心痛哭，凡三晋出身者，全部放逐国外；凡秦人，六百石以上的剥夺爵位，迁往房陵；五百石以下的保留爵位，迁往房陵。

吕不韦在鼎盛时代曾命他的所谓三千食客记录各自的见闻，“备天地万物古今之事”，编辑成集，类似于一种百科事典，世人称之为《吕氏春秋》。它由八览、六论、十二纪这三部构成，只有极少部分佚失，绝大部分保存至今，但其中大概也有后人的补笔。因为其中涉及吕不韦死后之事，故以此推测。

这部百科事典完成的时候，吕不韦将其列悬于咸阳市门。当时还是木简、竹简的时代，二十多万字的《吕氏春秋》，数量非常可观。吕不韦在作品上放置千金，请来诸侯游士宾客，豪言壮语道：

有能增损一字者予千金。

后人将美文形容为“一字千金”正源于这个故事。

秦始皇清洗嫪毐和吕不韦，就是昭示天下：臣子无论拥有多大的权势，都不可与至高无上的君主相比。

16 世纪中叶，统一印度的莫卧儿帝国的事实上的创建者阿克巴仅仅十三岁就即位称王，由巴伊拉姆汗辅佐，决定帝国命运的帕尼帕特大战也是在巴伊拉姆汗的指挥下大获全胜的。但是，在阿克巴十九岁的时候，就罢免巴伊拉姆汗这个奇功卓著的大功臣，不久将其暗杀。

在印度历史中，阿克巴是一颗最耀眼夺目的星星。他是一个出色的统治者，对宗教也采取宽容的态度，是我所喜欢的历史人物之一，只有清洗巴伊拉姆汗这件事的阴影蒙在心头。

天下归一的宏伟事业，一般人连想也不敢想。只有那种若无其事地完成我们感觉惊心动魄的事情的非凡之人，所具有的坚强雄伟的气魄意志，才能够实现天下统一这个异常的伟业。

我姑且把这种气魄意志称为“魔性”。秦始皇的身体里也潜藏着这种魔性。

《史记》评论说：李斯实行尉缭的计策奠定了秦帝国的基础。我在后面将会讲述李斯，他是楚国上蔡（今河南省）人，吕不韦的舍人，后受到秦始皇的重用。尉缭是大梁人，来到秦国，给秦始皇以及诸侯的重臣送礼贿赂，宣扬破坏合纵的策略，被采纳。

这个尉缭似乎发觉秦始皇身上的魔性，想逃离，却被强行留下来。尉缭从哪里发现秦始皇的魔性呢？秦始皇十分欣赏尉缭的谋略，经常召见他，给予他与自己同等的待遇，连衣服、饮食都是一样的。如果说对士的知遇之礼，这是最高的。但看他“一旦翻脸，也是什么事都能干出来的”的模样，感觉这个人实在可怕。为了自己的利益，居人之下亦不为耻，但反之亦然，无所不干。换言之，就是不知道他会干什么。这就是魔性。

《史记》记述尉缭这样评价秦始皇：

秦王为人，蜂准，长目，挚鸟膺，豺声，少恩而虎狼心，居约易出人下，得志亦轻食人。我布衣，然见我常身自下我。诚使秦王得志于天下，天下皆为虏矣。不可与久游。

从秦始皇对没有官职的一介平民如此谦恭亲和的态度中，尉缭看到了他的魔性。他一旦取得天下，全天下的人等于都是他的俘虏。此时，尉缭已经预感到秦始皇必为天下之主人。

尉缭感觉和秦始皇不能长期交往，但秦始皇对贤能良士不会轻易放手。尉缭违心地以自己的才能仕于秦国。

仿佛秦始皇放射出怪异的魔性之光，镇住其他六国，萎缩其领土，削弱其国力。

秦国能统一天下不能只归功于秦始皇一个人。无论他有多么大的“魔性”，如果没有强大的力量，就不可能完成这个伟业。这个力量的基础是长期积累下来的。例如，秦国的国家体制极其灵活机动，秦始皇可以得心应手地运用秦国的力量。这个机制显然是商鞅的遗产。另外，白起将军的指挥军队和张仪出色的谋略外交为秦国有利的对外关系作出了巨大的贡献。

秦始皇继承王位的时候，秦国就已经是战国七雄中最强大的国家。但是，长期以来，秦国一直是位于西北地区的落后国家，通过商鞅变法，被改造成一个让其他国家既害怕又蔑视的国家。

前面说过，秦始皇年幼的时候，赵国首都邯郸被秦军包围，他的生命一度危在旦夕。当时，在赵国周游的齐人鲁仲连说服魏国的客将军新垣衍，让魏救赵。《史记·鲁仲连传》说因此秦军解围。《史记》记述鲁仲连说服新垣衍的长篇大论，其中明确反映出当时一般人对秦国的看法：

彼秦者，弃礼义而上首功之国也，权使其士，虏使其民。彼即肆然而为帝，过而为政于天下，则连有蹈东海而死耳，吾不忍为之民也。

秦国在齐国的西面。无论如何也不想成为未开化的野蛮的秦国之民。

如果秦国取得天下，自己将背西面东。齐国的东面是大海，宁可投身东海自尽，也不当秦国之民。

齐国有很多稷下学士，其学风带着为学问而学问的倾向。与之相比，秦国的学问以极其实用性为主流。在齐人眼里，秦是极具功利性的、文化水平很低的野蛮国家。秦自商鞅变法以后，研究法律、政治、经济的法家学问最为盛行。另外，墨家在秦国的力量也很强大。以兼爱、非攻作为信条的墨家提倡积极的和平主义，是一个专守防卫的专家集团。东边的国家受到侵略，他们就去修建防御工事；西边的国家受到侵略，他们就去挖壕沟，所以他们也是土木工程师，精通这个领域的学问。在清高孤傲的齐国知识分子看来，秦国的学问实在是土里土气。

鲁仲连说上述这段话的时候，以暴君而著称的秦始皇还是婴儿。准确地说，那是秦昭王五十年（前 257 年）。当时，“宁死而不当秦民”的想法大概在中原各国已是常识。由于这个典故，“蹈东海”或者“蹈海”就成为自尽的雅语。

对秦国的评价如此凄惨，但是，“遭人恨的孩子有出息”，秦国的力量迅速飙升。

其他国家眼看着秦国不可阻挡地强大起来，便想方设法地削弱它的力量，然而它们采取的措施甚至适得其反。

例如，韩国把一个名叫郑国的水工（水利工程师）悄悄地派去秦国，试图让秦国兴修不是急需的大型工程，以消耗国力。秦国采纳郑国的庞大的计划，将泾水之水引到渭水以北，在中途把沮水等几条河流连在一起，最后注入洛水。

这个庞大的工程完成以后，称为“郑国渠”，延绵一百多公里的水渠周围原先是不毛之地，现在通过水渠灌溉，变成了四万顷的良田。《史记·河渠书》评价道：

于是关中为沃野，无凶年，秦以富强，卒并诸侯。

《史记》认为郑国渠的完成是秦国统一天下的原因之一。

大势所趋实在很可怕，无论做什么事情，都只能使秦国强大起来。

秦国统一天下绝不仅仅是天时之势。

有鲁仲连那样的观点，同时代也有别的不同观点，主张性恶论的荀子就持和鲁仲连不同的见解。《荀子·疆国》记述，荀子来到秦国，宰相范雎问他有何感想，他这样回答道：

其固塞险，形势便，山林川谷美，天材之利多，是形胜也。入境，观其风俗，其百姓朴，其声乐不流污，其服不挑，甚畏有司而顺，古之民也。及都邑官府，其百吏肃然，莫不恭俭敦敬，忠信而不苦，古之吏也。入其国，观其士大夫，出于其门，入于公门，出于公门，归于其家，无有私事也；不比周，不朋党，倜然莫不明通而公也，古之士大夫也。观其朝廷，其间听决百事不留，恬然如无治者，古之朝也。故四世有胜，非幸也，数也。是所见也。

这可以说是过誉。秦国四代都比其他诸侯优秀，绝非侥幸。“数”，其意大概是有科学根据的命运吧。

鲁仲连认为土里土气的东西，荀子觉得淳朴；鲁仲连视为奴隶般的庶民，荀子感觉是“顺”。在强权政治下战战兢兢、畏首畏尾的官员，看法不同，也可以认为是肃然、恭俭敦敬忠信的表现。秦国朝廷的政治简明恬然，似乎给荀子留下深刻的印象。这说明他游历过的齐国、楚国的朝廷政治都沉闷繁杂。

然而，荀子判断秦国离王者还很远，虽然胜出其他六国，但荀子的王道理想却在更高的层次上。荀子推论秦国不及的原因是：

其殆无儒邪。

表面上看，一切都很出色，但缺少一条脉络。这个脉络，在属于儒家的荀子看来，就是儒家精神。秦国缺少的正是儒的精神。

粹而王，驳而霸，无一焉而亡。

荀子一针见血地指出秦国的短处。儒的精神的理想主义如果能以纯粹的形态在秦国政治中反映出来，就有可能实现王道；但如果以驳杂的形态反映儒的精神，秦国最多只能成为霸主；如果秦国以后不接受儒的任何精神，必定灭亡。

现代的表达方式是：技术方面很先进，但缺少理念（或哲学）。如果得到丰富深邃的理念指导，王道应会实现；如果只有一点理念，那有可能成为霸主；但如果完全缺少理念，只能灭亡。

秦国宰相范雎如何看待荀子的这一番话呢？如果认真仔细地反思一下秦国所走过的道路，就会明白其实荀子的话是对的。荀子有条件地预言秦国的灭亡。没有发现亲耳听到荀子预言的范雎等秦国高官采取任何防止灭亡的措施，他们只是干着急而已。荀子说：

亡国至亡而后知亡。

当局者迷旁观者清。当局者看到的只是政策实施后立竿见影的效果，这些效果堆积起来，变成厚幕，遮挡眼睛，看不见远处。

秦国接连实行富有实效的政策措施，这些成果的耀眼辉煌使自己眼花缭乱起来。

秦迅速具备统一天下的条件，并且实现了这个宏愿。但是，我将在后面讲述，秦王朝实在短命，荀子不幸而言中了。

统一天下

1974年在四川省灌县出土巨大的人物像石刻，高二点九米，重四点五吨。这个石像上刻有东汉建宁元年（168年）的年份铭文和“故蜀都郡李府君讳冰”的文字。

显然，石像的人物就是秦昭王时代的蜀郡太守李冰。即使从制作石像的建宁元年算起，李冰也已是四百多年前的历史人物。对古代人物制作如此巨大的石像，说明他深受当地人的敬仰。但是，《史记》里没有李冰的传记，只在《河渠书》中见到他的名字。

于蜀，蜀守冰凿离碓，辟沫水之害，穿二江成都之中。此渠皆可行舟，有余则用溉浸，百姓飨其利。至于所过，往往引其水益用溉田畴之渠，以万亿计，然莫足数也。

根据这个记述，李冰兴修的水利工程非常了不起。据说完成于昭王晚年，秦始皇即位初期，四川的农民开始受益。

这里所说的沫水，就是现在的岷江。离碓是玉垒山的一部分山体。岷江流域是西北高、东南低，上游河川奔泻而下的河水在这一带经常泛滥。李冰设想把肆虐的河水一部分引向低处，分散其势头，这样不仅可以抑制河水泛滥，而且通过水渠的灌溉可以飞跃性地增加可耕地。当地人为了永远怀念李冰治水的功绩，制作石像纪念是理所当然的。

灌县在成都市西北面约六十公里处。李冰将岷江一分为二的地方，现在称为都江堰，也是成都市民休闲的地方。出土的李冰石像放置在离堆（古字碓）公园旁边的一座道教寺院伏龙观里。“伏龙”这个名称也是源于李冰降龙治水的传说。

玉垒山山麓有二王庙，据说原名崇德庙，为崇尚李冰的品德而修建的。据说李冰的儿子李二郎协助父亲治水，“二王”，就是纪念这两个人的意思。

李冰的名字见于《史记·华阳国志》等，未见有关其子李二郎的记录，大概是民间的传说。

从现在的眼光来看，这项水利工程也是极其艰巨的，也许李冰这一代未能完成，子承父志，由李二郎完成父亲的遗志。

民间信仰，以二郎神君为治水之神，似乎儿子反而成为主角的地方也很多。

《风俗通》（汉代著书，三分之二佚失）的佚文说江水有神，每年娶两个少女为妻。这与中原的河伯娶妻的传说很相似。岷江沿岸村庄的人们每年都要把两名少女作为牺牲献给水神。可怜的少女沉入江底。李冰见此，说道：“这样的话，把你自己的女儿扔进江里吧。”他和江神大战，终于获得胜利。

有的神话研究者认为，两个少女后来逐渐衍变为两个男孩子（二郎），再后来改编成李冰的儿子二郎男扮女装战胜江神的故事。

《西游记》第六回描写玉皇大帝派遣显圣二郎真君讨伐大闹天宫的孙悟空的故事。这个二郎真君住在灌州的灌江口，那一定就是李冰的儿子二郎。孙悟空对二郎真君说道：

记得当年玉帝妹子思凡下界，配合杨君，生一男子，曾使斧劈桃山的，是你么？

桃山是作者随意的取名，但二郎真君是劈山之神，这在《西游记》成书的明代也为人熟知。

如此长久地受到人民大众的感谢，李冰父子的治水工程无愧是划时代的事业。

《水经注》（6世纪初的地理著书）引用《益州记》（地理著书，佚失）中的记述道：

水旱从人，不知饥馑，沃野千里，世号陆海，谓之天府也。

二王庙的正殿放置着李冰像，后殿放置着李二郎像。李冰手持地图，二郎手持工具。现在这座庙犹如一座展示治水工程的小展览馆，还展示刻有四川人张大千所创作的玉女的石碑。

历代文人每到成都，似乎都要访问都江堰。长期居住在杜甫草堂的杜甫创作的七律《寄杜位》最后两句是：

玉垒题书心绪乱，
何时更得曲江游。

从玉垒看都江堰的水，想起首都长安的曲江，大概亲切地怀念起曲水流觞吧。

李白想象为避安史之乱而前往蜀地的唐玄宗的旅程，这样写道：

谁道君王行路难，
六龙西幸万人欢。
地转锦江成渭水，
天回玉垒作长安。

如果地转，蜀地的锦江也成为首都附近的渭水；如果天旋，玉垒山也就成为长安。这首诗收在《唐诗选》里。

三国时代，刘备以此为根据地；唐朝当长安危急时，玄宗就到这里逃难，这是因为蜀是称为“天府”的肥沃之地。

是李冰父子的努力使原本土地肥沃的蜀变成了天府之国。前面说过，蜀地成为天府是在秦始皇即位的时候。

司马迁高度评价郑国渠，以为是秦国统一天下的原动力，但不可忘记，都江堰也是秦国力量的巨大源泉。

魔性的人秦始皇继承这笔巨大的遗产，统一天下的日子为期不远了。

六国中，最先灭亡的是韩国，和秦国接壤，又是最弱的国家，自然首当其冲。

韩国的灭亡在秦王政十七年（前 230 年），这一年，华阳太后死去。指名秦始皇之父子楚为继承人的那个华阳夫人应该说是秦始皇最大的恩人。

两年以后，那个让儿子秦始皇头疼的、淫乱的亲生母亲帝太后死去。这一年，赵国事实上已经灭亡。赵王被俘，其公子在代自立，称代王。这个代王于秦王政二十五年（前 222 年）被灭。

韩国在灭亡的三年前，曾派公子非出使秦国。他就是著名的《韩非子》的作者韩非子。

那时，秦国宰相是李斯。韩非和李斯是主张性恶论的荀子的同门弟子。韩非的才华远比李斯优秀，然而可惜的是，韩非是天生的口吃，不擅言语交锋，只好专心著述。

他的著作传到秦国，秦始皇读后，大为感动，说道：

> 嗟乎，寡人得见此人与之游，死不恨矣。

我能和这么优秀的人才见面交谈，死而无憾。秦始皇的感动是发自内心的。

《史记》说当秦始皇得知这本著作的作者是韩国公子非时，立即决定出兵攻打韩国。

秦始皇对韩非的著作为什么如此感动呢？

从现存的《韩非子》探索韩非的思想，发现他虽然出于儒家荀子之门，却极其反儒。他主张摈弃先王之道的理想主义，尤其应该彻底摈弃在管理国家方面的情，认为君臣之间、父子之间不应该存在个人的情，任命官吏，必须只能以其才能作为标准。而且，信赏必罚，无论是个人与君主的关系多么密切的家臣，如有过错，定须依法处罚。他认为法是绝对的。父亲违法，儿子不得包庇。儿子必须依法揭发父亲。儒家认为这是反人情的，但韩非子拒绝情的介入。

君主依照绝对的“法”管理政治，所以必须是独裁者。与君主有特殊关系的公族，或者根据重视君臣父子秩序而形成的封建势力，依照韩非的学说，都要失势。只要有才能，不问排列顺序，就要提拔重用。工作失败，不论是公族还是豪族，都不能免除法定的惩罚。在韩非的世界里，不存在人情和特权，是极其冷酷的透明的世界。

司马迁在《史记》的“列传”中把韩非的传记和老子的传记放在一起（《老子·韩非列传》）。两人一卷，说明他认为韩非的思想在根本上是与老子的虚静无为之道相通的。

韩非并不把信赏必罚看作是有为的，因为喜赏怕罚是人的本能。通过对有为的终极“法”和“赏罚”的绝对化建构法家的无为学说。他的思想和同门的李斯十分相似。荀子门下产生两个法家绝非偶然。如果从性恶论中抽去“先王之道”的理念，产生追求富国强兵的法家思想是势所必然的。

韩非一针见血地指出：不懂政治的人才说“得民心”之类的话。有肿块，就要赶快切开把脓放出来，但这么做婴儿一定会哭泣。因为婴儿不知道“小苦”致“大利”的道理。韩非的大前提是民心和婴儿的心是一样的，所以认定所谓得民心的政治是天大的错误。

耕田、开垦是为了厚民产，但如果操之过急地强制实行，民就认为上“酷”；严刑重罚是为了禁止邪恶，但民认为上过“严”；征收税金年贡是为了备战备荒，但民认为上“贪”而不服；军训征兵是为了打败外敌，但民认为上“暴”而憎恨。这四项是国家治安之根本，但民不悦之。因民不悦而疏略，则国乱。韩非断言：

为政而期适民，皆乱之端。

《韩非子》中最著名的大概是这句话：

儒以文乱法，侠以武犯禁，而人主兼礼之，此所以乱也。

在韩非看来，儒者批判政治和社会，这是用语言乱法；任侠以力量无理取闹，这是以武犯禁，两者都违背绝对的“法”。这都是些无耻下流之徒，而人上者争先恐后地礼遇这些儒者和任侠。战国四君的三千食客大抵都是儒者和任侠，为君主者不应该优待礼遇这些不从事生产的、违反国家根本大法的城狐社鼠。

这是秦始皇欣赏的学说，后来他采取的反儒行动也许因为受到韩非的很大影响。韩非学说把秦始皇平时所想的东西条理清晰、深刻透彻、通俗易懂地整理出来。秦始皇每读一章，大概都拍着大腿赞叹吧。没有任何人情味的秦始皇却满含感情地发出“得见此人与之游，死不恨矣”的感叹。他对韩非的学说具有何等强烈的共鸣！

秦国出兵韩国，一般都会预料韩王肯定会派公子韩非出使秦国。韩国也听说秦始皇是韩非著作的热心读者。能防御秦国进攻的，除了韩非，别无他人。

韩非作为韩国使节来到秦国，秦始皇一定兴高采烈，能见到这个私淑、敬慕已久的智者，大概想把韩非留在自己身边担任政治顾问。

感到危机的是李斯、姚贾这些重臣。如果韩非受到重用，他们的地位就岌岌可危。尤其是李斯，和韩非同出一门，深知他的非凡卓越的才能。在秦始皇阅读《韩非子》感动不已的时候，李斯曾说“这个作者和我同出一门”，给自己脸上贴金，而一旦韩非真的来到秦国，李斯立刻惶恐不安，这是一个绝对强劲的对手。

李斯劝秦始皇道：

韩非，韩之诸公子也。今王欲并诸侯，非终为韩不为秦，此人之情也。今王不用，久留而归之，此自遗患也。不如以过法诛之。

韩非是韩国的公子，即使仕秦，仍然最优先考虑韩国的利益。所以不可重用，但久留于秦后送回，必为将来之忧患，宜适用某一条法律诛杀之。

秦始皇觉得李斯所言也有道理，便将韩非下吏入狱，让臣下研究对他适用哪一条法律，可是又觉得韩非是个人才，杀了可惜，叫人去狱中赦免。

然而为时已晚。李斯从秦始皇对韩非的私淑态度，害怕他不会做出诛杀的决定，于是给狱中的韩非送去毒药，逼其自杀。

韩非死于秦国的狱中。但从秦始皇治国的情况来看，他所实行的是韩非的思想。司马迁评韩非道：

惨礉少恩。

“惨礉”，就是用法残忍，审核严酷，不近人情。

司马迁评论的是韩非的为人及其主张，其实也是对秦这个国家性质的评论。

秦国的残酷苛刻的性质不是秦始皇一个人造成的。战国时代的国家为了生存，都要采取坚决果断的措施，无论哪个国家都或多或少具有这种倾向。可以说秦国的这种倾向性比较强。

即使是功名显赫的将军，也因小罪而惨死。昭王时代，秦的最大功臣可以说是白起将军。昭王三十年（前 277 年），白起以其战功受封武安君。他曾大战韩、魏于伊阙，取得斩首敌军二十四万的辉煌战果。不仅三晋，他还和强大的楚国作战，秦军攻陷楚国都郢的那一场大胜仗正是白起担任总司令指挥的。后来，白起又平定三晋中部的上党郡。昭王四十七年（前

260年）的长平之战，白起消灭赵国军队四十五万。尽管如此，他在昭王五十年（前257年）仍被赐死。其理由就是因为他被左迁、移居外地的时候发了一句牢骚话。

《史记》认为这是一场谋略和派系斗争。宰相范雎和将军白起的势力之争也许是命中注定的。昭王四十八年（前259年）决定和韩、赵两国割地媾和后撤兵，据说这是范雎为防止白起战功过高向昭王进言后采取的措施。而向范雎献上这个计策的是大游说家苏秦的弟弟苏代。

第二年，秦攻邯郸，白起称病，拒绝担任远征军的将军。秦军苦战，久攻不下。昭王命白起上阵，其实白起反对攻打邯郸。他认为秦为诸侯所憎恨，如攻赵，各诸侯必定大军救援，所以不宜进攻。

最终指挥邯郸之战的是将军王龁。正如白起预料的那样，由于楚国春申君和魏国信陵君等的救援，秦未能攻下邯郸，只好撤军。正是在这场作战中，在赵国当人质的秦始皇的父亲子楚通过贿赂逃回秦国。

秦不听臣计，今如何矣！

白起的这句话传到昭王的耳朵里，昭王越发恼怒，于是贬白起为普通兵卒，命其移居阴密（今甘肃省）。白起无奈，出咸阳西门，赴阴密。然而，行至四公里处，使臣追赶上来，交给白起上赐自裁之剑。

昭王和范雎等群臣商议，认为白起“有余言”，做出这样的决定。

为秦国出生入死，立下无数辉煌战功，最后以“余言”两个字将前功尽行抹杀。白起持剑在手，自问道：

我何罪于天而至此哉？

天欲灭我，我有如此之大罪吗？良久，自答道：

我固当死。长平之战，赵卒降者数十万人，我诈而尽坑之，是足以死。

长平之战，消灭赵军四十万，几乎都是降军，但白起装作接受他们投降的样子，然后全部坑埋杀绝。

上党郡曾被秦国占领，但秦兵撤退以后，当地居民全部反水。上党是中原中的中原，像鲁仲连那样“宁死不当秦民”的人很多。

降兵几十万，白起担心他们反叛，所以索性杀绝。这种做法实在残忍。白起死前想起这件事，自问自答，有足够的理由让自己死去。

当时佛教尚未传来，这种“因果报应”的思想与其说是宗教观，不如说是伦理观。

白起死后，秦国的主要将军是王翦、李信、蒙骜家族（蒙骜、蒙武、蒙恬三代）。

秦国统一天下最精彩的高潮是对楚战争的胜利，指挥这场战争的是秦将王翦。王翦似乎从白起的悲剧中学到很多东西。

虽然《史记》说白起败于和范雎的派系斗争，但做最后决定的还是昭王，不会因为发一两句牢骚就杀掉一个身经百战的将军。

白起自从受封为武安君以后，权势之强大已经过头了。君主对一个掌握军权的大功臣总是耿耿于怀的，而且昭王已经在位五十年，相当年迈，自己在位的时候，还有压制白起的信心，但想到自己去世以后的政治局势，就惴惴不安。自己对长子太子进行过帝王学的教育，但是他早逝，于是把次子安国君提上来。这个安国君正式即位三天就死去，大概一直身体虚弱多病吧。趁早除掉握有能够调兵遣将大权的巨头，自己才能稍微放心。恐怕这才是白起惨死的真正原因。

秦始皇和他的曾祖父昭王一样，都是性格多疑。昭王小时候也在燕国当过人质。因为同父异母的哥哥武王无子，所以他才继承了王位。这一点也和秦始皇很相似。

王翦为了不被怀疑，变得谨小慎微。

幸亏和他一个朝廷的有一个名叫李信的年轻将军。王翦往往以李信作为挡箭牌，躲避明枪暗箭。那些锋芒毕露的意见，都让李信提，他只要提一些慎重稳健的意见就可以。秦始皇似乎愿意把事情交给气势轩昂的将军去办。如果他们办成功，那自然好；如果他们失败，就会请求王翦亲自出马。因为是失败之后的出马，兵力就十分充足。

秦国和楚国的战争就是这样。这是一场关系到国家存亡的生死大战，当秦始皇询问需要多少兵力时，王翦开口就要六十万。年轻的李信血气方刚，回答说二十万足够。秦始皇比较之后，说道“王将军亦老矣”，便任命李信为对楚作战的将军。

秦军在开始阶段接连告捷，但楚军包抄后路，三天三夜急行军，将胜利后骄傲麻痹的秦军打得落花流水。

秦始皇接到失败的战报，亲自登门向王翦道歉，说将军所言极是，二十万太少，我未听从将军高见，结果为楚所辱，现在无论如何请将军出征。前面说过，尉缭看到秦始皇能这样低头求臣，觉得他非常可怕。

王翦惶恐谦虚一番以后，提出需要六十万大军，才决定出马。

《史记》记述道：王翦出征之际，秦始皇亲自特意到灞水送行。一路上王翦向秦始皇恳求赐予他良田、豪宅、园池。秦始皇说道：

将军行矣，何忧贫乎？

你就放心出征吧，家里的事情我来办，用不着为贫困而忧心忡忡。有人委婉地问王翦为什么在出征的时候向皇上要求这么多东西，王翦回答道：

为大王将，有功终不得封侯，故及大王之乡臣，臣亦及时以请园池为子孙业耳。

将军难以封侯，趁着君主现在信任我的时候，多要点东西，好留给子孙后代。听罢，“始皇大笑”。

王翦看到秦始皇的笑脸，大概这才放下心来。王翦出国境之前的一路上，五次派人回国都咸阳，请求秦始皇下赐田地。有人觉得王翦太过分，不满地说：

将军之乞贷，亦已甚矣。

王翦不以为然，回答道：

不然。夫秦王怚而不信人。今空秦国甲士而专委于我，我不多请田宅为子孙业以自坚，顾令秦王坐而疑我邪？

由于秦国连年远征，兵员受到损失，现在王翦又要走六十万，国内已空虚无军。王翦在军中享有绝对的权威，如果他图谋大业，率领这六十万大军回头攻打秦王，这秦国就是王翦的天下。设身处地，如果秦始皇是王翦，大概会毫不犹豫地这样做。王翦非常害怕受到这样的猜疑，也许仅仅因为这毫无根据的猜疑，就会送来一道“王翦谋叛，自刎”的命令。对于这样的猜疑，王翦必须“自坚”，接连不断地请求下赐良田、豪宅、园池，让秦始皇觉得王翦这个人胸无大志，不会谋反，他念念不忘的只是给子孙后代留下这么点微不足道的幸福。

迎战王翦的是楚将项燕。王翦从陈到平舆，固筑壁垒，不与来攻的楚军交锋，只是固守。这是工翦预定的策略，所以粮草准备充足。包围的楚军坚持不下去，大概粮草已尽，解围东去。王翦率兵追击，大破之。他看准的是撤退的楚军士气低落，才追而取胜。

楚将项燕战死。《史记·王翦列传》说“杀项燕”，但“本纪”说“项燕自杀”。

不管怎么说，楚军的总司令已死，秦军大获全胜，并乘胜攻占楚国各地。这一仗是在秦王政二十三年（前 224 年），楚王负刍被俘。第二年，楚灭亡。

楚将项燕之子项梁在秦朝末期举兵倒秦，但中途死去，继承其志的是他的侄子项羽。亡秦的是在楚国世代为将的项氏一族，这是后话。

现在集中介绍六国灭亡的情况。

韩国在其使臣韩非被杀于秦国三年后，即秦王政十七年（前 230 年）灭亡。灭亡韩国的是秦的内史腾。

两年后，秦王政十九年（前 228 年），邯郸沦陷，赵国灭亡。攻陷邯郸的是将军王翦。

三年后，秦王政二十二年（前 225 年），魏国首都大梁遭受水攻，魏王被俘，魏国灭亡。将军王翦攻陷。

第二年，秦王政二十五年（前 222 年），王贲俘逃往辽东的燕王，燕国灭亡。

最后剩下的齐国也在燕亡后的第二年被王贲攻陷，齐王被俘，齐国灭亡。

秦王政二十六年（前 221 年），秦统一天下。

从以上介绍可以知道，除韩国以外，其他五国都是被王翦、王贲父子消灭的。赵国灭亡后，公子嘉在代自立，称代王，但也被王贲消灭。

在王翦父子的远征中，蒙武、李信等著名将领自然也一起征战，不仅仅只是王翦父子的功绩，但他们的战功的确出类拔萃。

王翦为消除秦始皇的猜疑，不得不无奈地进行那种违心的表演，他的心情是可以理解的。

白起赐死以后，秦国苦于名将的不足。昭王明明知道这一点，还是杀掉军队的实力派白起。大概白起平时的言行让秦昭王怀疑他是一个图谋大业的人。王翦的情况则不同，李信、蒙武、蒙恬等年轻的将领已经培养起来，有人替代，应该最容易被杀。王翦为了保身，平时非常小心翼翼，表现出胸无大志的样子，而且尽量不卷入派系斗争。不参加派系，就做不了大事，所以王翦的工作只限于军事方面。司马迁在《史记》中这样评论王翦：

> 王翦为秦将，夷六国，当是时，翦为宿将，始皇师之，然不能辅秦建德，固其根本，偷合取容，以至殁身。

被秦始皇敬仰为师，却倡导德治，的确没有为巩固秦国的根基做出应有的努力。司马迁的评价有点苛刻，而且不能不说他对秦始皇的看法过于宽厚。正因为王翦胸无大志，低调迎合，才能够寿终正寝。否则，老将王翦恐怕也难逃秦始皇的毒手。

把白起逼到死地的范雎后来被蔡泽说服，举荐蔡泽任宰相，自己隐退，成功保身。蔡泽任宰相不久也称病去职。这两个人看似不负责任，其实为了保身不得不如此小心谨慎。

范雎以主张“远交近攻”而著称。离秦国最远的国家是燕，如果采取远交近攻的政策，就必须和燕国结成最亲密的友好关系。可是，史料并没有明显记录秦燕的友好关系，只有零星几处的史实让人推测，例如秦昭王曾在燕国当人质就是其中之一。

燕和秦没有国境相连，两国之间的问题很少。互送人质在战国时期习以为常，武王死后，秦国把在燕国当人质的昭王接回来即位。这是同父异母兄弟之间的继承，看来即位前的昭王在秦朝廷里就是相当重要的人物。把他送到没有什么纠纷的国家当人质，应该是友好的象征，本人也很安全。子楚与他根本不可同日而语。子楚当人质的赵国和秦国接壤，纷争不断，所以是非常危险的人质。

如果燕和秦关系良好，那么苏秦的合纵论就有问题。合纵是六国联合起来共同对付强大的秦国，如果燕国也参加进去的话，那么与燕秦友好就产生矛盾。

苏秦的合纵论多为纸上谈兵，真正付诸实施的只有极少一部分。史书关于合纵论的记述非常少，所以甚至怀疑苏秦是否实有其人。

燕国位于现在的北京地区，因而现在北京还称为“燕京”。与燕国接壤的是赵国和齐国，燕国直接感到的压力，就是来自这两个国家，它不可能和赵、齐联合共同对抗没有给自己直接造成压力的秦国。

燕国要对抗赵、齐造成的现实压力，显然应该和秦国结盟。当赵要从东面攻燕的时候，就必须关注西面秦国的动静。从常识来判断，燕国结盟的对象也应该是秦国。秦国在强大之前，为了减弱来自东面的三晋的压力，与其背后的燕国联盟是有效的方法。

连衡论和合纵论，用图形表现，简单易懂，但现实并没有按照图式那样进行。

燕秦关系虽然友好，但是到战国末期秦国吞并三晋的时候，友好关系自然就无法继续下去。因为没有了中间的缓冲地带，燕国终于直接正面感受到秦国的巨大力量。

秦统一天下前夕最戏剧性的一幕就是燕太子丹将刺客荆轲送往秦国暗杀秦始皇失败的事件。

暗杀是非常手段，一定是束手无策才不得已采取这种手段。两国关系先前一直相当友好，后来逐渐恶化。受到压迫的燕国大概不知如何是好，实施暗杀这种极其冲动的方法真实地显示出燕国的慌乱和困惑。

《史记·刺客列传》把暗杀动机说得像是燕太子丹报私仇：

会燕太子丹质秦亡归燕。燕太子丹者，故尝质于赵，而秦王政生于赵，其少时与丹欢。及政立为秦王，而丹质于秦，秦王之遇燕太子丹不善，故丹怨而亡归。归而求为报秦王者。

接替范雎担任秦国宰相的蔡泽是燕人，虽然已经辞职，但还称为纲成君，担任国政顾问。因是燕人，曾作为秦国使臣去燕谈判两国关系的各种问题。为保证双方协议的实施，燕太子丹被送往秦国当人质。太子丹和秦始皇是在赵国当人质时的朋友关系。准确地说，秦始皇是逃跑的人质之子。他九岁时被送还秦国。

太子丹心想自己和秦始皇是幼年时期的朋友，这次去秦一定会受到欢迎，没想到秦始皇对他十分冷淡。丹大为恼火，逃跑归燕。回国以后，便寻找刺客为自己报仇泄愤。

不可想象采取暗杀手段只是为了泄私愤，还是因为两国之间发生了纠纷，人质丹的逃跑大概也与纠纷有关。可能是秦国凭借自己的力量违反蔡泽出使燕国时双方订立的协议，燕国想谴责秦国背信弃义的行为，但国力悬殊，如果想一锤子翻身，只有考虑采取非常手段，唯有暗杀。

荆轲是卫人，但据说祖先是齐人。战国末期，各国人员互相来往，混杂在一起，中国已经是各地人混居的地方。例如，燕人蔡泽作为秦国使臣来到燕国，以秦国国家利益为最高原则，开展各种外交活动。各国游客也很多，荆轲就是其中一人。

当时，任侠之士经常游历各国，所谓肝胆侠气，其装束打扮也别具一格。但荆轲和他们还略显不同。

荆轲曾在榆次（今山西省）与剑客盖聂论剑，意见相左，盖聂怒目而视，荆轲扬长而去。旁观者要把剑客叫回来，继续论战，但荆轲已经离开住处，不知去向。

在侠士世界的美学意识看来，这样做很不体面，但荆轲志向高大，认为在这种剑术比试的低层次问题上保持体面没有意思。

荆轲在赵国首都邯郸曾与鲁句践博弈，由于规则问题争执起来。鲁句践怒叱责骂，荆轲默不作声地离去。

在荆轲眼里，剑术、博弈规则之类都不值得认真论争。

荆轲来到燕国以后，和狗屠、击筑的高渐离这两个人意气相投，每天豪饮于燕市。狗屠，就是狗肉贩者，在社会上不被尊重的职业，但荆轲只要觉得气味相投，不在乎对方的社会地位。

筑是类似琴的弦乐器，以竹片击弦。高渐离击筑，荆轲和而高歌，心潮澎湃时热泪横流，旁若无人。

但是，荆轲并非平庸的酒徒，他还是喜欢读书的知识人。除了狗屠和高渐离，他和处士田光也有深交。所谓“处士”，就是没有当官的知识分子。

在秦国当人质的燕太子丹逃回国以后，打算派刺客去秦，便在游侠之士中物色人选。田光先生在这方面名声很高，太子丹与他相会，开门见山说道：

燕、秦不两立，愿先生留意也。

想和你商量国家大事。田光表示自己已经年迈，推荐荆轲。太子叮嘱道：“丹所报，先生所言者，国之大事也，愿先生勿泄也。”刚才所说的都是国家大事，请您不要泄露出去。田光低头笑道：“诺。”

接着，田光去找荆轲，将推荐之事告诉他，并且说太子叮嘱自己此事不可外泄，看来太子还是对自己不相信，“夫为行而使人疑之，非节侠也”，于是自刎。

自己一死，就保证国家大事的机密不会外泄。田光的悲壮之死，可以说是侠士的一个典型。

荆轲离燕去秦，执行刺杀秦始皇计划。要想见到秦始皇，不能空手，没有机会接近他，也就没有刺杀的机会。

带去的必须是能得到秦始皇会见的礼物，荆轲想到督亢的地图和樊於期的首级。献上地图，意味着割地仪式。

督亢，在现在的北京市和保定市之间，从涿县到新城县一带，土地肥沃。

樊於期原是秦将，因触怒秦始皇，逃到燕国。留在秦国的樊於期一族全被杀死，秦国还悬赏一万邑和黄金千斤求购他的头颅。秦始皇对他的确是恨之入骨。

太子丹听了荆轲的礼物要求，无论如何不同意杀樊於期。他是被逼得走投无路才亡命这里的，不忍心只图自己的利益将他杀掉。荆轲见太子丹坚决不同意，就自己直接去见樊於期。樊於期的父母亲等全部家族成员都被诛杀，他满心燃烧着对秦始皇复仇的烈焰。

愿得将军之首以献秦王，秦王必喜而见臣。臣左手把其袖，右手揕其胸……

荆轲如此一说，樊於期二话不说，立刻自刎。他活着就是为了报仇，只要能报仇，何惜此命。

太子以百金购得徐夫人的匕首，以毒药淬之，只要伤体，流一缕血即死。另外，太子还找来一个勇士秦舞阳作为荆轲的助手随同前往。这个秦舞阳十三岁就杀过人，人人见他都畏惧。一切准备完毕，但荆轲迟迟不动身，其实他是在等一个可以信任的人，大概联系不畅，此人未能如期前来。

太子着急，坐立不安，害怕荆轲改变主意，便不动声色地催促。荆轲感觉不能再继续等待了，决定出发。

太子及其宾客一行来到易水岸边为荆轲送行，所有的人都素衣素冠。素衣素冠是丧服。这意味着不管是否成功，荆轲生还的希望连万分之一的可能都没有，所以送行的人都身穿丧服。

易水岸边，好友高渐离击筑，荆轲和而高歌，众人垂泪涕泣。

风萧萧兮易水寒，
壮士一去兮不复还！

荆轲慷慨悲歌，众人皆“发尽上指冠”。

于是荆轲就车而去，终已不顾。

《史记·刺客列传》以这一句结束易水别离悲壮场面的描写。

有人认为，荆轲带着绝密任务出发，不应该有这种身穿丧服送行的张扬场面。秦国的间谍也潜伏在燕国，万事都必须小心谨慎。不过，虽然刺杀秦始皇是绝密的任务，但献上督亢的地图和樊於期的首级是公开的。割地是悲剧，为带着悲剧任务的使节送行的场面自然也是悲壮的。

《史记》记述的易水别离也许经过润色，但挥泪送行一去不复还的壮士的场面肯定是真实的。

徐夫人的匕首卷在督亢地图里。会见秦始皇，只能是手无寸铁。

荆轲他们在咸阳的宫殿会见秦始皇。荆轲捧着盛有樊於期首级的函，秦舞阳捧着装有地图的匣，当他们来到秦始皇玉座下面的陛前面时，秦舞阳忽然脸色苍白，浑身哆嗦颤抖。

这个在燕国以勇士著称的秦舞阳其实不过是凶残的杀人者，不是真正的勇士，他没有胆略魄力。不得不说太子选错了人。这时候，荆轲大概心里很不是滋味，回头看了眼秦舞阳，然后笑着向前走一步，向秦始皇道歉道："北蕃蛮夷之鄙人，未尝见天子，故振慑。"

暗杀失败，《史记》描写这个场面的文字异常出色：

轲既取图奏之，秦王发图，图穷而匕首见，因左手把秦王之袖，而右手持匕首揕之。未至身，秦王惊，自引而起，袖绝；拔剑，剑长，操其室；时惶急，剑坚，故不可立拔。荆轲逐秦王，秦王环柱而走。……

这个描写极其生动，当时的景象宛若再现眼前。"未至身"，大概是擦身而过。只要刺伤一点，毒药就会走遍秦始皇全身。

秦始皇惊慌后退，才免受毒刃刺伤。荆轲动作迅疾，切断秦始皇的衣袖。秦始皇想拔剑，剑身很长，一时拔不出来。他抓着剑鞘，但由于慌乱，牢固拔不出。荆轲进一步逼近秦始皇，秦始皇围着柱子转圈逃避。

玉座下面列队站立着手持武器的卫士，但按照秦国法律，没有诏命，不许上殿。

商鞅变法，秦国形成法律至上的体制，如有违法行为，不问什么理由，一律处罚。这样的例子很多。商鞅本人都受制于自己制定的法律。慌乱逃命之中的秦始皇顾不上给殿下的卫士下诏，殿下的卫士也只是拔剑待命。

除了秦始皇，殿上人谁也不许身带武器，大臣们只好赤手空拳面对手持徐夫人匕首的荆轲。这时，侍医夏无且手里的药囊就成为唯一的武器，他将药囊向荆轲掷去，左右大臣喊"王负剑"。把剑推到背后，便拔出剑来。秦始皇手持长剑朝荆轲砍去，长剑对短匕首，对秦始皇十分有利。他砍断荆轲左股，荆轲倒下之际，将匕首朝秦始皇掷过去，不中，击中铜柱。秦始皇的长剑对着倒地的荆轲接连猛砍……

就这样，燕太子丹的最后一招以失败而告终。此为秦王政二十年（前227年），赵国已在前一年灭亡。

第二年，秦大军攻燕国首都蓟。燕王逃往辽东，秦军紧追不舍，燕王斩太子丹，将其首级献给秦。然而，秦国攻打燕国，不是对刺杀事件的复仇。吞并天下是秦国的国家方针。

荆轲在秦国的咸阳宫被杀五年以后，秦国大军杀到辽东，俘虏燕王喜。召公奭为始祖的燕国结束了八百多年的历史。

第二年，王贲率秦军从燕南下，攻打最后一个诸侯齐国首都临淄，俘虏齐王建。

万里长城

秦的统一天下与秦的灭亡紧密相连。

灭齐国，统一天下是在秦王政二十六年（前 221 年）。项羽、刘邦攻陷咸阳，秦朝灭亡是在秦二世四年（前 206 年）。秦朝的统一天下的政权只有短短的十五年。

在讲述秦国统一天下的同时，也必须讲述秦国失去天下的故事。在天下统一的昂扬振奋的气氛中，已经奏响了灭亡的旋律。在讲述秦国完成的各项事业的时候，我们不要忘记随处都能看到的崩溃的迹象。

灭六国以后，秦第一次把君主的称呼改为“皇帝”。以前一直都是称为“王”，这样就和已经灭亡的六国君主同等地位，所以需要表示更高地位的称号。另外，将以前人们自我称呼的“朕”改为皇帝专用的第一人称。“玺”这个字的使用也是如此。以前一般的人都把印章叫做“玺”，秦开始专门作为皇帝印章的称呼。

朝廷极力强调皇帝是一个特殊人物，绝对不允许“准皇帝”的存在，皇帝只有一个，其他全部都是臣下。

统一天下以后，把全国分为三十六郡，郡下设县，其长官全部由中央任命，不许世袭。这是战国时期商鞅制定的制度，现在适用于全国。

秦国之外的六国，君主下面还有领主，其中最有实力的就是所谓的战国四君。他们有的是王族，有的是春申君那样的功臣，都统治着受封的领地，其权势有时甚至凌驾于君主之上。秦朝不允许这种现象存在，虽然也有人受封“君”“侯”的称号，但只是称号而已，并没有世袭统治在某一块土地上。全国都直属朝廷，皇帝任命官员进行管理。

这叫做郡县制度。

天下统一之后，宰相王绾提议，封皇族在燕、齐、楚等远地为王。他担心国土非常辽阔，管理不过来。但是，廷尉李斯反对这个提议，战国时代，天下苦于战争，就是因为周武王封一族于各地，其子孙后裔相争造成的。秦始皇采纳李斯的意见，在全国设郡县。

皇权的绝对化，在垄断“朕”的第一人称称谓以后，又表现在废除谥法上。本书此前所使用的“昭王”“怀王”等称呼，其实是死后的谥号。根据王生前的表现选择合适的称呼。例如，为庶兄负刍所杀的幼小楚王的谥号为哀王，意为哀伤的人生之意。所以，被秦所灭的六国末代国王都没有谥号，称为韩王安、赵王迁、魏王假、楚王负刍、燕王喜、齐王建。没有谥号，是因为没有继承者给他们封谥。封谥是对先王生平行为的评价。秦始皇认为不应该对天子进行评价，所以废除谥法，代之以“世代”，他自己是始皇帝，接下去的二世、三世。秦始皇说：

二世、三世至于万世，传之无穷。

但是，秦至二世而亡。大概因为后人认为短命王朝的规定不吉利，所以后来的王朝没有采用以世代称呼皇帝的习惯。

秦朝实行极权主义，就必须将皇权绝对化。反之，通过皇权的绝对化提高国家体制的效率。皇帝一声号令，什么事情都能办得到。

国土统一以后，接着进行各个方面实质性的统一。例如文字等，各地的书体都略有差异，便以秦的小篆书体强行统一。度量衡也是各地不同，也统一起来。还有车轮的宽度，各地均有所差异，下令一律统一起来。当时的道路车辙很深，车子就顺着深深的车辙像在陷下去的轨道上行走一样。车轮在车辙里行走，为了不让外国的车子进来，故意把车轮的宽度设计得不一样。战车作战时代，这样的设计也是防御外国战车进攻的一种手段。

统一车轮宽度称为“同轨”，就是统一道路。同样的车，可以到全国任何一个地方去，同轨对天下统一产生极大的作用。

度量衡的统一就是制造标准的量器，强制规定必须按照这个执行。1960 年咸阳出土的“二十六年铜诏版”铜板，背面四角有小孔，显然是标准量器钉上去固定用的。上面刻有小篆书体的四十个字：

廿六年，皇帝尽并兼天下诸侯，黔首大安，立号为皇帝，乃诏丞相状、绾、法度量则不壹歉疑者，皆明壹之。

二十六年是灭亡齐国、秦王政称皇帝那一年。上面明确记述两个丞相接受皇帝的诏书，着手实施度量衡的统一。

皇帝独裁的强制性统一大概在各地会产生一时的混乱，但后代人受到极大的恩惠。秦始皇极其敏捷迅速地完成这项早晚总要做的事业。虽然令人感觉有点操之过急，但当时的秦始皇绝对相信自己的力量，大概不会认为这些激烈快速的改革和统一过于勉强。

说到秦始皇，就会立即联想到万里长城。万里长城似乎成了秦始皇的象征，但是，万里长城并非秦始皇修建的，秦始皇是将战国时代各个国家各自修建的长城连接起来，并且加固。

“长城”这个词最早见于《史记·田敬仲完世家》，齐威王九年（前370 年）“赵人归我长城”。齐威王即位以后，不鸣不飞，突然间像是变了一个人，举兵收复失地。既然是收复的，说明长城在相当早以前就已经存在。

第二年，赵成侯六年（前 369 年），“中山筑长城”。这句话记述在《史记·赵世家》里。

前面说过，中山是位于现在河北省的狄族国家。说到长城，人们往往会有先入为主的认识，以为长城是中原的文明国家为防御野蛮的夷狄而修筑的，其实在狄族国家中山也修筑有用于军事的长城。

齐国的长城从琅邪山向泰山方向修筑，看似圈围山东半岛。楚国的长城向着汝水和汉水修筑。魏国的长城修筑到接近黄河中游的所谓中原的中心地带。各诸侯国都沿着各自的国境线修长城。天下统一以后，这些长城不再需要。不仅没有必要，还妨碍交通，应该拆除。

当时，正是匈奴的鼎盛时期，秦始皇统一天下以后，为了防御匈奴，认为北方的长城不仅不能拆毁，还必须增强加固。

据《史记·蒙恬列传》记述，天下统一后不久，他就奉秦始皇之命修筑长城。

秦已并天下，乃使蒙恬将三十万众，北逐戎狄，收河南，筑长城，因地形，用制险塞，起临洮，至辽东，延袤万余里。

三十万之众，其中既有士兵，也有民工。史书只是简单地一笔带过“三十万众”，其实绵延一万多里修筑长城和声势浩大的远征北方的艰苦卓绝非笔墨所能形容。

有关修筑长城的许多悲惨故事，正史中没有记载，但在民间广为流传，传承至今。

孟姜女的传说最有代表性。

“孟”是长子的意思。孟姜女就是姜姓家的长女。姜是太公望的姓，传说中的孟姜女也是出身于太公望的后裔受封的齐国。虽然齐国后来被田氏篡权，但齐是六国中最后一个被秦国灭亡的国家。将万里长城的悲剧主角设计为齐国女子，似乎别有含义。

孟姜女的丈夫是被征用去修长城的民工，因想到北方气候严寒，她在家里为丈夫赶制冬衣，然后千里迢迢送到长城。但是，她来到长城脚下时，得知丈夫已经死去，连尸体都找不到。她在长城脚下放声恸哭，结果长城崩塌，露出丈夫的尸体。

这个故事和春秋时代的著名贞女杞梁之妻痛哭阵亡的丈夫，感天动地，长城崩塌的传说几乎是一样的。《孟子·春秋》也这样记述道：

华周、杞梁之妻善哭其夫，而变国俗。

华周是阵亡者的名字。她们的痛苦悲伤感动人心，改变了这个国家的风俗习惯。

在战争、苦役中失去丈夫的妻子不知有几万、几百万。改变一个国家风俗的她们的泪水世世代代在人们的心中不断地倾诉。

因为以前有与之几乎相同的传说就认为孟姜女的故事不是历史事实，这种论断显得很滑稽。我认为没有比这更真实的历史事实了。希望恸哭的泪水能够地动山摇、长城崩塌的女子何其多也！现在应该也还会有。

石窟寺中著名的敦煌藏经洞经过近千年的封闭，在20世纪初叶被发现，震惊世界。里面藏有数量巨大的经文、佛画、古代文献等，都是唐代以前的东西。其中发现有歌唱孟姜女故事的歌词。她们的故事通过讲述、歌唱，就这样一代一代流传下去。这个传说也渗透着后世有着同样遭遇的女子的血泪。

没有人自愿去服兵役和服苦役，都是强制的征用，不能拒绝，这是法律形式的命令。皇帝名义的法律是绝对的。

商鞅变法所确立的法治主义在秦始皇时代由李斯得到进一步强化，法律至上。秦始皇即使被手持毒刃的荆轲追得团团转，卫士也只能呆立在宫殿下面。没有诏命随意上殿，就是违法，可能会被处以死刑，谁也不敢擅自踏上台阶。

实行严惩主义的法律，国家政治就会随心所欲。事实上也是如此，秦横扫六国，而且依靠法律完成国土开发、军队动员、补给等所有的任务。违抗者将受到严惩，所以有关人员都竭尽全力地完成任务。各方面都很顺利，法律至上的体制越发增强巩固。

然而，可以说正是这种严惩主义的法律至上思想导致了秦朝的灭亡。

秦始皇死后的第二年，秦二世元年（前209年），河南阳城人陈胜、阳夏人吴广等九百人被征用前往渔阳戍边。渔阳在现在的北京市一带。这么多人行动，需要屯长带队。屯长是轮流担任，恰好陈胜、吴广担任屯长的时候，队伍来到大泽乡。这时大雨滂沱，道路无法通行，只好原地停留。他们得到的命令是必须在某月某日到达渔阳，但算来算去，无论如何都无法按期到达目的地。秦朝的法律规定“失期法皆斩”，不问什么原因，只要延误时间，一律全部斩首。于是，陈胜、吴广商量道：

今亡亦死，举大计亦死，等死，死国可乎？

延误是死，逃亡是死，举大计也是死，既然都是死，不如反叛。“死国”，是为反叛灭秦、建国大业而死的意思。

如果不下雨，陈胜、吴广一行会如期抵达渔阳，尽管满腹牢骚，却还是执行戍边的任务。即使下雨，只要没有“失期法皆斩”的严惩规定，他们也还是会赶赴渔阳的。

不能不说因为“法”才逼迫他们在大泽乡反叛。法让他们绝望，不得不反，别无他路。

陈胜、吴广的揭竿而起摧毁了大秦帝国。可以说秦兴于法，也亡于法。

陈胜、吴广不过是一介雇工，同行的九百人不是他们的部下，他们只是轮流当上的屯长。九百人之所以能跟随陈胜、吴广，除了是因为对延误当斩的法律的恐惧外，还应该有着他们的个人魅力吧。不足千人的雇工举起反旗，如果无人响应，对于大秦帝国来说，犹如鸡蛋碰石头，不堪一击。

全国性规模地响应陈胜、吴广的行动，形成了燎原烈火。

当此时，诸郡县苦秦吏者，皆刑其长吏，杀之以应陈涉。

全国36郡及其所属的县，全部都是由中央委派的官吏管理，官吏鱼肉百姓，人民苦不堪言。秦朝的官吏肯定都是法律的妖魔。如果不严守法律，就要受到严惩，他们也不得不如此。人民在法律的妖魔统治下，岂有幸福可言。这些官吏，不管人民的死活，绝对要征收规定的税金和农作物，绝对严格征用服兵役和服苦役的壮丁。由于地方官员不是世袭制，在任期间，不论搞得多么民怨沸腾，任期届满就离开，根本不在乎人民的口碑评价。官员和人民之间毫无情感的联系。

不论是谁，只要敢于举起反叛大旗，各地就会热烈响应，这是必然之势。中央任命的各地官员首先成为祭刀的对象。人民一旦违法造反，就别无退路。只有推翻法律的权威的根源皇帝、消灭秦帝国，否则自己就没有活路。所以，他们的作战十分英勇。

为秦所灭的六国旧人对秦恨入骨髓，有的甚至不顾法律的严酷，一定要报亡国之仇。

秦王政二十九年（前 218 年），秦始皇东巡经过河南博浪沙山中的时候，突然飞来一个大铁锤，砸中秦始皇的副车。大铁锤投掷的目标自然是秦始皇乘坐的车子，但误中副车。秦始皇大怒，全国通缉捉拿凶手，大规模搜捕十天，却一无所获。

这起事件的主谋就是后来成为刘邦的著名军师的张良。张良是韩人，先祖世代为韩国宰相。

秦灭韩时，张良还很年轻，没有在韩国为官，但是对灭亡自己祖国的秦怀着不共戴天的仇恨。他不惜拿出全部家产，寻找暗杀秦始皇的勇士。他找到的这个大力士可以将一百二十斤的大铁锤扔出很远。当时的一斤据说是二百五十六克，这个大铁锤约三十公斤。可惜扔得稍微偏了点，这次暗杀秦始皇的计划也失败了。

荆轲的好友、击筑高手高渐离也隐名埋姓躲藏起来，但是他高超的击筑名声使他无法隐藏下去，终于被人们发现。秦始皇也听到他的名声，把他召进宫里，虽然知道他是荆轲的好友，但因为击筑神乎其技，秦始皇舍不得杀他，便将他的眼睛弄瞎，让他表演击筑。秦始皇以为这样就可以安然无恙，但是高渐离把铅灌进筑里，打算用它猛击秦始皇。由于高渐离看不见，结果未能击中秦始皇。高渐离被杀。据《史记》说，秦始皇从此以后“终身不复近诸侯之人”，一辈子不再让被秦消灭的各国的人接近自己。

全国人民怨声载道，秦朝依靠严酷的法律勉强压制下去，但总不能彻底压制。陈胜、吴广给予秦王朝一次打击，大家发现原来这个政权出乎意外地脆弱。其实不是法律本身脆弱，而是人民对秦王朝的反感太强。

秦始皇十分欣赏韩非的无须得人心这句话，按照这个思想治理天下。这是正确的吗？

皇权的绝对性是为了更有效地管理国家，而不是成为皇帝本人的绝对性存在。法家思想的目的是树立法律的权威，并将实施法律绝对化。然而，被抬到至高无上地位的皇帝不把自己绝对化心里就不痛快。

绝对化是什么？具体地说，就是长生不老的人。皇帝不是普通的人，秦始皇大概认为能灭六国、统一天下的绝非凡人。

他在泰山举行封禅仪式也是这种思想的一种体现，一般的人绝不可能做这样的事情。

自以为是绝对者的人往往会成为某种被人利用的牺牲品。一群小人围着“绝对者”尽情吞噬。

齐人徐福（也写为“徐市”）就是其中之一。

海中有三神山，名曰蓬莱、方丈、瀛洲，仙人居之。请得斋戒，与童男女求之。

只要见到仙人，就能得到长生不老药。于是秦始皇给他三千童男童女以及巨额经费，让他寻找。

秦王政三十二年（前215年），秦始皇命韩终、侯公、石生寻找仙人之灵丹妙药，又命燕人卢生寻找一个名叫羡门高的仙人。但不论怎么寻找，就是找不到持有长生不老药的仙人。卢生为了替自己辩解，就编造说有人妨碍寻找，煞有其事地上书道：

人主所居而人臣知之，则害于神。

有人把皇帝所居之处告诉别人，从而损害了神。这个理由实在荒诞无稽。但是秦始皇相信他的话，甚至全部杀掉怀疑有可能把自己居所告诉宰相的人。

绝对者的地位让秦始皇这样的人也变得异常起来。

秦始皇在长江边上的湘山祠遇大风，无法过江的时候，命令三千囚徒把湘山上所有的树木全部伐倒，以示对刮起大风不让自己过江的风神的惩罚。这件事发生在博浪沙事件的前一年。

卢生仿佛预言家一样，上书道“亡秦者胡也”。胡是北方夷狄的通称，也就是当时势力逐渐强大起来的匈奴。《史记》说，秦始皇正是听了卢生这句话，才给予蒙恬将军三十万人。

其实当时早就知道匈奴是秦的北方大敌，修建长城就是为了防御匈奴。不论有没有卢生这样的预言，努力防守北方国境是理所当然的。然而，从当时秦始皇的异常情况来看，听信卢生的预言给蒙恬增兵之事似有可能。

臭名昭著的焚书发生于秦王政三十四年（前 213 年），在他死去的三年前。建议者是李斯。

臣请史官非秦记皆烧之。非博士官所职，天下敢有藏诗书、百家语者，悉诣守、尉杂烧之。有敢偶语诗书者弃市。以古非今者族。吏见知不举者与同罪。令下三十日不烧，黥为城旦。所不去者，医药、卜筮、种树之书。

当时的秦朝政治，实质上就是李斯政治。责难政治，就是责难李斯。李斯知道，责难的声音主要来自儒家。有言“今不如昔”者，一律抄斩全族。

秦王朝统一天下以后，实行全新的政治，怎么能和过去相比呢？简直岂有此理。李斯试图通过这个焚书令，给予儒家沉重的打击，进一步巩固自己的地位。

李斯知道秦始皇唯我独尊。以今比昔，毁谤现在的政治，会令秦始皇勃然大怒。儒家对封禅之事议论纷纷，然而观点不一，李斯也明白秦始皇瞧不起他们，所以坚信自己的进言会被采纳。

秦始皇开始实施焚书令。

这是最露骨的封杀言论，是愚民政策。

不计其数的书籍被焚毁，但也有不少书籍被藏在墙壁里，躲过一劫。他们相信这样的政策不可能长久持续下去，耐心地等待着风暴的平息。风暴平息的日子，具体地说，就是秦始皇的死去。

秦始皇打算得到长生不死药，成为“真人”，但他在即位的同时就开始营造自己的坟墓，非常壮观的坟墓。与此同时，也开始修建巨大的宫殿阿房宫。阿房是个地名，本打算完工以后，起一个合适的名字，但没等到完成，秦王朝就灭亡，所以没有正式的名称。

兴修骊山陵和阿房宫，动用了七十多万囚徒。囚犯非常之多，秦国命令他们移居北方戍边，另外在秦王政三十三年（前 214 年）派遣到桂林、象、南海（现在的广西、广东）担任守备队的也都是囚徒。法律严酷，囚徒自然就很多。本来不算犯罪的事情都被定罪，加上严厉的株连，所以囚犯的人数急剧增加。这已经不是正常的社会了。

寻找长生不老之药也不能没完没了地拖下去，方士找不到灵验之药，会被处死。侯公、卢生都因为找不到灵丹妙药而逃跑，而且逃跑的时候还毁谤秦始皇。

秦始皇暴怒，命令调查有可能毁谤过自己的学者，调查的对象似乎主要是儒家。当时是法家的鼎盛时代，儒家的不满是理所当然的。连不满也不允许。调查的结果，据说犯禁者有四百六十多人，大概其中大部分都被捏造罪名，实属冤枉。

秦始皇在首都咸阳把他们全部坑杀。这是在焚书的第二年、秦王政三十五年（前 212 年）。

这两件事合称为“焚书坑儒”，被称为秦始皇典型的暴政。

全国人民都整天提心吊胆，生怕犯罪。这是一个死气沉沉的时代。宰相、大臣们也都只是迎合秦始皇的意志，就连长子扶苏也不敢贸然劝谏，但秦始皇还是对他大为不满，让他到北方去，名义上是监督手下有三十万之众的蒙恬将军。

《史记》认为这次人事变动是对敢于进谏者的惩罚。不过，就当时的情况而言，如果蒙恬谋反，秦王朝必定崩溃。如果蒙恬和匈奴联合南下，毫无生气的秦王朝甚至无力抵抗。

监督蒙恬将军是秦王朝最重要的任务。从另一个角度看，也许秦始皇看中自己的儿子的才能，让他担负这个重任。

但是，这次人事变动对于秦帝国来说，应该是可悲的。

秦王政三十七年（前210年），秦始皇死于巡游途中，年四十九岁。

那一次巡游，秦始皇的幼子胡亥和左宰相李斯随行，巡游湖北、湖南后，乘舟过长江，登浙江会稽山，祭禹立碑，然后北上至琅邪。

九年前，徐福说去蓬莱仙山寻找长生不老药，从秦始皇那里得到巨额资金，可是药始终没有得到。他就编造谎言说海里有大鲨鱼兴风作乱，所以船只无法抵达蓬莱岛。

秦始皇亲自在芝罘使用连弩射杀巨大的鱼。这样，妨碍既除，徐福不得不出海。不过，他究竟是否真的出海了，《史记》未记述。传说徐福乘舟去蓬莱岛。有人认为这个蓬莱岛是日本。现在日本的新宫市和熊野市都立有徐福碑。另外，日本有佐贺县等十多个地方流传着与徐福相关的传说。

大概是由于大鱼的作祟，秦始皇很快就得病，巡游到沙丘（今河北省），死于此。

绝对的独裁君主之死一定会产生巨大的影响。宰相李斯决定秘不发丧，回到咸阳以后，才发布秦始皇死去的消息。一路上为了遮掩尸体的腐臭，命令每一辆扈从的车子上都要装一石盐腌的鱼。

在这期间，篡改伪造秦始皇的遗书——玺书。这封遗诏原本是发给远在北方上郡的长子扶苏的，有“与丧，会葬咸阳”的内容。“丧”，指的是秦始皇的遗体。把扶苏召回咸阳，主持大丧之礼，实质上就是点名扶苏为继承人。

但是，幼子胡亥跟随秦始皇巡游。胡亥的老师赵高恰好在管理玺书的部门，人不知鬼不觉，赵高和李斯、胡亥三人密谋，伪造玺书，篡改内容，立胡亥为太子，并将扶苏和蒙恬赐死。

扶苏接到遗诏后，立即自尽。蒙恬怀疑遗诏的内容，但很快被抓入狱，服毒而死。

秦将白起被赐死的时候，说自己在长平杀死四十五万赵国降兵，所以该死。《史记》记述蒙恬临死前说的话：

恬罪固当死矣。起临洮属之辽东，城堑万余里，此其中不能无绝地脉，此乃恬之罪也。

地有灵，自己兴修的长城穿过后切断了地脉，所以该当死罪。司马迁对此表示异议：

夫秦之初灭诸侯，天下之心未定，痍伤者未瘳。而恬为名将，不以此时强谏，振百姓之急，养老存孤，务修众庶之和，而阿意兴功，此其兄弟遇诛，不亦宜乎！何乃罪地脉哉？

蒙恬之罪在于没有极力劝谏秦始皇让人民休养生息，而不要归咎于什么切断地脉。

蒙恬认为自己之死是因为切断了地脉，这说明他作为将军的业绩主要是修筑长城，很少打仗。蒙恬率领三十万人马镇守北方，这本身就形成对匈奴的威压。他的军事行动大概主要不是和匈奴开战，而是将进犯的匈奴驱逐出去。《史记·蒙恬列传》没有记述蒙恬激烈的战斗场面，只是说：

暴师于外十余年，居上郡。是时蒙恬威振匈奴。

从这段文字可以看出，蒙恬镇守边疆本身就是国防。

《史记》记述，匈奴的始祖是夏后氏的后裔，名淳维。不过，这只是中原地区的传说，匈奴是北方的游牧骑马民族，有西部移居民族和本土民族两种说法。言语属于阿尔泰语系，据推测，其人种体型比起现在的蒙古族，更接近欧洲人种。大家都知道，匈奴的一个分支在4世纪进入欧洲，称为芬族，现在的匈牙利、芬兰就是他们的后裔。

不知道蒙恬是否名将，但他所出身的家族三代皆为将军，以名门的关系受到重用。如果上战场，大概是一员猛将。名门出身的将军多为虎将，但对部下非常严酷，因为不知道底层士兵步步升迁的辛苦，容易随心所欲地驱使士兵。

蒙恬自杀后，三十万人马南下，导致这个地区成为匈奴的势力范围。政治局势发生变化，秦军南下，匈奴趁虚而入，其实事情并不是这么简单。

当时，匈奴正处在日益强大的上升时期，即使蒙恬将军健在，恐怕也会发生与匈奴的武力冲突。仅仅依靠将军的名声和三十万大军的戍边就能慑服匈奴的时代已经过去了。

在北方游牧民族中，当时东胡和月氏十分强盛，匈奴夹在它们之间，处境相当艰难。即使打算南下侵入秦朝领土，也不得不顾虑东胡和月氏的动静。匈奴受到这样的牵制，无法行动，也是秦得以迅速统一天下的原因之一。

然而，匈奴产生一个杰出的领导人——冒顿单于。单于，匈奴语言中是王的意思。他的父亲头曼单于被蒙恬驱逐出去，失去了鄂尔多斯这个地方。由于月氏很强大，匈奴便将太子冒顿送到月氏当人质。头曼单于的年轻的宠妃生下一个儿子，头曼想让幼子继承王位，就突然攻打月氏。按照通常的做法，受到侵略的一方都会杀掉人质。但是，这个勇敢的冒顿偷盗楚月氏的一匹著名的骏马，逃回故国。不久，他杀父自立。

冒顿单于自立后不久，就大败东胡。他使用的是麻痹敌人的策略。东胡以为匈奴发生子杀父的政变，内部一定乱成一团，便向匈奴提出献上名马。冒顿满足了这个要求。接着，东胡提出献上单于的一个阏氏（妃）的要求，冒顿也表示接受。接着，东胡又提出广袤的不毛之地的领土要求，一心以为这是匈奴弃之不足惜的荒地，不如名马、美女那么有价值，匈奴当然会接受，所以对匈奴毫无防备。当东胡向匈奴提出骏马、美女的要求时，还有所防备，但三番两次以后，提出要求土地时，已经掉以轻心。这时，冒顿举全国之兵攻打东胡，将其百姓、家畜抢掠一空，满载而归。接着，冒顿攻打月氏，将其驱逐远方。

匈奴进入具有卓越领导能力的冒顿单于时代的时候，秦王朝已经灭亡，项羽和刘邦正在争夺霸主，匈奴处在极其有利的环境中。

项羽和刘邦之争，最终刘邦获胜，建立了汉王朝。整个国家疲惫困顿。秦王朝统一天下后的十五年里，国家不仅没有得到经历战国时代后的休养生息，反而加重了疲劳。所以，汉朝无论如何必须对匈奴采取温和怀柔的政策，甚至可以说是软弱外交，不，屈辱外交。

汉朝和匈奴结为兄弟盟邦，将宗室的女子作为公主嫁给单于，每年都要赠送絮（棉）、缯（绢）、酒、米等东西。

汉高祖死后，经过一段的吕后时代，至文帝、景帝，对匈奴一直采取消极的政策。因为国家的休养生息至关紧要。

到刘邦的曾孙武帝（刘彻）即位时，汉朝已经得到充分的恢复。

周朝是成王和康王时代政治清明，称为“成康之治”；汉朝是文帝和景帝时代称为“文景之治”。文景之治大约四十年，然后迎来了武帝时代。武帝十六岁即位，是历史上罕见的富有进取心的帝王。他的自负心无法容忍汉朝和匈奴之间持续长久的屈辱外交，而且汉朝的国力比建国初期大为强盛。

匈奴的单于也经历了冒顿、老上、军臣的时代，依然保持着强悍的态势。汉朝与匈奴的冲突是不可避免的。

万里长城再次告急，剑拔弩张。

汉武帝元光六年（前 129 年），自秦朝的蒙恬以后，汉朝第一次进入长城以北攻打匈奴。

我将在后面讲述汉武帝治世的情况，现在只是介绍一下与万里长城有关的汉朝反击匈奴时期两个将军的概况。

一个是卫青。他是汉武帝的卫皇后的弟弟。这个卫皇后是皇族出身的陈皇后失势后册立的第二个皇后。她与陈皇后不一样，出身卑贱，其母姓卫，以母姓为姓，说明不知其父为何人。卫青是她的弟弟，但不知是否同父。

关于卫青建树的功勋，我在后面叙述，这里只讲述他作为武将的典型个性。

卫青出身卑微，十分了解士兵的辛苦。《史记》记述道：

大将军为人仁善退让，以和柔自媚于上，然天下未有称也。

卫青善待部下，为人谦虚稳重，也有献媚讨好武帝之处，然而天下无人称赞他。人们不希望心目中的将军是这样的性格。

这就很难办。对下温和体谅，对上迎合奉承，人们认为这不像个武将。也许人们在背后议论说：卫青年轻的时候当过奴隶，当上大将军以后，仍然改不掉奴隶的劣根性。

另一个是霍去病。他是卫青的二姐的孩子，而卫青的大姐是卫皇后。所以武帝感觉他也是自家人。

当霍去病懂事的时候，就已经是皇后的妹妹的孩子，不像卫青那样体验过奴隶的生活，所以不如卫青谦虚谨慎。武帝想让他学习孙子、吴子的兵法，他回答道：

顾方略何如耳，不至学古兵法。

如果我专心致志地考虑如何攻击敌人的策略，一定会想出好办法来的，没有必要学习过去的兵法。这个话不是随意的闲聊，而是回答皇帝的话，一方面说明他的勇敢，同时也表现出他的狂妄自大。与他同一个时代的司马迁评论他“不省士”。

他对部下官兵几乎毫不关心。远征回来途中，辎重车上堆满上等的米和肉，多得几乎可以扔掉，随军的士兵却还有人吃不饱。

大军一出长城，粮食匮乏，有的士兵忍饥挨饿，身体虚弱得都站不起来，而霍去病“穿域蹋鞠”，让士兵给自己修一个漂亮的运动场，高兴地踢足球。这些踢球的高级军人当然个个酒足饭饱，精力充沛。

血缘关系极其相近，然而这两个人的性格教养有着霄壤之别。霍去病没有奴隶劣根性，无所畏惧，不知害怕，对皇帝都敢顶嘴，而且还顶得对方高兴。

汉朝的第一次远征长城以北，由卫青指挥，获得胜利。这是从秦将蒙恬死去、中原势力衰退以后时隔八十年的壮举。大将军卫青功勋显赫，然而，数年以后，当骠骑将军霍去病出场时，卫青开始黯然失色。

在战功方面，霍去病的确立下丰功伟绩，卫青相形见绌，但就人气而言，二者的差异比战功的差距更大。

为什么不爱部下的将军反而有人气呢？令人感觉不可思议。大概士兵认为将军就是与众不同的另一种人吧。另外，爱护部下的将军也还有被警惕防范的一面。

我想起据说是兵书《吴子》的作者吴起将军的一则故事。他和最底层的士兵同宿同食，自然爱护部下。一个士卒身生痈疽，吴起亲自为他吮吸脓血。这不是 般人所能做出来的。

当时卫生状态极差，痈疽好像是常见病，也是难治之症。《史记》记载项羽的部将范增也是背部生疽而死。吴起为士兵吮吸痈疽的脓血，这个士兵的母亲听到后，放声大哭。她不是被吴起将军的慈爱所感动，而是想起自己的丈夫过去也是患疽，也是吴起将军为他吮脓，她的丈夫为报答将军之爱，在战场上奋不顾身，决不后退，最后战死沙场。她哀叹哭泣自己的儿子大概也会和他父亲同样的命运。

吴起是兵法之神，他的故事广为人知，可见深怀慈悲爱护之心的将军未必就更有人气。

1972 年出土的《孙膑兵法》的竹简中有这样一句话：

□□□赤子，爱之若狡童，敬之若严师，用之若土芥，将军□□□

“狡童”是容貌姣好的狡猾的少年，《诗经》中常见，是同性恋的对象。“之”，指部下的士兵。□符号代表无法辨认的字。爱护部下如同对待美少年一样，尊敬部下如同对待严厉的老师那样，然而在战场上使用部下如同土芥一样。

开头部分无法辨认的字，我个人的推测，大概是“慈之若”。慈爱部下视若赤子。

上面对卫青和霍去病这两个人进行比较。卫青对部下慈爱尊敬，大概在战争中不会使用部下如土芥；而霍去病对部下毫不体恤关心，打仗的时候对部下一定用之如土芥。

在武帝看来，霍去病更加信赖可靠，卫青的谦虚也许有时会让他着急不安。武帝为表彰霍去病的卓著军功，为他建造豪宅。霍去病看后说道：

匈奴未灭，无以家为也。

消灭匈奴之前，不需要这样的宅邸。这绝不是谦虚，也许有人甚至会觉得骄傲自负，但武帝听了很高兴。

霍去病英年早逝，据说死时只有二十四岁。武帝痛惜哀悼，组织仪仗队，从长安一直送葬到茂陵。茂陵是武帝为自己修建的陵墓，霍去病的坟墓作为陪冢在其旁边，而且坟墓模仿他出征的祁连山的形状。

秦朝末期的动乱中，出现项羽和刘邦两个英雄。自古以来，这两个人就成为典型人物为人们所评说。从这个意义上，我对稍微晚些时候的卫青和霍去病这两个稍微小一点的典型人物略作点评。不过，应该时刻记住，卫青和霍去病只是单纯的武将，而项羽和刘邦是争夺天下的人物。

楚汉相争

“秦汉”经常用以表示时代的名称，后来的“隋唐”称呼也是如此。从政权的形态和制度来看，如果说汉继承秦，唐继承隋，大概会有异议。有人认为，秦朝和隋朝都是短命政权，作为时代划分，不便于单独称呼，便置于继其后的长期政权的国号之前。

在西汉长达两百多年的汉王朝的前面加上只有十五年的秦王朝，在近三百年的唐王朝的前面加上南北统一后不到三十年的隋王朝。

秦汉、隋唐并不是仅仅为方便起见的合称，而是继其后的长命王朝受到前面的短命王朝莫大的恩惠。

秦和隋都是统一天下的王朝，具有共同点。秦灭六国，结束了漫长的战国时代；隋灭南方的陈王朝，结束了漫长的南北朝时期。秦和隋都是对漫长的分裂时代进行清算的政治势力。

要实现名副其实的统一，在打倒反对势力后，就必须进行各种事业。

在这方面，秦王朝统一了文字、度量衡、车轮、道路等，并修建、加固万里长城以加强国防力量，甚至进而试图统一思想。隋王朝为实现南北实质上的统一，完成开凿大运河的宏大工程，在军事上则出兵高句丽。这两个王朝都勉为其难地兴修各项工程，不仅造成财政困难，而且最大的损失是失去了民心。这就导致两个王朝的短命。

由于秦和隋兴建完成这些浩大的困难工程，继其后的汉和唐大受其益，因为可以完整地继承前朝的遗产，作为纪念，秦汉、隋唐的时代称呼就不会消失。

虽说是秦汉，但汉朝并非顺利地直接继承秦朝，在秦朝灭亡之后，还发生项羽和刘邦的争权之战。司马迁在《史记》中记述道：

五年之间，号令三嬗，自生民以来，未始有受命若斯之亟也。

号令出处三次变更，指的是陈胜、项羽、刘邦。“五年”之说，系司马迁的误解。从陈胜揭竿而起到刘邦即位，前后大约八年（前209—前202年），从秦灭亡算起，大约五年，但此时陈胜已经死去，所以说三次变更不妥。不管是五年也好八年也好，司马迁说的是天命以极快的速度赐予汉朝，生民——人类有史以来未曾有过的速度。舜、禹都是积善累功几十年，经过长期的摄政才即位的。至周朝，也是经过十几代积累的仁义才即位称王。

《史记》在春秋时代附有《十二诸侯年表》，在战国时代附有《六国年表》，可是从陈胜举兵至刘邦即位那一年，所发生的事件年表就放不下，《史记》附有《秦楚之际月表》以记载这大约八年的大事。因为是汉刘邦灭楚项羽即帝位，所以这八年可以解释为自秦至楚的时代。

浏览月表，大概很多人对月份的排列方法感到疑惑。年份从十月开始，正月就变成第四个月。为避讳秦始皇的“政”字以及与其相通的字，正月称为端月。这是秦朝的历法。

汉朝以后，依然使用秦的历法，只是无须避讳“政”字，所以将一月称为正月。

汉武帝太初元年（前104年），秦历被废除，按照夏的历法编制出“汉太初历”，此后第一个月就是正月。《史记》作者太史令司马迁也参与太初历的编制。

在讲述太初元年以前的事情时，如果讲到月份，必须记住十月是岁首，九月是岁末。所以，例如三月要晚于十一月。

秦始皇在其即位三十七年的七月死去，这是第十月。但是，春夏秋冬从正月开始，这与后来的阴历一致。秦历法从冬天开始，秦始皇死去的那一月正值夏末秋初，所以秋热还很厉害。为防止尸体腐臭，还真下了不少功夫。

陈胜举兵也是在七月。他在当雇工的时候，就发出豪言壮语：

嗟呼，燕雀安知鸿鹄之志哉！

看来是一个与众不同的人物。

王侯将相宁有种乎？

这也是陈胜说的话，他经常说一些名言警句。王侯、将军、宰相，都不是天生的某个种族才能做的，谁都可以做。这是陈胜号召大家参加武装反抗队伍的宣传口号。

陈胜和吴广起初自称是公子扶苏和项燕。

扶苏是秦始皇的长子，后来因胡亥的那一道假玺书而自杀。那个时代，信息的传递很不畅通，而且很不准确。扶苏劝谏父亲不可暴行的事情也传到世间，人们对他被送去上郡都表示同情，所以扶苏在人民当中的名声很好。

项燕是楚国将军，十五年前在和攻打进来的秦将王翦作战时战死沙场。但是，楚人一直坚信项燕还活着，人民不愿意心中的英雄死去。于是，陈胜巧妙地利用项燕还活着这个传言，大泽乡原先是楚国的领土。

将扶苏和项燕这两个人合在一起其实很滑稽，扶苏是秦朝公子，项燕却是秦朝的仇敌楚国将军，只是名声好这一点是共同的。《史记》说“从民欲也”。陈胜、吴广只是利用民间的对扶苏、项燕的信仰，至于是秦人还是楚人，无关紧要。

如果详细讲述陈胜、吴广的举兵反抗，秦的灭亡，项羽与刘邦的争夺天下，那实在没有止境，各种各样的人物、各种各样的事件都统统罗列出来，反而会混乱起来。所以，我想删去细枝末节，尽量简明扼要地整理叙述主干内容。

《广辞苑》这样解释“陈胜吴广”这个条目：

（因共同举兵，为秦灭亡之开端）比喻某事的开端，也指其人。陈吴。

陈胜、吴广的举兵事先没有计划，没有经过慎重的策谋，只是因为被大雨滞留，也就是被逼无奈，反正横竖都是一死，索性举事。他们不会有谋反的日程，只好借用一下十五年前死去的名将的名字。

就这种走投无路的举兵，却能立即征集到战车六七百辆、马一千多匹，还有士兵数万人，而且还攻占了陈城。

陈城是楚国首都郢被秦军洗劫后的迁都之地。在考烈王二十二年（前241年）迁都寿春之前，三十七年间一直是楚国的首都。陈胜在陈城即位称王，国号“张楚”，他也不能一直装作是秦公子和楚将的化身。

吴广成为“假王”，即副王。陈城居住着著名的武臣、张耳、陈余等名士，陈胜、吴广得到造反军队中最缺乏的知识人才。另外还有项燕的部下、也曾仕于春申君的周文。

起义大军蜂拥而入时，有的人不得已而合作，也有的人主动投军。周文等人就属于主动投军。由于他精通军事，被陈王任命为将军。周文率领千乘战车和数十万士兵直奔函谷关。

起义军迅速征集到数十万士兵，当时楚地各处分布有许多武装集团，每个集团都有数千人。但是，这支七拼八凑的军团被秦将章邯指挥的囚徒军队打得落花流水，周文自杀，起义军队土崩瓦解。

武臣、张耳、陈余奉陈王之命北上平定赵。陈王打算取得赵地后，挥师西进攻秦。

然而，武臣取得赵地后，自立为赵王，陈余为大将军，张耳为宰相。

起义军中的战友都不是长期培养起来的牢固关系，互相缺少信任感。而且陈胜本人也有问题，有一个过去的朋友到处散布陈胜过去贫穷时候的事情，陈王就把他杀掉。不少亲信和朋友因为害怕不敢接近他。

战友之间缺少信任关系，于是流言蜚语横行无忌。拼凑起来的军队本来需要强有力的黏合剂，流言蜚语反而起到破坏团结的作用。中正（司法长官）朱房以“苛察”作为自己的忠义表现，对接近陈王的人进行严厉的调查监视。

诸将以其故不亲附，此其所以败也。

司马迁指出陈胜失败的原因，归结为两个字：不和。

陈王督促占领赵地的武臣西进讨秦。

已经自称赵王的武臣有他的小算盘，西进讨秦，必将损兵折将。没有胜算的把握，即使打赢，肯定也是损失惨重，满目疮痍。

如果发兵，不是向西，而是向东，这样对自己有利。因为西面的秦看到自己的根据地受到侵犯，绝对会拼死作战，而东面的燕就不一样。燕已经为秦所灭，亡国之民还能为谁而战呢？弄得好的话，说不定燕还欢迎自己这支军队进驻呢。如果燕赵联合起来，就会形成强大的势力，陈王也不得不自愧弗如。

张耳、陈余是名满天下的名士，在秦取得天下之后，他们销声匿迹。秦始皇对张耳悬赏千金，对陈余悬赏五百金，极力寻找。像这样的人物，早就预见未来，决定方针。

只要以赵、燕以及北面的代等为根据地，就可以和陈王统治的楚分庭抗礼。即使楚能胜秦，也没什么可怕。楚和秦打得不可开交、两败俱伤的时候，赵、燕的势力就有可能掌握天下。

于是武臣派韩广将军到燕，果然不出所料，燕不但不抵抗，反而十分欢迎。然而，令张耳、陈余始料未及的是，燕的权势者们决定拥立韩广将军为燕王。韩广也有此意，于是自立为燕王。

如此一来，他们的力量四分五裂，根本就不可能团结一致、齐心合力击败秦朝。

赵王武臣因一件不足挂齿的小事被杀，本应刎颈之交的张耳和陈余后来也关系失和。

将军田臧以假王吴广骄傲自大、不知用兵为由，将其杀掉，把首级送给陈王。陈王任命田臧为令尹（宰相）。陈胜、吴广在起义军里仿佛是合二为一、不可分离的两大巨头，他们之间也产生如此激烈的对立。

这样子是要失败的。但他们在没有准备的情况下奋起举兵，能迅速征集这么多的士兵，还是应该予以肯定评价的。至少他们起到先驱者的作用，但是对陈胜不能寄予更高的期望。

秦军章邯乘胜追击，逼近陈城。陈王为最贴身的亲信御者庄贾所杀。庄贾杀陈王降秦。当然，军中也不尽是这样的人，陈王的涓人吕臣收复已经陷落的陈城，杀庄贾以报仇。

陈胜称王只有六个月，此前他不过是一个被征用的士兵或者民工，可以说他完成了揭开新时代序幕的重要事业。在先驱者陈胜之后，出现项羽，接着出现刘邦，历史运转，斗转星移。

汉朝建国以后，在陈胜墓附近，安排三十户居民，作为墓守，负责祭祀。

按照当时的状况，秦朝大概也支撑不了多长时间。但是，如果没有陈胜的举兵，汉能否接替秦建国也未可知。如果再晚十年的话，刘邦在年龄上恐怕不适宜从事争夺天下这样的大业。陈胜举兵的时候，刘邦也就是四十岁左右，正是精力旺盛的时候。从这个意义上说，陈胜是汉王朝的恩人。

人们比较项羽和刘邦这两个人的时候，总是引用他们第一次看见秦始皇时所说的话。

秦始皇巡游来到浙江，项羽跟着叔父项梁去看热闹。他原籍下相（江苏省宿迁县），少年时移居浙江会稽，本名籍，字羽，字比名有名。项羽看见秦始皇，说了这样一句话：

彼可取而代也。

我取皇帝而代之。他说这句话的时候大概情绪相当激动，叔父项梁慌忙掩住他的嘴，警告他说：

毋妄言，族矣！

叔父惊出一身汗，但感觉到这个年轻人不简单，心里很佩服。

刘邦是被征用做民工去咸阳的途中看见秦始皇的，据说他当时说道：

嗟乎！大丈夫当如此也。

项羽是直截了当地要取而代之，刘邦则说自己也想那样子。

也许是后人根据他们的不同性格，编造出来的故事。这则故事通俗易懂、生动形象地表现出他们各自的性格。

他们的年龄相差十五岁，秦始皇死去那一年，项羽二十二岁，刘邦三十七岁，也有说四十六岁。

项羽出身于世代楚将的名门。楚灭亡后，失去了昔日的威风，虽说已经破落，但毕竟是名门出身。

刘邦是沛人，没有可以炫耀的门第。《史记·高祖本纪》说“父曰太公，母曰刘媪”，“太公”就是“大叔”，“媪”就是“大婶”的意思，不是固有名词。甚至刘邦为始祖的汉王朝时代的记录史料里，也没有明确记载刘邦父母亲的名字，可见一定是庶民出身。

传闻刘邦鼻高，长相似龙，左腿上有七十二个黑痣。

仁而爱人，喜施，意豁如也。常有大度，不事家人生产作业。及壮，试为吏，为泗水亭长，廷中吏无所不狎侮。好酒及色。

《史记》的这段记述很有意思。对王朝的创建者大抵都极尽美化之能事，但上述文字的前半部分还不错，说刘邦完全不干家里人的生产作业，就是不干农耕、工匠这些粗活，这还说得过去。壮年以后，任泗水亭长，虽然是试用，也还可以。但后面说刘邦对衙门里所有的人都“狎侮”。“狎”是轻佻玩弄。“侮”是欺侮，对上司也不顺从，对下属厉声斥责。最后说他好酒色。这一段不能说是美化的记述。

即使想美化，但刘邦态度傲慢、豪饮好色实在太有名，也就不便隐瞒。

亭长是基层官吏，十里一亭，十亭一乡，所以亭是最小的衙门。说是官吏，其实更像办事员，似乎喜欢混迹于游侠之徒。

沛在今江苏省徐州市的西北部，现在有一个沛县，紧靠山东省省界，离安徽省也不太远。战国末期应该属于楚，但因为离齐、鲁、宋都很近，不同时代所属国会经常发生变化。这是一座国境城镇，具有对政治变化敏感的传统。这块土地的风气应该对刘邦的行动也产生了影响。

陈胜、吴广举兵的大泽乡据说在现在徐州南部的宿县一带，离沛不太远。

恰好这个时候，刘邦奉命带领被征用的民工去骊山为秦始皇修建陵墓，但是，一路上民工不断逃跑，照此下去，到达咸阳的时候，就剩不了几个人。

民工的逃跑不仅仅是因为害怕苦役，当时秦始皇已经死去，但必须把他的遗体放进墓室里，还要搬进各种各样的陪葬品。这些被征用的民工一定都听到风言风语，因为他们知道墓室的入口以及通往墓室的地道，为了保守秘密和预防盗墓，当工作结束后，民工都被杀死。反正要被杀，不如现在逃跑，抓住砍头就算倒霉，这种心情是很自然的。

秦始皇陵非常壮观宏大。1974 年在陵寝的东面发掘出面积约为一点二六平方公里的巨大的陶俑兵马坑，轰动世界。据推定，武士俑约有六千个，都和真人一样大小，身高约一点八米。埋在地下，排列整齐，完全是一支精锐部队。除武士俑外，还有陶马，造型生动，充满奔腾的灵动，也是非常精美的工艺品。这些出土文物在日本也展出过，受到好评。记得我参观的时候，想起一个问题：这么大的武士俑和陶马是在什么样的窑里烧制出来的？

《史记》对秦始皇陵的记述各种各样，但没有提到这个兵马俑。也许这座让我们叹为观止的兵马俑在当时的陵寝规划里还不值得记录下来，实在是无法想象的浩大工程。

被征用修建这项工程的人们无法活下去，当牛做马的苦役尚能忍受，最主要的是要被杀掉，所以逃跑者接连不断。

领队要对民工的逃跑负责。秦的法律异常严厉，这样连领队也只好逃跑。刘邦在途中把老老实实跟随自己的民工全部解散。他说：

公等皆去，吾亦从此逝矣。

他自己也逃跑了。

当时这样的情况应该不少。陈胜、吴广一举兵，马上就能征募那么多士兵，就是因为各地都有这样的逃亡民工群体。

地处国境的沛县县令对自己的何去何从犹豫不决。县衙门的书记萧何和狱吏曹参知道县令有意响应陈胜、吴广的号召，就建议他把逃亡民工召集回来。光沛县出身的逃亡民工大概就有几百人。秦的严惩主义的法律造成无数走投无路、自暴自弃的逃亡者，一旦有人举事，这些起义民工都会一呼百应，参加造反的队伍。从这个意义上说，秦亡于自己的法律。

将沛县出身的逃亡民工召集起来的是樊哙。此人不是沛县的官吏，而是狗屠。刺客荆轲的好友也有狗屠。也许这个职业的人都和游侠之徒深有关系。

逃亡民工的头目当然就是以前的领队刘邦。但是，他一回到沛县，县令就改变了主意。县令是中央任命的官员，他反对起义，并且关闭城门，要杀掉赞成起义的萧何和曹参。他们便翻越城墙，逃到刘邦那里躲避。

刘邦将书函绑在箭上射到城内，和里面的父老乡亲取得联系，敦促响应。县令是外来人，是奉命来此依法统治的外地官吏，往往为当地人所深恶痛绝。沛县的父老乡亲们率领子弟兵杀掉县令，打开城门，迎接刘邦进城。

在动乱的时代，仅仅是人品优秀的领导人无法打开局面。生活在国境地带的人们从以往的经验中深知这一点，他们需要的是即使带点痞子无赖的习气，但善于判断、富有决断力和行动力的人物，大家推举刘邦为领导人。

此后，刘邦被称为沛公。

萧何、曹参、樊哙，汉帝国的开国功臣聚集在刘邦麾下。刘邦开始在动荡的时代叱咤风云。

这个时候，在浙江会稽，为给在与秦军作战中被杀的父亲项燕复仇的项梁举兵，杀死会稽郡守殷通。砍下郡守首级的正是项梁的侄子项羽。

秦将全国划分为三十六郡，县是郡下面的行政单位。从其派生出来的“悬”这个字也可以看出，“县”有“吊挂”的意思，就是“吊挂”在郡这个大的行政单位下面。

郡的长官叫“守”。日本也有这种用法，如“萨摩守”。掌管郡的军事的是“尉”。项梁杀死会稽郡守后，自己佩带上他的印绶，成为守，让侄子项羽当尉。

郡下面的县的长官称为“令”。刘邦杀死县令，篡夺县政，而项梁和项羽篡夺的是比刘邦大一级的郡。从起步阶段来看，两者的规模就有差距。

举兵的时候，刘邦募集到的是沛县子弟两三千人，而项梁、项羽统治着郡下各县，获得精兵八千。《史记》明确把他们的部队分别记述为“子弟”和“精兵”。项梁、项羽的精兵是刘邦子弟的三四倍，而且素质也大不一样。所谓“子弟”，大概只是说年轻，却没有接受过军事训练。而“精兵”，就是从士兵中挑选出来经过训练的精锐部队。

后来，刘邦不加选择地吸收不少杂牌军，而项羽不改初衷，始终坚持精兵主义的路线。会稽郡也有很多逃亡民工变成成群结伙的强盗，但项羽不把他们编入自己的直系部队。庶民出身的刘邦和名门之后的项羽在这一点上想法也不一样。

产生历代名将的豪门名声使得项羽大受其益。当时各地群起造反，但也有如东阳（今安徽省）的陈婴那样，虽被推为起义军首领，却不接受，带领部下归投项梁、项羽。在项梁、项羽过淮水之时，吸纳了黥布、蒲将军等势力强大的起义军团。

黥布原姓英，“黥”是俗称，刺青的意思。当时的罪犯都要接受文身的刑罚。英布也因被株连，受此刑罚，被送往骊山修墓。在骊山修墓的囚徒有数十万之众。英布和他们之中的重要人物拉上关系，不久率众逃跑，在长江一带干起打劫行当。人称“黥布”，成为不可小觑的头领。

对方主动投奔，自己也需要兵力，于是一拍即合。可是黥布与项羽性格不合，后来刘邦和项羽相争时，被刘邦说服，黥布反水，给项羽造成重大的打击。

被诱反水的黥布这个人当然有问题，但无法掌控自己阵营里重要人物的项羽也有为人缺失之处。

起义军各自为政，各自行动，但似乎有一种“服从陈王指挥”的共同意识。因为无论哪里的起义军都是响应陈王的号召而举兵的。

不久，陈王战死的消息开始在各路起义军中流传。当这个消息得到证实时，各路起义军失去了核心，这就必须寻求新的核心。于是，名门的声誉威望发挥作用，各路起义军自然而然地尊仰项梁为首领。

居住在居鄛的七十岁老者范增去找项梁，向他分析陈胜失败的原因在于自立，建议应该立旧楚国王族的后裔为王。

陈胜举兵之所以会一呼百应，因为这一带原先是楚地，所以才会产生连锁反应。全国人民都为秦始皇的暴政所苦，对秦始皇最深恶痛绝的是楚人。秦始皇完成统一天下的最关键一战就是秦楚决战，而且秦始皇采用张仪等人的计谋，使用极其卑鄙的手段，以会谈为由把楚怀王骗到秦地，然后囚禁至死。战国时代发生过形形色色的事件，但诓骗一国之君，在别国被俘至死的事件还是前所未有。楚人对秦恨得咬牙切齿。

楚虽三户，亡秦必楚！

哪怕楚国衰亡得只剩下三户人家，但灭秦的必定是楚。这句话可以看出楚人对秦怀着多么大的血海深仇。

项梁找到楚怀王的一个名叫“心”的孙子，当时他给别人牧羊。项梁立他为王，起先的称呼和他的祖父一样，也叫楚怀王。因为楚人一听到在秦囚禁而死的怀王的名字，都会群情激昂，所以怀王心就成为反秦运动的象征。

这件事好像是项梁召集各路起义军的将领在薛开会时决定的。刘邦作为其中一员也参加了这次会议。

按照“月表”记载，这次会议在秦二世二年（前208年）六月召开。陈胜死于这一年的十二月。秦的历法，十二月在先，所以是在陈胜死后半年拥立楚怀王的。

秦二世的朝廷内，赵高加紧篡权活动。

赵高自称是赵国王族后裔，在秦朝却是卑贱的身份，和他的兄弟都是宦官，因为学问出色，就成为公子胡亥的老师。他在朝廷里原先没有任何政治势力。

伪造玺书这件事，就赵高、当今的秦二世胡亥和李斯三个人知道。这三个人绝对一辈子都不会透露出去的，司马迁在《史记》中说伪造玺书，那么他又是怎么知道的呢？

也许秦始皇的玺书本来就是指定胡亥为继承人。就是说，有可能根本就没有伪造玺书。世间的人们喜欢受儒家思想熏陶、深怀慈悲之心的扶苏，就编造出伪造玺书的故事。

因为秦始皇喜欢阅读对儒家十分厌恶、主张为政者对人民不该慈爱的《韩非子》，所以断定扶苏没有当皇帝。赵高是胡亥的老师，教给他狱律令法。秦始皇认为，胡亥接受法家的教育，比扶苏更适合当皇帝。这种可能性也不是没有的。

赵高最大的政敌是宰相李斯。如果按照《史记》的记述，这两个知道玺书秘密的同伙还互相猜忌怀疑。李斯的所有儿子都娶秦始皇所生的公主，所有女儿都嫁给秦始皇的公子。不除掉这个权势熏天的李斯，赵高就无法篡权。

赵高是秦二世的老师，他的武器就是皇帝的绝对信任。具有讽刺意味的是，皇权的绝对性正是李斯树立起来的。赵高通过对秦二世施加影响，成功地清洗了李斯。

赵高运用法家思想进一步强化秦二世的皇权绝对性，只要感觉对秦二世的帝位造成威胁的所有公子、公主，统统杀掉。在咸阳市街上被惨杀的公子就有十二个，还有十个公主在杜县被处以磔刑。他们在临死的时候都哀叹生于皇室的不幸。

皇族尚且如此，李斯的命运更是极其惨烈。欲加之罪，何患无辞。李斯是楚地上蔡人，他的家乡离发生起义的地方很近，因此“和起义军联系”的罪名正好安他头上。

右宰相冯去疾、将军冯劫和李斯一起，曾劝谏秦二世停止修建阿房宫，他们认为，各地起义频仍，是因为兵役、徭役过多，赋税过重，目前首先应该暂停修建阿房宫。但是，秦二世说起义频繁发生是你们的责任。并将他们交付刑吏。这件事自然也是赵高在秦二世背后操纵。

削弱强势家臣的权势是法家的重大原则。如果毫不留情地彻底实施，那些握有权势的大臣们都统统该杀。

冯去疾、冯劫受到交付刑吏的屈辱，便选择自尽，只有李斯被关入监狱。李斯相信自己为秦统一天下、建立大秦帝国作出卓越的功绩，只要上书皇上，就会得到赦免。他这样的法家权威，做出这样的判断，不能不说考虑过于简单了。

李斯之罪论“具五刑”，被处死于咸阳市街。五刑是最残忍的酷刑：割鼻、砍去双脚、鞭杖、大辟，然后悬首，骨肉抛于市。制定这种酷刑的人正是李斯。据《史记·李斯列传》记述，在从监狱前往刑场的途中，李斯对一起伏诛的儿子说道：

吾欲与若复牵黄犬，俱出上蔡东门逐狡兔，岂可得乎！

两人一起放声痛哭。自古以来，李斯便成为“当官没有好下场”的典型。

李斯被处以五刑是在各路起义军的首领聚会于薛拥立楚怀王的第二个

月，即秦二世二年七月。

秦王朝已经出现末期症状。

九月，秦将章邯在定陶大破起义军，项梁战死。

叔父死后，项羽并没有立即成为起义军的首领。楚怀王任命宋义为上将，项羽为次将。

章邯乘胜进击，破邯郸，围巨鹿。赵王在巨鹿。赵王武臣已经死去，现在的赵王是他的后代赵歇。

宋义的计谋是不救赵，待秦军攻赵疲惫之时，再攻打秦军。宋义为儿子宋襄出使齐举办盛大的欢送宴会。但是，这时已是冬天十一月，士兵饥寒交迫。

项羽一大早就来到上将宋义的帷帐里，突然拔剑把他杀死，向全军宣布这是奉楚王之命。

项羽率兵奔赴救赵，经过苦战，大破秦军，俘虏秦将王离。

这个王离正是杀死了项梁之父项燕的秦将王翦的孙子。王翦及其子王贲都已死去。

这时已是秦二世三年（前207年），项羽俘虏王离是在这一年的端月，他以巨鹿之战的胜利显示自己的实力，成为名副其实的各路造反联军的首领。

起义军乘胜进攻，主动攻打秦军。章邯只好后撤，派长吏欣去咸阳请示命令并要求援军。但赵高要杀欣，欣逃回章邯的军中，汇报咸阳的情况。

连李斯都被赵高杀死，章邯即使能打败起义军，赵高也一定会嫉妒他的功劳，横加罪名将其杀死。如果失败，更要负罪而死。胜负都要死，只有选择第三条道路。

第三条道路就是投降。于是，章邯率领二十万秦军向项羽投降。

项羽只留下章邯等几个高级将领，然后突然袭击已经投降的二十万秦兵，在新安城以南全部坑埋。

因为秦军里出现不稳、骚动的迹象，士兵对将领随意的投降十分不满，自己的军队并没有完全失败。而且投降以后，肯定会受到起义军士兵的侮辱，像奴隶一样被虐待。起义军里有很多人因为被征兵、当民工而去过关中，当时他们在关中受到秦官吏和士兵的苛酷欺侮，现在反过来要对秦兵进行报复。

投降的秦军官兵无法忍受这样的报复，有迹象表明他们正在密谋伺机反叛之事。

带领这二十万大军进军他们非常熟悉的关中，那是万分危险的，所以项羽毫不犹豫地把他们全部杀掉。

其实这不是项羽第一次坑杀降兵。薛聚会之前，他攻陷襄城，也把全部投降的守城士兵坑埋。

项羽向函谷关挺进。函谷关的西面是怀抱秦都咸阳的关中，此地乃全国的中心地区。当年楚怀王任命宋义为上将、项羽为次将、范增为末将，发兵讨秦的时候，就约定：

先入定关中者王之。

楚怀王的主意是自己早晚要称皇帝，然后将各地分封给有功的大臣们为王。不言而喻，同样都是王，谁都想当天下中心的关中之王。

项羽好不容易来到函谷关，但听说沛公已进关中，陷咸阳，不由大怒，破关西出戏水。

刘邦带着沛县书记萧何、狱吏曹参、狗屠樊哙等转战各地。著名军师张良在下邳以西率手下百余年轻人投奔刘邦。前面说过，张良生于韩国宰相家庭，曾暗杀秦始皇，未果。他深谙兵法，刘邦得到宝贵的人才。

在高阳这个地方，一个名叫郦食其的人向刘邦献策，攻打陈留，尽收秦粮库储藏之谷物。

刘邦虽然品行不好，却能从谏如流，所以手下人才云集。郦食其的这个献策十分宝贵，起义军招兵买马，人员扩充，但粮食供应比较困难。

刘邦能首先进入关中，也是楚怀王的考虑，可见他具有让人喜欢、受人信赖的魅力。

在刘邦进入关中之前，秦朝宫廷发生事变。

赵高杀死李斯以后，事态并未好转。秦二世要追究代替李斯担任宰相的赵高责任，赵高先下手为强，派人逼迫秦二世自尽，让皇帝自己承担责任。

接着，赵高立秦二世的哥哥之子子婴为秦王。因为东部的土地已经全部丧失，继续称帝有名无实，便决定回到原先的诸侯时代称王。据说子婴是在万里长城附近含恨自杀的扶苏的儿子。

赵高本想掌控操纵子婴，反被子婴所杀。赵高杀了那么多公子、公主，子婴对他肯定恨入骨髓。赵高的双亲、兄弟、妻室、子女也全部被诛。

子婴称王四十六天，刘邦军队攻破武关，到达灞上（灞水之滨）。子婴坐在白马拉着的白木车子上，用绳子绑缚自己请降。

刘邦进入咸阳，想留下来，但在樊哙、张良的劝谏下，退回灞上。刘邦好色，似乎倾心于秦朝后宫的三千美女。但是，他最终还是听从部下的谏言，毫不犹豫地撤出咸阳。这也反映出他的性格。于是，刘邦封存秦的金银财宝的仓库，等待项羽大军的到来。

项羽进入关中，驻扎在鸿门。项羽的军师范增听说好色无赖的刘邦既不动珍宝也不动美女，知道此人心怀大志，便劝项羽尽快除掉他。

项羽的叔父项伯听到范增的建议，急忙连夜通知刘邦阵营里的张良。因为项伯曾杀人，而张良救过他一命。

当时项羽军队有四十万，而刘邦只有十万。

刘邦只好率百余骑，去鸿门对项羽解释，以表心迹。

这就是著名的“鸿门宴”，在历史上是非常有名的一幕。尽管有人认为润色的成分太多，但自古以来就为汉字文化圈里的人们所熟悉传诵。

范增劝项羽杀掉刘邦，但叔父项伯劝谏项羽说，刘邦讨秦有大功，杀之乃不义。当时项羽一定左右为难，不知如何是好。

刘邦拜见项羽，态度极其谦恭，项羽觉得还不至于杀。项羽出身名门，骄矜自信，根本不认为这个好色无赖的沛县乡巴佬会成为自己的劲敌。

范增见项羽不忍下手，便叫来项庄（项羽的堂弟），嘱咐他假装舞剑助兴，见机刺杀刘邦。项庄一开始舞剑，项伯就觉察他的目的，便自己拔剑和他对舞，不给他动手的机会。当时的场面实在惊心动魄，危急万分。张良走到门外，将此事告诉樊哙。樊哙佩剑持盾，掀帐闯入宴席会场，对项羽瞪眼怒目而视。——在京剧中这个形象出场时令观众大为喝彩。《史记·项羽本纪》这样形容樊哙的形象：

头发上指，目眦尽裂。

项羽问道："客何为者？"

张良回答："沛公之参乘樊哙者也。"

项王说："壮士，赐之卮酒……赐之彘肩。"

樊哙将所持之盾作为砧板，拔剑切肉而食。

项羽道："壮士！能复饮乎？"

樊哙回答："臣死且不避，卮酒安足辞！"

接着，樊哙大声讲述刘邦的功绩，质问诛杀有功者难道不就是步亡秦之后尘吗？

刘邦席间离座如厕，召樊哙出去，留下能言善辩的张良在宴席上，他们抄近道逃回灞上。

项羽一进关中，便杀掉已降的子婴，掠夺刘邦封存的大量珍宝和美女，放火焚烧宫殿，据说咸阳连烧三个月。

刘邦进关中以后，曾向秦的父老承诺，如果自己成为关中之王，只约法三章，其他法律全部废除。秦人受法律之苦太深，所以欢欣鼓舞。所谓约法三章，就是杀人者死刑，伤人者和偷盗者依法惩处。

但是，关中的秦人大为失望，刘邦没有成为关中之王，而是成为巴、蜀、汉中之王，称为汉王。

事实上已成为天下主人的项羽不仅没有把关中封给刘邦，自己也没有成为关中之王。称霸关中，就能号令天下，但项羽听不进这样的建议，他一心只想衣锦还乡，于是将关中一分为三，分别赐予自己派系的功臣。

项羽成为梁、楚九郡之王，称为西楚霸王。

项羽和刘邦之争在这里已经初见分晓。

南方出身的项羽要以南方为根据地，这个心情可以理解，但就当时的生产力而言，南方不如北方。战国时代的楚国拥有几乎全国一半的土地，却依然不能成为最后的胜利者，生产力的差距就是一个重要的因素。

秦于子婴元年（前206年）十二月灭亡。

项羽推楚怀王为义帝，但不久又把他杀掉。因为他不听话。

应该说项羽心胸狭隘，缺少度量。灭秦后，将有功者封为各地之王，但分封过于偏心。他把好地方封给自己的亲信，对非亲信则另眼相待，而且十分露骨，毫不隐晦，这就激起其他派系将领的不满。

齐、赵等地的诸侯立即反水，北伐项羽。项羽的确是打仗高手，连战连捷，但是他改不了坏脾气，又把投降的齐的士兵全部坑杀。于是，各地的游击战烽火四起，项羽东奔西走，苦于应付，虽然大体都镇压下去，但此伏彼起，弄得他手忙脚乱。

在项羽疲于奔命之时，刘邦出汉中，把天下之中心地区关中收入囊中。刘邦的口实是为了兑现承诺。

从此拉开了楚汉决战的帷幕。

正如项羽豪言壮语那样，楚汉战争，楚军（项羽）连连获胜。在彭城之战中，汉军大败。据《史记·项羽本纪》记述：十万汉军被追至睢水，尸体堆积如山，淹死者无数，以致阻塞断流。刘邦借着一阵狂风勉强逃脱，楚军紧追不舍，一路上刘邦几次将碍手碍脚的两个孩子从车上推下去，但每次都被夏侯婴捡起来放回车上。

刘邦在荥阳被围，恳求乞和。

刘邦擅于谋略。楚有大军师范增，这是汉的眼中钉，必须拔去。于是，刘邦使用计谋，分裂项羽和范增之间的关系，离间计果然奏效，性格耿直的项羽开始怀疑范增，逐渐疏远。范增也愤懑气恼，无奈辞职而去。这个老军师不久疽发背部死去。

从荥阳逃脱出来的只有刘邦和夏侯婴两个人。项羽本想继续追击，但东面发生扰乱袭击，不得不调动军队去对付。项羽采取少数精兵政策，不太愿意在两条战线上同时作战。

这正是项羽的弱点，因为是少数精锐部队，战争不能拖长，否则兵员难以补充，兵力逐渐减少。另外，项羽的根据地的生产力比较薄弱，不能有效地保证补给。

刘邦的军队接连败战，但是友军韩信平定齐以后开始南下，对楚形成威胁。彭越的游击战开展得有声有色。在补给方面，萧何是这方面的天才，刘邦不用操心。

项羽恼怒气愤，在与刘邦对阵时，说道："天下匈匈数岁者，徒以吾两人耳，愿与汉王挑战决雌雄。"天下人民都因为我们两个人受尽痛苦，我愿意和你一对一决一雌雄。刘邦的回答是"吾宁斗智，不能斗力"。项羽的挑战典型地反映出他的性格。

刘邦被封为汉王四年（前203年）时，与项羽和解，以鸿沟这条河为界，东面为楚，西面为汉。项羽解散军队，回到东面，但刘邦撕毁协议，以约定领地的承诺，集结诸侯军队，围项羽军队于垓下。

四面楚歌，项羽大势已去，与爱姬虞美人离别突围的场面自古以来也是脍炙人口。

项羽和虞姬离别时所唱的那首歌也是千古绝唱。

力拔山兮气盖世，
时不利兮骓不逝！
骓不逝兮可奈何！
虞兮虞兮奈若何？

项羽率领八百壮士趁着夜色突围，一路南下，来到乌江边。乌江亭长已为他准备好船只，劝他渡过江东，以图东山再起。但项羽拒绝道：

吾起兵至今八岁矣，身七十余战，所当者破，所击者服，未尝败北……

他说到自己的强悍，今天却遭到如此悲惨的下场，是

此天之亡我，非战之罪也。

说罢，拔剑自刎。
楚既亡，迎来汉的时代。
刘邦以诸侯之礼埋葬项羽，对项羽家族也予以赦免。
此为汉高帝五年（前202年）。

汉王朝的光和影

大风歌

大风起兮云飞扬，

威加海内兮归故乡，

安得猛士兮守四方！

汉高祖（刘邦）于十二年（前195年）回到阔别已久的故乡沛，召集故朋旧友，摆宴畅饮。

曾经的游侠无赖之徒，如今成为皇帝，衣锦还乡。上述这首歌是当时高祖亲自创作，亲自击筑，亲自歌唱，并且亲自起舞。不仅如此，还把这首歌教会家乡的一百二十个年轻人，一起唱和。

大风起兮云飞扬——这个“大风”，大概指的是乱世吧。“云”，指的是包括自己在内的英雄豪杰。乱世之时，各路英雄豪杰大显身手，而自己能威加四海，所以衣锦还乡。我要召集勇猛的武士，让他们镇守四方。

这首著名的《大风歌》经常和项羽的《垓下之歌》进行比较。项羽被围垓下，四面楚歌，《垓下之歌》是对自己悲惨命运的慨叹。我力可拔山气可盖世，可是如今时不利我，连骏马骓也不走，我实在是无可奈何。

项羽并没有认为垓下战败是自己的过错，而是天运不济，连骏马都不走。项羽把责任推给其他。在乌江自刎之前，他叫喊着不是七十战连战连捷的自己懦弱，而是天要亡我。

与《垓下之歌》相比，刘邦的《大风歌》讲述在乱世这个大风飞扬的时代，自己化作云彩飞上天空，在别的云彩的帮助下，终于平定天下，凯旋回乡。现在需要勇猛的壮士，和我一起守护天下。如果由项羽歌唱的话，他大概会豪迈地说自己力拔山气盖世，我一个人就可以平定天下、守护天下。

有人把《大风歌》第一句的“大风”解释为刘邦，把“云”解释为与刘邦敌对的项羽等群雄。自己化作大风，把项羽们吹落下来。即使这样解释，最后一句也还是表示自己一个人无法守住天下、需要猛士的愿望，绝不是像项羽那样一个人独揽天下的气势。

平定天下以后，高祖曾向群臣询问自己得天下、项羽失天下的原因。《史记·高祖本纪》记述当时高起和王陵是这样回答的：

陛下慢而侮人，项羽仁而爱人。然陛下使人攻城略地，所降下者因以予之，与天下同利也。项羽妒贤嫉能，有功者害之，贤者疑之；战胜而不予人功，得地而不予人利，此所以失天下也。

这个回答很到位。刘邦是无赖出身，人品很坏，傲慢无礼，动不动就欺侮漫骂别人，相比之下，项羽出身名门，为人正直。鸿门宴上，范增多次示意杀刘邦，项羽不忍下手。他像一个豪门少爷，给人亲切的感觉，但他是一个山大王，把所有的功劳都归于自己，这也许是少爷出身的人常有的幼儿性独占欲使然。

刘邦虽然漫骂斥责部下，但承认部下的功劳，将他们攻占的土地毫不吝惜地分封给他们。

项羽大概也不是吝啬小气，只是他认为这世上没有一个比他更贤能有才，也因此妒贤嫉能。部将打了胜仗，也认为是自己这个总司令指挥有方，所以不会表彰部下。

高祖听了这段比较的话，认为不止这些。《史记·高祖本纪》这样记述高祖的补充：

夫运筹策帷帐之中，决胜于千里之外，吾不如子房；镇国家，抚百姓，给馈饷，不绝粮道，吾不如萧何；连百万之军，战必胜，攻必取，吾不如韩信。此三者，皆人杰也，吾能用之，此吾所以取天下也。项羽有一范增而不能用，此其所以为我擒也。

高祖善于用人，他十分清楚自己的能力。制订作战计划，即使自己费尽九牛二虎之力，也不如张良。行政、经济方面，萧何高出自己很多，这从当小官吏的时候就知道。要论行兵布阵，带兵作战，自己没有韩信那样的才能。所以，我可以把一切都交给他们。

这样的领导才能凝聚人才，项羽那样把一切功劳都据为己有的人，就不可能招贤纳才。即使才华出众，也无用武之地。如果表现出色，反而会遭到嫉恨，受到怀疑。最典型的例子就是范增。项羽甚至对这个七十多岁的老人还疑心重重。

高祖方面对项羽的这个性格了如指掌，于是展开分化、瓦解、拉拢的工作。正是使用离间计，使得范增也离开了项羽。《史记》记载，离间项羽和范增的是高祖的幕僚陈平。其实这个骗术非常简单。项羽的使者来访，陈平先是送上美味佳肴接待，当听到使者说自己是项羽派来的以后，陈平装作吃惊的样子，说道，“我还以为是亚父派来的呢，原来你是项王的使者啊”，然后撤下美味佳肴，换上粗茶淡饭。

于是，项羽开始怀疑范增暗中和汉私通，逐渐削减其权限。范增愤慨不平，辞职而去，在回乡途中，背部疽发而死。

项羽的性格，既单纯又复杂。他可以毫不犹豫地坑埋二十万秦兵，但在鸿门宴上对杀刘邦一人迟疑不决。

《大风歌》作于高祖十二年十月，高祖在这一年的五月死去。汉初期依然使用秦的历法，十月是岁首。所以，高祖在高歌起舞七个月以后死去。

这首歌流淌着悲哀的感觉，《史记·高祖本纪》描写高祖演唱时的景象：

高祖乃起舞，慷慨伤怀，泣数行下。

高祖是在讨伐谋反的黥布后归途中顺路回家乡的。在这次作战中，高祖中流箭负伤。这数行泪水，是他负伤后情绪伤感的流露吗？

《史记》也记述项羽唱《垓下之歌》时“泣数行下”，使用的词语完全一样。明朝李卓吾认为二者都是英雄多情的表现，项羽是陷入绝望而哭，刘邦是得意巅峰而泣。

自古以来就有人认为，《大风歌》其实未必是刘邦处在得意巅峰的表现。“安得猛士兮守四方”——这最后一句渗透出高祖的悲哀。汉猛士如云，他是希望有更多的猛士吗？

他这次讨伐的黥布也曾是他的猛士。但是，黥布背叛了他，发动叛乱。高祖还清洗了韩信、彭越等曾经的猛士。

也许这句话饱含着高祖希望得到真正的猛士的愿望。他是在追悼失去的那些猛士吗？高祖肯定对继承人太子的懦弱放心不下，在儿子称帝的时代，才需要真正的猛士。

高祖也许想起去年清洗韩信的事情。韩信受到高祖的高度评价，被誉为三人杰之一，他是淮阴（今江苏省）人，据说生活曾经极度贫困潦倒。

说到韩信，就会想起那个著名的“胯下受辱”的故事。街头的小地痞欺负韩信，叫他从“胯下爬过去”。韩信果然顺从地从他的胯下爬过去。要说耻辱，大概莫过于此。但是，对于一个胸怀大志的人来说，为这点事怒火中烧，拼死相搏，那是很愚蠢的。既然这样，就老老实实、甘愿受辱。胸中如无大志，就不会这样做。

韩信先是投奔项羽，他为了出人头地，想出各种计策向项羽进言，但不可一世的项羽对他根本不予理睬。韩信大为失望，转而投奔刘邦。当时秦已灭亡，刘邦受封于汉中、巴蜀，正是项羽和刘邦即将开始决战的关键时候。

刘邦的头号心腹萧何发现韩信的才华。刘邦甚至把考察、任用人才这样的事都交给部下去办。只要萧何认可，肯定没问题，于是韩信得到重用。

在项羽和刘邦争夺天下的战争中，韩信的军事才能得到淋漓尽致的发挥。

韩信作为汉军的机动队，从赵、魏、燕（山西、河南、河北）等各地一直横扫到齐（山东），攻城略地。

楚汉决战中，韩信所发挥的作用无法估量。项羽不得不时时提防隐藏在身后的韩信的巨大力量。如果反过来韩信是楚军将领，估计刘邦就不可能取得天下。当然，从项羽的为人来说，他不允许存在这样一支强大的机动队，所以这个假设没有意义。

韩信平定齐以后，向刘邦提出，如果不让他当假王，就无法保证齐的稳定。刘邦大怒，骂道：

吾困于此，旦暮望若来佐我，乃欲自立为王！

刘邦本来就喜欢骂人。现在他在荥阳正被项羽的军队结结实实地包围着，韩信居然伸手要官，想当假王。刘邦一下子火冒三丈，还是张良劝慰，“大丈夫定诸侯，即为真王耳，何以假为”。什么假王，别小里小气的，要当就当真王，于是封韩信为齐王。（《史记·淮阴侯列传》）

一旦韩信背叛，夺取天下的大业就会化为泡影。其实不用张良规劝，刘邦应该明白其中的利害关系，也会留住韩信的。只不过他的性格，不先骂一顿心里不痛快。

项羽也知道，韩信背弃刘邦，形势就变得对自己绝对有利，于是派武涉劝说韩信反水。韩信原先追随项羽，所以与其说是反水，应该说是回归吧。但是，韩信没有同意。他为什么从项羽阵营投奔刘邦阵营呢？因为项羽对他的所有进言都置之不理，而刘邦赏识他的才能，任命他为上将，授以数万兵马，现在还封为齐王，获得诸侯的身份。武涉忠告韩信，说刘邦人品恶劣，对他决不可掉以轻心，这样死心塌地地为汉卖命极其危险。韩信知道汉王刘邦狡诈阴险，但韩信也知道项羽的性格。自己在他身后拥兵数十万，他所考虑的就是如何除掉这个威胁。大概他现在还不认可韩信的才华。韩信心里有数。

韩信对武涉的游说没有动心，却对随之而来的辩士蒯通的一番话陷入深思。蒯通所说的就是天下三分之计。现在项羽和刘邦你死我活进行决斗，结果是两败俱伤。一旦这两大巨头的力量衰弱下去，就有可能出现与他们并驾齐驱的第三种势力。能成为这第三种势力的恐怕也只有齐王韩信。现在韩信的势力当然不及他们，但是他站在楚一边，楚就取得天下；他站在汉一边，汉就取得天下。汉无韩信，不成霸业。蒯通向韩信献策，既不倒向楚也不倒向汉。

莫若两利而俱存之，三分天下，鼎足而居。

但是，韩信回答说汉王刘邦有恩于他，不能背叛。接着，蒯通搬出一句谚语：

勇略震主者身危，而功盖天下者不赏。

勇略出类拔萃而令主君害怕者，其身危险；功高盖世者，主君不会称赞。主君不会感谢你，而是对你开始戒备。你现在正处在危险的处境中，应该赶快自立。

韩信的心开始产生微妙的动摇，说道：

先生且休矣，吾将念之。

他让蒯通宽限他几天时间。在这几天，韩信前思后想，最后还是难以定夺。蒯通引用各种谚语，比如“猛虎之犹豫，不若蜂虿之致螫；骐骥之蹢躅，不如怒马之安步”，犹豫不决的老虎，还不如马蜂蝎子；徘徊不前的骏马，还不如稳步前进的劣马，促使韩信做出决断。

韩信心旌摇动，而且一定相当摇摆，不过还是下不了决心。如果主君是项羽，韩信会毫不犹豫地下决心完全自立，但汉王刘邦有一种魅力把韩信的心拴住。

这是高祖四年（前 203 年）的事。

高祖五年，韩信率三十万大军飞驰垓下，作为汉将与项羽展开决战，最终项羽失败，汉取得天下。这一年，汉王刘邦称帝。

垓下之战胜利以后，刘邦来到齐王韩信的根据地定陶，收回他的兵权。为消灭项羽、建立汉朝立下最大功勋的韩信所得到的回报就是剥夺军权，改封领地，从齐王变成楚王，领地在淮河以北，定都下邳。

《史记》记述，高祖六年（前 201 年），“人告楚王信谋反”。

《史记》有关韩信的记述，都是依据汉朝的正式文献，所以可靠性值得怀疑。

韩信被抓后送往洛阳，但刘邦赦免他，贬为淮阴侯。从王降为侯，韩信当然很不愉快，称病不进宫。

韩信为王时，曾到将军樊哙的宅邸访问，将军对他行跪拜礼。樊哙是舞阳侯，周勃是绛侯，灌婴是颍阴侯，韩信贬官后，和这些将军同一级别。他说：

生乃与哙等为伍。

这是韩信的自嘲，命是保住了，但最终和樊哙们为伍了。

恰好此时夏阳侯陈豨被派往北方的赵和代监督边境士兵，他却在那里举兵反叛，自称代王。这是在高祖十年（前 197 年）。高祖亲征，讨伐陈豨。

《史记·淮阴侯列传》说，陈豨前往北方边境的时候，韩信曾和他商量过谋反之事。韩信照例称病不跟随高祖亲征，却秘密与陈豨联系，准备在宫中杀害吕后和太子。此事被舍人之弟告密，萧何用计谋把韩信诱骗出来，抓捕斩首。

小心谨慎的韩信会把谋反这种绝密的事情透露给舍人之弟吗？

有可能是萧何和吕后感觉韩信这个军事天才是个危险人物，必须尽快除掉，否则危及汉家天下，便给他扣上谋反之罪。韩信和陈豨密谋的证据，只凭一个连姓名都弄不清楚的舍人之弟的密告，而且没有听到韩信的任何申辩。

这是一起暗害。当时，陈豨的叛乱尚未平定，萧何通知韩信，伪称陈豨被灭，传旨要病中的韩信也要进宫祝贺。韩信进宫后，被抓，斩于长乐宫钟室。

韩信正是中了这个计谋被杀的，其实对他的嫌疑不多，真正的原因恐怕是害怕留着他总有一天会举兵叛乱。

《史记·淮阴侯列传》记述，韩信临死前说道：

吾悔不用蒯通之计，乃为儿女子所诈。岂非天哉！

被清洗的汉朝开国功臣，韩信不是头一个。

第一个被清洗的是燕王臧荼。他原先是燕国的将军，随项羽进关中，以军功受封燕王。同一时期刘邦被封为汉王，所以他们是同一期的王。臧荼原先是项羽的人，但是在韩信为汉王平定北方的时候，倒向汉。他只是没有和汉敌对作战，还称不上汉的功臣。

项羽灭亡后，燕王臧荼谋反，高祖亲征，破之，任命太尉卢绾为新燕王。

高祖七年（前200年），韩王信叛乱。他的叛乱可以说是被迫的。

这个韩王信和韩信不是一个人。

同一时代同名同姓的两个人，都是高祖的忠臣，所以容易混淆。《史记》在列传中把他们分别称为淮阴侯和韩王信。

韩王信是韩国襄王（前311—前296年在位）的孽孙，据说身高八尺五寸。

日本一尺等于三十点三厘米，中国的尺寸因时代而异。最近中国新闻报道说，天津发现汉代的铜尺，长度为二十三点一厘米。北京历史博物馆里展出的战国时代的铜尺为二十三厘米。

即使按战国时代的尺子计算，韩王信身高也约为一点九六米。另外，项羽的身高，《史记》记载为八尺余，《汉书》记载为八尺二寸，也是一点九米的大汉。

楚汉相争之时，先是项羽立郑昌为韩王。将其打败，取而代之成为韩王的是跟随汉的韩信。这个韩王信是在与战国时代的韩国深有关系的张良的劝说下投奔刘邦的。

高祖三年，韩王信留守荥阳，被项羽攻破，他先降楚，后又逃脱回到汉。

另一个韩信说自己想当齐的假王的时候，高祖大怒。而这一个韩信当韩王，似乎高祖没有反对。虽说是孽孙，但毕竟他是韩王室的人。

韩王信被派往北方边境防御匈奴。

这时的匈奴已经是冒顿单于杀父自任首领的时代，不是过去受秦将蒙恬的威压、被赶到北方草原时候的匈奴了。

韩王信以马邑（今山西省太原市和大同市之间的朔县）为基地，但被匈奴大军包围。

匈奴消灭东面的东胡，驱逐西面的月氏，吞并南面的楼烦、白羊，全部收复被蒙恬占领的失地。匈奴利用秦末动乱到楚汉相争这一段时间，不慌不忙地养精蓄锐，拥有三十万精兵强将，称霸一方。

韩王信被匈奴包围以后，只好派军使向匈奴求和。汉已发兵援救韩王信，但也知道韩王信经常派使者去匈奴那边。派到马邑的汉使臣为此事韩王信。

不论韩王信怎么辩解，他还是害怕以私通匈奴之罪被处死，思来想去，最后决定投降匈奴。这无疑是对汉的背叛。

高祖亲自率兵讨伐韩王信，在铜鞮斩其部将王喜，韩王信逃往匈奴。

驻扎在白土这个地方的韩王信的部将曼丘臣和王黄立赵国苗裔的赵利为王，并收罗韩王信麾下的败兵，组成一个军团。他们也打算和韩王信、匈奴一起联合攻汉。

匈奴的左贤王和右贤王各率一万多骑兵，和王黄等的军队采取联合行动。

汉和匈奴展开激烈的战斗。正是天寒地冻的时候，匈奴习惯寒冷的天气，汉士兵大受其苦，冻伤严重，十有二三被冻掉手指。汉军的御寒措施不够充分，经过千辛万苦，在高祖的亲自指挥下，终于到达平城，即现在的山西省大同市一带。现在大同市的云冈石窟非常著名，高祖时代，佛教尚未传来，当然没有这些石窟，此地是汉在北方的重要军事据点。

平城附近有白登山，高祖和汉军被匈奴围于此。《史记·高祖本纪》这样记述：

匈奴围我平城，七日而后罢去。令樊哙止定代地。立兄刘仲为代王。

匈奴包围七日后撤兵退去。如此简略的记述，无法知道详情。但《史记·匈奴列传》的记述就比较详细。

平城白登山之战，其实是高祖中了匈奴的诱兵之计。冒顿单于假装败退，将身强力壮的精兵和骏马隐藏起来，刘邦的探子只看到老弱残兵和瘦小的家畜，都报告说“匈奴可击”。

于是，高祖率全军追击匈奴，高祖亲自打头阵，结果前后脱节，后续的步兵跟不上。冒顿单于见此大好时机，出动四十万精锐骑兵团团围住高祖。

高祖的命运如风前残烛。这时，陈平出谋划策，采取贿赂策略。

高帝乃使使间厚遗阏氏。

阏氏是单于的妻子，即匈奴的皇后。不过，接受汉重贿的阏氏的一句话就能让单于退兵，有点难以理解。应该是原先答应派兵一起攻汉的韩王信的部将王黄和赵利根本不见踪影，让匈奴忐忑不安。王黄和赵利害怕汉的后续部队上来以后，反而把匈奴包围。

于是，匈奴拉开包围圈的一道口，高祖士兵皆张弓搭箭从这道口子撤离，好不容易才和后续的步兵大队会合。

而冒顿遂引兵而去。汉亦引兵而罢，使刘敬结和亲之约。

作战就这样结束，高祖没有达到杀掉韩王信的目的，看似双方不分胜负，其实显然是匈奴打赢了。

刘敬缔结的和亲之约，内容有汉朝将王室家族的女子作为公主嫁给单于为妻，每年赠送棉、绢，酒、米及其他食物，双方结为昆弟之好等。这无疑是战败的媾和。

白登山之战发生在高祖七年（前200年）。

高祖在白登山之战的归途中路过赵国。赵王张敖是张耳的儿子，又是鲁元公主（高祖之女）的丈夫。高祖在这个女婿面前，双脚长伸，嘴里脏话连篇，骂骂咧咧。刘邦当上皇帝以后，仍然改不了这个恶习。贯高、赵午等赵国重臣们见自己侍奉的主君赵王受到高祖的侮辱，大为恼怒，密谋杀掉高祖。赵国还相当浓厚地残留着战国时代的杀戮风气。但他们的阴谋被发觉，因为赵王的确一无所知，算是保住了一条命，但被废除王位，贬为宣平侯。

高祖宠爱的戚夫人所生之子如意这一年九岁，却已经成为代王。这个如意由代王升为赵王。而薄夫人所生之子恒立为代王。这个代王恒王就是后来即位的文帝。其实代王原先是高祖的哥哥刘仲，但是他放弃国都，回到洛阳，于是也被贬为合阳侯。

汉朝的国家政策是只有皇族才能立为王，似乎要废除异姓王。

韩信从齐王改为楚王，由高祖的长子刘肥继位任齐王。韩信由楚王被贬为淮阴侯，便由高祖的弟弟刘交继任楚王。

高祖十一年（前196年）韩信被杀后，异姓王只剩下淮南王黥布、梁王彭越、燕王卢绾三人，其实此外还有长沙王吴臣（吴芮之子）、闽越王无诸（越王勾践的末裔）、南越王赵佗、朝鲜王卫满四人，但他们处于汉朝力量尚未能及之地，可以说这种藩王形式在当时是必要的。

韩信被诱骗暗杀的那一年，据说梁王彭越也反叛。

彭越是昌邑（今山东省）人，原先过着半是渔民半是强盗的生活。时值秦末动乱，曾帮助过刚刚举兵起事的刘邦。他收罗魏国的散兵游勇，达一万多人，后兵力逐渐增加，在楚的后方开展游击战，为刘邦的建国立业作出了很大的贡献。彭越也曾率领全部部队参加垓下之战，他大概得到高祖封王的承诺吧。项羽被灭后，彭越被封为梁王。

陈豨在北方叛乱，高祖亲征时，彭越只派部将参加征讨，自己称病不随军战争。高祖派人前去质问，彭越亲自出来向使臣道歉，部将扈辄劝他索性举兵造反。彭越大概举棋不定，依然称病，按兵不动。不久，就有人向高祖密告“梁王谋反”，结果梁王轻而易举地就擒。起先未杀他，被流放巴蜀，最后还是被处死。

高祖的五男恢立为梁王。

高祖能在垓下大破项羽，是因为韩信、彭越、黥布三大将率大军会师合击才能获胜，他们是汉朝建国的最大功臣。韩信和彭越被杀，黥布自然心想下一个就轮到自己了。

黥布原先是囚徒，是在骊山集体逃跑的囚徒的头领，随项羽讨秦，建立大功，被封为九江王，和刘邦同期为王。他原是项羽方面的一员大将，却由于汉的辩士随何的游说，倒向刘邦。可以说，正由于黥布的反水，才使得刘邦时来运转。

说韩信和彭越谋反，蒙冤的可能性很大，而黥布的谋反大概确有其事。垓下之战三大功臣中的两个被杀，其“醢”也送给黥布。这简直就是逼他谋反。不谋反也会被安上谋反的罪名。

黥布举兵攻打东面的荆，荆王刘贾是高祖的堂兄。刘贾败退而死。

这一次还是高祖亲征，在蕲（今安徽省宿县）会战。高祖在阵前问道：

何苦而反?

黥布回答道：

欲为帝耳。

会战的结果，黥布大败，只带领百余人败退江南，但高祖在这次作战中身中流矢。

高祖命部将追击黥布，自己凯旋回长安，中途回乡，创作那首《大风歌》。

高祖风云际会之时，最早跟随他的有沛县书记萧何、狱吏曹参、狗屠樊哙等人。此外还有周勃、卢绾、夏侯婴、周昌、周苛、王陵等人，但除了樊哙之外，无人可称为猛将。就连樊哙，也不能说富有才智谋略。曹参虽多有战功，但正如司马迁所评论的那样，曹参是和韩信在一起才立下这样的功劳，如果就他一个人，其功绩肯定要打一点折扣的。

高祖刘邦没有自己亲手提拔上来的猛将。猛将这个称呼，也包含着强烈的野心。刘邦直属的部将里没有野心家。

光靠自己的亲信部将恐怕无法取得天下。需要韩信、彭越、黥布这三员猛将，也必须借助韩王信这样的地方势力。但是，取得天下以后，就不得不警惕这些野心勃勃的猛将。高祖最后以最简单的方法——安上谋反罪名，以同样的模式进行清洗。

把这些危险分子肃清以后，高祖发现自己手下没有了“猛士”。《大风歌》“安得猛士”的慨叹似乎表现出他的愿望。在他击筑高歌时，脑子里一定浮现出韩信、韩王信、彭越、黥布等这些猛士先前的形象。

黥布失势后，异姓王只剩下燕王卢绾一个人。除掉他，也就彻底肃清异姓王。从不允许异姓王存在这个大政策来看，卢绾的燕王地位应该说岌岌可危，但是人们觉得，“卢绾不会被搞掉吧……”

遭受清洗的人有一个共同点，都是中途加入刘邦阵营里的，不是与刘邦一起共同起事的亲信。换言之，高祖刘邦没有将自己的亲信部下封为王。

分地封王，这是得到对方合作的必然条件，而自己一手提拔的亲信就不需要这样的诱饵。

如果按照战争也是补给战的观点，汉军能专心作战而无后顾之忧，负责后勤补给供应的萧何立了头功。萧何、曹参都是刘邦举兵起事以来的志同道合者，所以无需诱饵，就能自觉自愿地奋不顾身，不怕粉身碎骨。张良和高祖不是同乡，大概因为人格高尚，高祖视之为亲信。

封王的功臣一个个被消灭，但正因为是王，必须被清洗。既然是诱饵钓上来的合作者，也就有可能被别人的诱饵钓走。

人们认为，王之中，只有燕王卢绾例外，因为他和高祖很小时就相识，两人之间的关系比亲信还亲密。

高祖的父亲和卢绾的父亲是密友，这一对亲密的朋友在同一天生下一对男孩，所以高祖和卢绾同一天生日。他们出生的时候肯定引起不小的轰动，乡里人都送羊肉、美酒给两家表示祝贺。他们的关系是很罕见的。

高祖灭项羽后，讨伐燕王臧荼时，曾下诏群臣，要求选出有功之臣封为燕王。

高祖的意中人自然是卢绾。对高祖来说，萧何和曹参是在“事”，即工作上给予礼遇之人，而在“亲幸”这一点上，无人可及卢绾，毕竟他与高祖是可以出入其卧内的亲密关系。

群臣都心知肚明，高祖不方便直接点名，就由群臣提议推荐。于是，群臣回答道：

卢绾常从平定天下，功最多，可王燕。

其他的王，都是高祖无奈而立的，唯有这个王，是高祖出于自愿而立的，所以大家都认为唯有卢绾可避免被清洗。

然而，卢绾也未能幸免。

卢绾被派去讨伐发动叛乱的陈豨。他心想消灭完陈豨以后，自己对汉就是无用之人，害怕无法长期保住燕王的地位，便派部下范齐前去会见陈豨，提出事先约定胜负的假打仗建议，以拖延作战时间。

高祖十二年（前 195 年），汉派樊哙讨伐陈豨，斩其首。投降高祖的陈豨副将供认燕王卢绾派范齐与陈豨密谋之事。高祖为确认事情的真相，召见卢绾。但卢绾害怕真相暴露，称病不去，这样令高祖对他越发怀疑。

所有异姓王都被清洗，这大概让卢绾更加胆战心惊。

卢绾曾派张胜潜入匈奴地区收集情报，但从另一个角度来看，也可以成为他和匈奴密谋勾结的证据。匈奴的降汉者供述此事，称病拒绝高祖召见本身就成为卢绾谋反叛变的证据。

高祖大怒，命樊哙和周勃讨伐卢绾。当然，此时的卢绾已不再是燕王，新燕王是高祖的幼子（第八子）建。

卢绾的问题发生在高祖创作《大风歌》回到长安之后。

《史记·吕太后本纪》记述右宰相王陵这样的话：

高帝刑白马盟曰：非刘氏而王，天下共击之。

这个盟约什么时候缔结的？不得其详。高祖死去几个月，除长沙王外，其他所有的异姓王全部被清洗。

前面说过，韩信从楚王贬为淮阴侯，羞与樊哙为伍。

汉朝原则上继承秦朝的郡县制度。秦的制度是将全国划分为三十六郡，郡下设县，县令全部由中央委派。但是，秦始皇死后不久，秦帝国分崩离析。可见商鞅、李斯等法家的权威所制定的制度也有缺陷。

地方官对陈胜、吴广的举兵无能为力，他们并不热爱自己所管辖的这一片土地。因为上面突然来一道命令，自己也不知道会被支配到什么地方去，所以缺少死守土地的思想。这些官员断文识字，秦帝国灭亡之后，照样会被下一个王朝雇用，没有与现政权同生共死的强烈心情。

周朝封建制的结局是导致春秋战国的乱世，秦朝郡县制度的结局是导致秦帝国的迅速崩溃，所以汉朝考虑对这两个时代取其长处，弃其短处。

周把天下全部分给诸侯，既有晋、鲁、卫等王族姬姓国，也有齐等功臣受封的异姓国，所以，这些诸侯国凌驾于周王室之上。

但是，废除封建制，实行郡县制的秦朝，一旦危急时刻，没有舍身誓死保卫国家的力量。

这就是所谓的“藩屏”。

一旦王朝灭亡，自己也随之灭亡，这样与王朝生死与共的人才会竭尽全力保卫王朝分封的土地。但是，这个土地——即“国家”不宜太大。汉的政策是，在各个重要的地方建立大小适中的国家，立皇族为该地之王。全国的大部分土地当然是郡县，以郡县制为主，加上些许的封建制，可以说是一种折中的制度，一般称为郡国制。

韩信被贬后，楚国一分为二，在淮东的三郡五十三县立刘贾为荆王，在薛、东海、彭城的三郡三十六县立刘交为楚王。汉朝尽量缩小诸侯国的土地面积。

这些国家都设有相，犹如小型的中央政府官僚机构，具有相当大的独立性，后来成为汉帝国的痼疾。诸王自然平时都居住在自己的国家里，时常进京入朝。

因为是皇室的藩屏，所以国家也拥有军队，但能调动军队的不是王，只有皇帝。另外，国相原则上由中央政府任命，这就在制度结构上保证王的国家不会成为脱离中央的独立王国。

与王不同，侯的制度继承秦的规制，设立二十等爵，与围棋、将棋的段位一样，数字越大，段位越高。秦始皇登泰山遇雨，封躲雨的那棵松树为“五大夫”爵位。五大夫是九爵，最高的二十爵的爵位称为“彻侯”。

“彻”和“通”的意思一样，上可直通天子的意思。二十爵之中，“彻”是人臣的最高者，可直接通达天子。

高祖的曾孙武帝名叫彻，为避天子名字之讳，遂将彻侯改称为“通侯”或“列侯”。

韩信从楚王被贬为淮阴侯，淮阴是县名。受封于县，其县称为侯国。同样都是国家，王的国家和侯的国家有天壤之别。楚王时代的韩信是六郡八十九县之主，被贬后，只剩下一个县。

因为称呼各种各样，本书以下统称为“列侯”。列侯的名称将其受封县的县名冠于侯的上面。如萧何受封于酂县，称酂侯；曹参受封于平阳县，称平阳侯。

同样是列侯，封户的数量也不等。留侯张良封一万户，曹参封一万零六百户，萧何封八千户，樊哙封五千户，在乌江追逼项羽的中水侯吕马童封一千五百户，与燕王臧荼的叛军作战的部将南安侯宣虎封九百户，可见受封的户数大不一样。

征收封户的年贡就是列侯的收入，户数越多，收入越高，但列侯未必一定去受封县（即侯国）管理，萧何、曹参、张良这些要人就一直在高祖身边辅佐。

二十爵列侯之后是十九爵爵称的“关内侯”。列侯的称呼冠以受封县的县名，而关内侯只称“关内侯”，因为他们没有封地。他们居住在关内，从衙门领取五百至八百户人家缴纳的租税。其中有的关内侯领取几千户人家的租税，比封地只有几百户的列侯还要富裕。但是，列侯和关内侯在规格上有很大的差别。

如犯有过失，有的列侯降为关内侯，封户的数目却没有改变。待遇不变，规格降低，本人还是很郁闷哀伤的。从尊贵显赫的权势跌落到微不足道的地位，有的遭此厄运者还留下哀叹的诗篇。

所谓诸侯，只是指各国的王和列侯，不包括关内侯。从日本的情况来说，犹如德川时代的大名和旗本[①]的差距。

《史记》记载高祖时代封为列侯的功臣有百余人，该书《高祖功臣侯者年表》记述有受封功臣一百三十七人。此外，外戚和王子共一百四十三人。王的儿子中，一人继承王位，其他的王子成为列侯。高祖六年开始受封，至其死，前后大约七年。

这些人大概就是高祖认可的“猛士”吧。他们一定是高祖创作《大风歌》时脑子里想象的猛士的原型。

高祖创作《大风歌》时就已经被消灭的淮阴侯韩信、阳夏侯陈豨等猛士也记述在上述《高祖功臣侯者年表》里。热泪横流、击筑高歌的年迈的高祖脑海里大概也浮现出比韩信、陈豨更高规格的韩王信、彭越、臧荼、黥布等人的形象吧。

---

① 旗本：日本德川幕府时代，将部分领地封给家臣，由他们管辖自己领地，称为大名。而俸禄在一万石以下、五百石以上的直属将军的武士称为旗本。——译注

创　业

从秦末到楚汉相争，不言而喻，天下百姓苦不堪言，但史书极少记述人民的声音，只是在字里行间会看到一鳞半爪。

前面说过，与刘邦的作战陷入僵持不下境地的项羽着急无奈，向刘邦提出一对一决一雌雄。当时项羽的理由是：

天下匈匈数岁者，徒以吾两人耳，愿与汉王挑战决雌雄，毋徒苦天下之民父子为也。

项羽也明白天下之民父子为自己和刘邦两个人受尽痛苦。因为双雄对峙，互不相让，年轻人被征兵入伍打仗，剩下的老幼则被征用转漕，天下人已经衰惫疲竭。

提出一对一决一雌雄的项羽的确还是显得年轻。

刘邦对项羽的回答，《史记》的《项羽本纪》和《高祖本纪》的记述不一样。《项羽本纪》说刘邦笑而拒绝道：

吾宁斗智，不能斗力。

《高祖本纪》则说刘邦历数项羽的十大罪状，大骂项羽是大逆不道，称自己是举义兵诛贼，双方不是对等的作战，岂能一对一决一雌雄：

使刑余罪人击杀项羽，何苦乃与公挑战！

杀你项羽这样的人，何须我亲自动手，让受过刑罚的囚徒代劳就足够了。经常骂人的刘邦对项羽劈头盖脸一顿臭骂。

连坑杀秦兵二十万、火烧秦都咸阳的项羽都知道天下庶民之苦，何况出身下层的刘邦。

高祖八年（前199年），高祖亲征讨灭韩王信残余，回到长安以后，一看萧何修建的未央宫，觉得过于宏大奢华，心里很不高兴，说道：

天下匈匈苦战数岁，成败未可知，是何治宫室过度也？

萧何回答说，正因为天下未定，才有必要修建如此壮丽的宫殿。以实实在在的东西告诉天下人：你们的统治者具有强大的实力。这样可以使人民安居乐业，努力生产。

高祖大败项羽，取得天下以后，定都何处引起一番争论。

候选地有周朝的国都洛阳和秦朝的国都关中两处。高祖的部将都是中原或南方出身，越函谷关、武关而入秦，洛阳离自己的家乡近，所以多主张择都洛阳。但是，娄敬向高祖进言择都关中。

那个时代，说到周，就会联想到“德”；说到秦，就会联想到“武”。以德维系天下的洛阳国都，名声很好。春秋战国五百年，尽管周王室有名无实，却能一直维系下来，没有断绝。反之，秦依靠武力和谋略强取天下，却瞬间覆灭。这也是主张定都洛阳派的理由。

娄敬主张定都关中的理由是汉夺取天下的方式和周不同。周是历经数百年积德而成的王朝。汉高祖则起于民间，灭秦朝，破项羽，而取天下。

既然汉王朝不是以德取天下，国都就必须选择在要害之地，所以关中最为合适。

娄敬身份低微，高祖对他的话也不是完全相信，于是征求张良的意见。

张良也认为关中合适。

张良分析道：从当时的情势来看，洛阳处于全国的中心，入朝觐见、运送贡品等都很方便，但从另一个角度来说，洛阳也容易受到来自四面八方的攻击，而且方圆不过数百里，土地贫瘠。

与洛阳相比，关中沃野千里，东有崤山、函谷关，西有陇山，南有富饶的巴蜀之地，北有“胡苑之利”。“胡”，指的是北方民族及其居住地；“苑”，指的是饲养禽兽之地。一旦发生战争，马是最强有力的武器，那里有丰富的良马产地和辽阔的牧场。可以通过渭水把各地的物产运送到关中，倘若发生诸侯造反的事件，可以非常方便地溯流而下。所以，关中可谓是金城千里，天府之国。

高祖相信张良的判断，决定将关中定为国都。娄敬也因此次进言有功，被高祖赐予刘姓，此后改名为刘敬。后来和匈奴签订和亲之约的刘敬，正是这个娄敬。

关中，位于现在的陕西省内，不过秦都咸阳宫已经被项羽一把火烧得干干净净。

咸阳在渭水以北。虽然咸阳宫已化为一片废墟，但渭水以南的秦朝离宫似乎幸免于难，至少只要稍加修缮，便可居住。这个离宫，秦朝称为兴乐宫，高祖改名为“长乐宫”，暂居于此。这座长乐宫周长八公里，宫内有信宫、长秋殿、永寿殿、永宁殿等建筑。

高祖自然不能满足于秦遗留下来的离宫。秦朝修建有规模宏大的阿房宫，可惜尚未完成就毁于项羽之手。

高祖希望有一座自己修建的宫殿，所以萧何就建造了宏伟壮丽的未央宫。据说未央宫比长乐宫大一圈，里面有各种建筑四十多座。萧何所建造的当然只是其中的一部分，大概是前殿和北阙、东阙，还有武库、太仓。史料记载，前殿正面有一百多米，深三十多米，高近八十米。但是，高祖生前没有住进未央宫，一直住在长乐宫。

汉朝的长乐宫和未央宫两大宫殿分别位于长安的东南部和西南部，城墙是后来修建的。高祖在世时，长安还没有城墙。

顺便提一下，汉朝的长安城在西汉末期的战乱中遭受破坏，隋唐兴建的长安与汉朝的长安的位置，略有不同。

高祖死于长乐宫，死因是因为与黥布作战时中流矢，伤口恶化。吕后欲叫名医为他治疗，但高祖坚决不同意。他说道：

吾以布衣提三尺剑取天下，此非天命乎？命乃在天，虽扁鹊何益！

不愧是高祖刘邦，取天下是天命，寿命也是天命，无论什么样的名医，都无济于事。其对人生的态度何等达观。

高祖刘邦出身底层，可以说是庶民中的庶民。他的妻子吕氏的出身门第要比刘邦强一些。

刘邦的岳父吕公是单父人，当时各地都有所谓的豪族或者豪侠。战国时代有养食客的风气，如战国四君，但大多还是小豪族。吕公也是其中之一，是一个知名人物。说他是豪族，似乎不如称为豪侠更合适。侠客的头领经常遭到竞争对手的嫉恨。吕公也是如此，于是决定临时迁居别的地方。

吕公来到沛县。

吕公不是一般的流民，是这一带的名人，他能来到沛县，应该说是沛县的荣耀。

沛县对吕公的到来十分欢迎，视其为“重客”。县的主吏，即书记萧何负责欢迎吕公集会的接待工作。参加欢迎会的人自然要交纳会费，看来吕公颇有人望，很多人报名参加欢迎会。

屋里挤满了人，萧何负责安排会场的秩序，说：“会费一千钱以下的人坐到庭院里。”就在这时，刘邦进来，说道“贺钱万”。为欢迎吕公，刘邦交纳一万钱的会费，然而，其实他一钱也没带。

吕公听传话人说有人出一万钱的欢迎费，大吃一惊，亲自到门口迎接。据说这个吕公善观面相，一见刘邦，又大吃一惊。因为刘邦当上了皇帝，这则故事大概是后来编造的，或许刘邦身上有不同凡人之处，被有心人发现。吕公觉得此人决非凡人，便十分盛情隆重地款待刘邦。这时，负责接待的萧何提请吕公注意：

刘季固多大言，少成事。

这段话见于《史记·高祖本纪》。意思是说，这个人喜欢吹牛说大话，不干正经事，没必要对他这么热情。衙门官吏萧何大概平时就很讨厌这个惯于自吹自擂的刘邦。

汉王朝的开国皇帝和开国宰相原先是这样的关系。

刘邦被吕公邀请进去后，骄横狂妄，目中无人：

狎侮诸客，遂坐上坐，无所诎。

一个小小的亭长，态度竟然如此傲慢无礼。但是，欢迎会结束后，吕公对刘邦说道：我从未见过你这种长相的人，希望你娶我的女儿为妻吧。

这则故事情节令人感觉过于圆满。

吕公是为避仇来到沛县的，因为他是名人，沛县人召开欢迎会，大概他属于豪侠这一类的人。从“避仇”这个字眼来看，豪侠的可能性比较大。后来的侠客团体，或者秘密结社在各地都有联络网，一个掌门人来到这里，同门的侠客开欢迎会也是顺理成章之事。

所谓豪侠，应该有很多党羽。也许吕公在寻找接替自己统率手下喽啰的掌门人，这个掌门人不能是学识渊博、温良笃实之人，必须是胆略过人、冷酷沉着的人，有时候还需要虚张声势、装腔作势。

身无分文，却敢于妄称贺钱一万，而且厚颜无耻地坐在上座，一副满不在乎的样子。也许吕公觉得这样的人可以托付。

吕媪，即吕公的妻子觉得丈夫的做法太过分，心里很不高兴。也许因为女儿是个大美人，沛县县令提出娶她为妻，却被吕公一口拒绝。自己的女儿，连一县之长都看不上，居然把她许配给一介来历不明、还不知羞耻的亭长。她狠狠地数落丈夫一顿，说他昏了头。

吕公说，“此非尔女子所知也”，坚决把女儿嫁给刘邦。这就是高祖的正室，称为吕后。

韩信从齐王调任楚王后，继任齐王的刘肥是高祖的长子，但生母不是吕后，而是曹氏。《史记》称曹氏是外妇，但从最先生子的情况来看，似乎是高祖与吕后结婚之前同居的女子。高祖好色程度之严重，连汉朝史学家也都无法替他粉饰遮掩。

吕公是势力强大的豪侠，如果刘邦是出身卑微的无赖，这个婚姻感觉应该是入赘的形式。虽然吕后有两个哥哥，但也许吕公觉得还是不够，或许认为这样的亲人越多越好。

陈胜、吴广的举兵引发各地造反的连锁反应，刘邦集团不过是其中之一。一介亭长能成为首领，除了他本人具有反叛的性格外，也许还因为有势力雄厚的岳父吕公的后台。

很有可能是刘邦入赘结婚，但后来成为帝王，地位太高，就不能提这件事。也可以这样推理：起先刘邦为豪侠吕公奔走，后来他自己的名声越来越大，最终成为刘氏的汉王朝。

吕后恐怕心有不满，自己的娘家吕氏一族应该受到更大的优厚待遇。说得极端一点，不能说她脑子里就没有吕氏王朝的念头。

高祖刘邦晚年宠爱戚夫人。戚夫人所生的如意立为赵王。戚夫人倚仗高祖的宠爱，似乎想伺机超越吕后。

戚夫人恳求高祖立她的儿子如意为太子，高祖也有这个打算。一旦儿子即位成为皇帝，戚夫人作为皇帝的生母，可以为所欲为地玩弄权势。

戚夫人是否具有这种权势欲，还是仅仅因为疼爱儿子的亲情，现在无从知道。

高祖欲换太子似乎不是仅仅出于对戚夫人的爱情。吕后生有一男一女，独生子刘盈性格懦弱柔软，高祖觉得把汉帝国交给他不放心。他毫不客气地说道：

终不使不肖子居爱子之上。

他总是待在戚夫人那里，怀抱如意，自然如意是爱子。不肖之子一旦即位，爱子就成为臣下，决不能出现这种情况。

吕后为此忧心忡忡，便与哥哥建成侯吕释之商量，请教张良有何良策。张良起初委婉拒绝道，这是皇帝的家事，纵然有一百个家臣也无能为力。但是，建成侯还是恳求他想一个万全之策。在谋略策划方面，张良简直就是一个神。

高祖骂吕后之子刘盈是不肖之子，是因为他生性懦弱，但如果高祖知道有贤能高人辅佐刘盈，也许会改变自己的想法。

高祖取得天下以后，广招四海贤才，但是有四个贤人隐居山中，怎么也不肯出来。如果这四个贤人辅佐太子盈，大概高祖也不会更换太子。张良的策略就是把这四贤请出来。

太子盈修书延揽四贤。这四个人之所以不答应高祖的召请，就是因为高祖人品恶劣，对谁都污言秽语，脏话骂街仿佛成为他的爱好。四贤不想一边侍奉高祖一边还要受他的侮辱谩骂。现在太子盈谦卑恭敬、尽礼恳求，四贤认为太子可以侍奉，于是出山。

这四贤就是东园公、角里先生、绮里季、夏黄公四个老人。

一次宴席，高祖看见太子身边有四个老人，便问何许人也，四贤一一报出姓名。高祖惊讶，这不是自己无论怎么召请也不肯出来的四贤吗？为什么自己数年召请也不肯出来，逃避隐居，而现在却能侍奉自己的儿子呢？高祖询问其因，四人回答道：

陛下轻士善骂，臣等义不受辱，故恐而亡匿。窃闻太子为人仁孝，恭敬爱士，天下莫不延颈欲为太子死者，故臣等来耳。

高祖听了这一番话，大概有所领悟吧，便打消了更换太子的想法。

创业的独裁者时代已经过去，高祖打败黥布，足以动摇帝国根基的强大反对势力已不复存在。从此以后，皇帝在贤相良臣的辅佐下成为明君。

高祖虽然对过于柔弱的儿子盈不满，但他身边有四贤这样的贤人，就不会出现差错。高祖明白，通过四贤的政策让臣下心服口服，不仅仅依靠力量，还需要仁孝恭敬。

高祖告诉戚夫人说太子不能更换，并让她跳楚的舞蹈，自己唱楚的歌曲。《史记》记述高祖所唱的歌词是：

鸿鹄高飞，
一举千里。
羽翮已就，
横绝四海。
横绝四海，
当可奈何！
虽有矰缴，
尚安所施！

太子盈有四贤相助，羽翼已经丰满，可以翱翔四海，所以不能射落下来。太子废立的事情就此断念吧。

高祖身体欠佳，体力衰弱，在太子问题上未能坚持己见，这不是他一贯的作风，恐怕还是因为身心衰退的缘故吧。

在讨伐黥布的归途中，他流泪吟唱《大风歌》，也不仅仅因为是回乡的伤感，大概此时已经预感到死亡了吧。

其实在出发讨伐黥布之前，高祖就经常患病。起先打算让太子盈任总司令指挥讨伐，即使没有失利，只要进展缓慢，就可以成为废除太子的借口。

吕后反对太子出征。用什么理由反对呢？四贤给她出主意：黥布是天下屈指可数的猛将，精通用兵之道，面对如此大敌，能够督促激励部将奋勇杀敌的，除皇帝刘邦之外，别无他人。吕后对高祖哭诉道：

上虽苦，为妻子自彊。

高祖经不起她的泪水，决定亲征。

高祖带病出征，身中流矢，病情越发严重，但是他拒绝治疗，把医生骂走。

吕后询问继承人的事情。太子是吕后的儿子盈，理所当然是他继承皇位，其实吕后询问的是谁可以担任辅佐大臣。宰相萧何已经高龄，萧何之后，谁可代之？高祖回答道："曹参可。"然而，曹参也是开国元勋，年龄也不小。吕后又问曹参之后。

高祖说王陵可以。王陵有点愚直，所以必须让陈平辅佐他。陈平虽足智多谋，但缺少独立承担国事的气魄才干。政治上可以依靠王陵、陈平二人，军事上可以依靠稳重朴质的周勃。

吕后又问他们之后如何，高祖回答道：

此后亦非而所知也。

大概高祖心里想说：你没完没了地问之后、之后，你打算活到多少岁？

高祖刘邦个性极强，而且运气很好。性格倔犟和命大运好可以说是创业者必备的条件。

荥阳之战时，刘邦被项羽围攻，仓皇逃命，谁也不会料到他会成功，甚至他本人也基本上丧失信心了吧。然而，刘邦奇迹般地东山再起。他在病笃之时，拒绝治疗，听天由命，这种心情产生于他的人生体验。

《太平记》[①]记述足利尊氏[②]败逃九州，身边仅有三百骑，被四五万人马的菊池势团团围住。足利尊氏说"与其和不肖之敌对决，不如切腹"，

---

① 《太平记》：日本军记物语，四十卷。传为小岛法师等著。应安六年（1373 年）前后完成。以日汉混合体记述南北朝以及文保二年至正平二十二年（1318—1367 年）的兴亡。——译注

② 足利尊氏（1305—1358 年）：日本室町幕府第一代将军（1338—1358 年在位）。元弘之变时，奉镰仓幕府之命上京，途中接受后醍醐天皇纶旨，灭六波罗探题，促成建武中兴。后与新政对立，拥立光明天皇。历应元年（1338 年）任征夷大将军，开创室町幕府。——译注

打算自决。其弟直义劝说道：

战争之胜负未必依军力之大小而决定。异国汉高祖突围荥阳之时，人马不过二十八骑，然最终能战胜项羽百万大军而保天下……

运势强悍的人的故事可以起到激励众人的作用，使人们看到希望。刘邦的荥阳突围就是人的命运的一个典型。

《太平记》记述足利直义劝谏哥哥的话中说高祖突围仅有随从二十八骑，但《史记》记述有数十骑。《项羽本纪》说项羽最后突围至东城时，身边仅有二十八骑。大概是《太平记》作者的记忆有误。

《保元物语》[①]记述镇西八郎为朝[②]率砾纪平次大夫等二十八骑突围的故事。大多学者认为，《保元物语》中的源为朝的原型人物其实是《史记》中的项羽。二十八骑这个数字也是其论据之一。

无论高祖多么命硬运好，也难免一死。高祖十二年夏四月，甲辰之日，死于长乐宫。

说高祖在位十二年，其实是从汉王时代算起。如果从灭项羽后称帝为元年计算，他在位不过八年，新政伊始。

如何开创一个新王朝，高祖身边的大臣们无人知道。他们几乎都出身于下层。军师张良出身于战国时代韩国的宰相之家大概是唯一的例外，即使如此，张良成年的时候，韩国已经灭亡，他也没有当官。高祖的大臣中甚至没有人出入过诸侯的宫廷。

国家的各项制度、政府机构的设置，只好参考秦朝的规制。但是，显然直接导致秦朝灭亡的东西不能继承，例如汉朝没有全盘接受秦朝的郡县制，而是采用所谓的郡国制，还有将秦朝过于烦琐的法律简单化。

秦的制度，郡下设县，担任县的书记的萧何对行政最为了解，所以对

---

① 《保元物语》：日本镰仓时代初期的军记物语。三卷。作者不详。成书于室町中期以后，现存江户时代的文本。以日汉混合体记述保元之乱。——译注

② 镇西八郎为朝：即源为朝（1139—1170年）。日本平安时代末期的武将，源为义的第八子，通称“镇西八郎”。在保元之乱中，加入崇德天皇一方，失败后被流放到伊豆大岛。——译注

治理行政可想而知。

要建立新王朝，必须制定完备的礼乐，但这方面无人通晓。黥布、彭越都是强盗出身，其他人也大致相同，不相上下。这些人甚至觉得皇帝刘邦也只是强盗集团的首领而已。

高祖对自己的粗鲁无礼不加反省，却心想必须好好整治一下这帮手下鲁莽粗野的行径。

《史记·叔孙通列传》记述当时刘邦手下这样的丑态：

群臣饮酒争功，醉或妄呼，拔剑击柱。

群臣聚集喝酒，争功自傲，狂呼乱叫，互不相让，争吵不休，拔剑击柱。

高祖召见叔孙通，询问礼法之事。叔孙通进言应召集儒生制定礼法。这个叔孙通曾以文学仕于秦，以博士候补的身份出入朝廷。

秦二世听到陈胜、吴广举兵的消息时，曾召集博士、儒生询问情况。有人说："这是谋反，不得宽恕。陛下应发兵击之。"二世一听，脸色似显不快。善于察言观色的叔孙通回答道："那是一群强盗，不足挂齿。让地方官收拾他们就可以了。"于是，秦二世问所有在场的人究竟是"反"还是"盗"。后来，对回答"反"的人进行调查，并交吏处理。而首先回答"盗"的叔孙通受到褒奖，正式升格为博士。但是，叔孙通从秦国逃跑出来，因为在如此愚蠢的皇帝身边，随时都有可能丢掉性命。

叔孙通先是仕于项梁，项梁死后，追随项羽，高祖二年（前205年）降汉。

叔孙是复姓，名通。他一介儒生，口碑不是很好。因为他察言观色，阿谀奉承说秦二世喜欢听的话，后来受到同门的责难，说他"先生何言之谀也"。

当时的儒家人都穿着宽松的衣服，叫做儒服。高祖非常讨厌这种服装。有一次，他让一个儒生把儒帽摘下来，往里面撒尿。高祖一看见这种长袖宽服和装腔作势的帽子，就火冒三丈。叔孙通知道高祖不喜欢，立即修改服装，做成衣袖和衣襟都很短的楚服。据说高祖也表示满意。

叔孙通有百余名弟子，起先都不向高祖推荐。弟子有意见，叔孙通劝慰他们说：“现在是战争时期，你们发挥不了作用。过一段时间，就是你们大显身手的时代。你们再等一等，我不会忘记的。”

这个时代终于到来，叔孙通对高祖说道：

夫儒者难与进取，可与守成。

在与项羽争夺天下的“进取”时代，儒生难以共事，但守卫胜利果实，可以助一臂之力。

于是，决定从鲁叫来三十多个著名的儒生，制定朝廷的仪式礼法。高祖提出的要求是：

可试为之，令易知，度吾所能行为之。

你们先试着制定礼法规范，但是要简易，制定的时候首先要考虑我能否做得到。历经千军万马驰骋沙场的高祖对礼法也感到头疼。

鲁的儒生中有两个拒绝叔孙通的召请，他们认为叔孙通频繁换主，而且都是依靠面谀得以升迁，还有“礼乐所由起，积德百年而后可兴”，所以严词拒绝：

吾不忍为公所为。公所为不合古，吾不行。公往矣，无污我！

叔孙通笑着回答道：

若真鄙儒也，不知时变。

于是在这些儒生的指导下，在野外进行一个多月的训练后，请高祖检阅。高祖看后，认为可行。

高祖七年（前200年）岁首十月，在修缮一新的长乐宫隆重举行朝贺之礼。不合乎礼法规范动作的人立即被带走。仪式结束后举行宴会，没有人像以前那样醉酒喧闹。

高祖非常满意，说道：

吾乃今日知为皇帝之贵也。

高祖虽然即位称帝，大概以前都是和部将们围坐一起谈天说地吧。

这也是创业时代的一则故事。

吕后时代

高祖是创业时代的开国皇帝，他死去的时候，万事都刚刚起步，尚未完成。

长安城的城墙尚未修建。与匈奴的关系，依靠每年的物资赠送，十分屈辱地敷衍维持着。儒生们制定的礼乐也只是形式，甚至连形式也没有固定下来。那些粗鲁蛮横的臣子成为列侯，通过学习礼法规矩，变得稍微老实本分，但本性并未改变。

高祖死后，吕后当政。那些狂吼乱叫着用剑砍柱子的豪杰们究竟都干什么了呢？

太子盈即位，但实权掌握在吕后手里，谁都看得清清楚楚。

《史记》的作者司马迁是一个极其冷静的史学家，是一个坚强的现实主义者。相比之下，撰写汉朝历史《汉书》的班固有的地方就重视流于表面的原则。《史记》和《汉书》都采取纪传体的形式。

统治天下的王朝，帝王的传记写在“本纪”里，地方政权，即诸侯的传记写在“世家”里，其他人物则写在“列传”里。

太子盈即位后称惠帝，但《史记》里没有惠帝的本纪。《高祖本纪》的后面就是《吕太后本纪》。惠帝在位八年，这期间，所有事情都由吕后一手包办。惠帝称不上统治天下的帝王，所以司马迁毫不客气地没有把惠帝列入本纪。

班固认为虽然惠帝有名无实，但毕竟身居帝位，不能排除在本纪之外，所以《汉书》里有《惠帝本纪》。

另外，《汉书》里还有项羽、陈胜的列传。因为《汉书》是汉朝的历史，也许这样写理所当然，而《史记》的着眼点是天下历史，所以司马迁把项羽放在本纪里，把陈胜放在世家里。汉代学者中，有人批评把项羽与高祖并列的写法，但司马迁认为，项羽的号令虽然很短，却威及天下。陈胜是倒秦的先驱，可以视为诸侯。从司马迁的历史观来看，惠帝实际上并没有统治天下，所以没有资格进入本纪。另外，《汉书》没有世家。

高祖末年，吕后和戚夫人之间展开最激烈残酷的权力斗争。这是一场女人之间的搏斗。戚夫人唯一的靠山是高祖，而吕后拥有大量的支持者。吕后家族原本是豪侠，本身就有实力。从高祖举兵的时候开始，她就和众多将军深有关系。她的妹妹是樊哙的妻子。在盈将要被废除太子的时候，她可以和智囊张良商量对策，可见关系非同一般。与她相比，戚夫人除高祖之外，没有强有力的支持者，只是因为高祖的力量过于强大，她们之间表面上看似势均力敌。当然，也有一些人为戚夫人出谋划策。

在戚夫人这边看来，最可怕的敌人是吕后的妹夫樊哙。戚夫人欲立自己的儿子如意，第一个必须除掉的就是和吕氏关系密切的樊哙。于是，有人向高祖谗言樊哙。这里只能说“有人”，因为史书没有记载此人的名字。不值得在史书上留名的人，也许是太监吧。

樊哙曾劝谏高祖不要头枕着太监的膝盖躺卧。

吕后是高祖的糟糠之妻，可以自由行动，以美貌受宠的戚夫人大概很少有机会离开后宫。如此说来，她所依靠的对象只能是太监。

据《史记·樊郦滕灌列传》记载，谗言是这样的：

哙党于吕氏，即上一日宫车晏驾，则哙欲以兵尽诛灭戚氏、赵王如意之属。

高帝闻之大怒。当时，樊哙正在出征讨伐谋反的燕王卢绾。

高祖派陈平带着周勃一起赶往燕，替换樊哙，并且命令陈平就在战地上杀掉樊哙。但是陈平和周勃商量，认为樊哙是高祖的老朋友，又是吕后的妹夫，担心高祖一时冲动杀掉樊哙，过后后悔，所以决定暂缓处刑。他们抓捕樊哙后装入囚车，带回长安，是杀是赦，听候高祖发落。但是，他们在途中得到高祖死去的消息。

装在囚车里的樊哙回到长安后，自然被赦免，并且恢复名誉，因为实权在吕后手里。

最可怜的是戚夫人，失去高祖，她就孤立无援。吕后知道废太子、杀樊哙的计谋都是戚夫人在幕后指使。在吕后眼里，唯有戚夫人是绝对不允许存在的，而且不能一杀了之，一定要折磨她，让她不得好死，死得惨不忍睹。

处死戚夫人的残忍手段在历史上极其有名。

吕后命人砍断戚夫人的双手双脚，挖掉她的眼睛，再用药熏聋她的耳朵，强迫她喝下瘖药变成哑巴，最后把她扔在厕所里，名为“人彘”。

惠帝看到这种惨状，惊骇万分，卧床一年多，此后对政治失去兴趣，他托人转告母亲吕后：

此非人所为。臣为太后子，终不能治天下。

惠帝不理朝政，纵情酒色，六年以后（前188年）死去，年仅二十四岁。

惠帝生性过于懦弱纤柔，高祖更换太子恐怕未必仅仅出于对戚夫人的宠爱。

皇帝的谥号是死后决定的。前面说过，秦始皇以谥号是臣下对主君的评价为由废除谥法，代之以世代制。汉朝恢复谥法，为第一代刘邦择“高”字，本应称高帝，但因他是汉王朝始祖，所以一般称为高祖。

第二代皇帝刘盈择“惠”字。据《礼谥法》这本谥法秘笈记述：

柔质慈民曰惠。

是否慈民，另当别论，惠帝刘盈的确是柔质——神经敏感脆弱。他看到戚夫人的“人彘”，就卧床一年多，说明人性情感的丰富。但是，后来他弃之不管重要的国家政务，沉湎酒色，这是不应该的。

吕后的复仇也殃及戚夫人之子赵王如意。如意被召回长安的时候，惠帝亲自到灞水迎接这个弟弟，然后同吃同睡。惠帝知道母亲本性残忍，他这样做，是为了保护如意。但是，有一天早晨，惠帝出去狩猎，把年幼的如意留在被窝里，而吕后趁此机会将如意毒死。

惠帝二年（前193年），齐王刘肥进京参见。刘肥是高祖的长子，惠帝的庶兄。

宫廷分为内廷和外朝，外朝是皇帝和群臣议政的地方，内廷是皇帝家族的居所，属于个人生活之处。按照注释《资治通鉴》的13世纪的学者胡三省的注释，当时皇族在外朝对皇帝执君臣之礼，在内廷则依照年龄顺序。齐王刘肥在外朝对弟弟行臣下之礼，但在内廷则坐在惠帝的上位。史书记载惠帝请哥哥坐上座。齐王在弟弟惠帝的推让下，坐在上座。

这件事触怒了吕后。虽然惠帝相让，但齐王也不该坐在上座。吕后打算当场毒死齐王，给他端上一杯毒酒。惠帝大体知道母亲的意图，自己接过这杯毒酒。吕后大惊失色，连忙把惠帝手中的酒杯打落在地。齐王觉察有异，装醉离去。

齐王虽然逃离虎口，但不知如何才能平息吕太后心里的怒火，经和家臣商量后，决定将城阳郡送给鲁元公主作为汤沐之邑。

吕太后只生有两个孩子，一个是惠帝，一个是惠帝的姐姐鲁元公主。鲁元公主嫁给张耳的儿子张敖。张敖原先是赵王，因其宰相谋反，被贬为宣平侯。虽然公主的汤沐之邑有数县，但即使加上丈夫的封地，也没多少。齐王刘肥的封地有六郡（七十三县）。据《汉书·地理志》记载，城阳郡在文帝时就是一个国家，居民有五万六千多户，郡内设有四县。齐王舍弃一个小郡，保住一条性命。

既然有戚夫人、如意的先例，齐王大概也是心惊肉跳。

赵王如意被杀后，吕太后任命淮阳王刘友为赵王。刘友是高祖的儿子，不知道他的母亲叫什么名字。《史记》《汉书》只说他是“诸姬之子”。看来是后宫里众多女子中的某一个所生。

吕太后对备受高祖宠爱、与自己对立的戚夫人及其儿子决不宽恕姑息，但对没有得到高祖深爱的后宫其他女子，即所谓诸姬所生的儿子，似乎并没有深怀敌意。

例如赵王刘友就是其中之一。吕太后把吕氏家族的一个女子嫁给刘友，试图把他拉入自己的阵营。

然而，赵王刘友对吕太后心怀仇恨。这也是可以理解的。他的弟弟如意被杀，哥哥刘肥差一点也被杀，就是这个女人，使得皇族刘氏一族日益衰微，而吕氏一族如日月中天，飞扬跋扈。他不喜欢这个吕氏之妃。吕氏之妃幽怨郁结，便向吕太后告密说：

（王言）吕氏安得王！太后百岁后，吾必击之。

吕太后已经立吕氏家族的人为王，这就违背了高祖的异姓不立王的规矩，所以刘友愤慨不平。

由于吕氏之妃的告密，赵王刘友被召到长安监禁起来，不给食物，最后饿死。临死前，他吟唱这样一首歌：

诸吕用事兮刘氏危，
迫胁王侯兮强授我妃。
我妃既妒兮诬我以恶，
谗女乱国兮上曾不寤。
我无忠臣兮何故弃国？
自决中野兮苍天举直！
于嗟不可悔兮宁蚤自财。
为王而饿死兮谁者怜之！

吕氏绝理兮托天报仇。

刘友死后，赵王之位空缺，吕太后命梁王刘恢为赵王，立吕太后长兄之孙吕产为梁王。

吕太后又把吕氏家族的女子强行嫁给新赵王刘恢，必须将吕产的女儿立为王后。而且这个女人把众多吕氏家臣带到赵国。王后的家臣简直就是来监视赵王的。刘恢原先有一个爱妾，被王后毒死。刘恢作歌诗四章，让乐人歌唱。他的歌诗没有流传下来。大概因极度悲愤而精神错乱，刘恢自杀而死。

三个刘姓赵王都死去，刘如意被毒死，刘友被监禁饿死，刘恢自杀。按照立王的顺序，分别称这三人为隐王、幽王、共王。

惠帝在位期间，完全是一个傀儡。惠帝的皇后是他姐姐鲁元公主的女儿，将外甥女作为正室，尽管姓张，但皇后也属于吕氏一族。然而，这一对夫妇没有生子。吕太后忧虑体弱多病的惠帝身后之事，决定让他们生一个儿子。后宫有女子生了个男孩，吕太后就把这个男孩作为惠帝的儿子抚养。据说为了封口，将生下假皇子的后宫女子杀死。

惠帝二十四岁死后，这个儿子即位，称为少帝。当然年龄幼小，不过很早就立了皇后。这个皇后是吕太后的二哥之子吕禄的女儿。

吕太后一步一步地巩固吕氏家族的天下，她明白只有依靠武力才能保卫政权，于是任命赵王吕禄为上将军，指挥北军；任命吕王吕产统率南军。赵王和吕王（梁改名称为吕）虽有领国，但不去赴任，留在长安，掌控军队。

然而，吕氏家族离不开吕太后的存在。包括惠帝在位的八年，吕太后的掌权时代大约十五年。吕氏家族的天下随着吕太后的死去而终结。惠帝死后，虽有名义上的皇帝，但那是吕太后一手炮制的假皇帝，史学家对这十五年的后半段如何命名，思来想去，最后称之为“高后某年”。

高后八年（前 180 年），吕太后死去。

她办的最后一件事是趁燕王刘建死去之机，将本族的吕通立为新燕王。其理由是刘建无子，其实刘建的爱妾生有一子，但遭吕太后暗杀。

吕太后为建立吕氏天下，竭尽全力进行安排部署，但似乎作用不大。吕太后一死，齐王刘襄就举兵。这个刘襄就是献一郡给鲁元公主幸免于难的刘肥的儿子。

宰相吕产派灌婴讨伐齐王，但灌婴到荥阳时，派密使见齐王，授予剿灭吕氏的计划：逼吕氏，待其乱，联合诸侯共灭之。

由于吕禄和吕产掌握军队大权，如何夺取军队的指挥权成为反吕阵营的关键。当时的制度规定，即使身为太尉，如果没有佩带将军的印绶，也无权调动兵士。太尉周勃巧妙地从吕禄手里得到印绶，进入营门，宣布那一条著名的命令：

为吕氏右袒，为刘氏左袒。

脱去衣服，裸露肩膀为“袒”。拥护吕氏者露右肩，拥护刘氏者露左肩。吕氏将军离去，汉王朝开国元老周勃将军下达的命令，谁都明白形势发生了什么变化。

结果全军左袒。后来就把拥护某一方称为“左袒”。

吕氏一族尽行被诛。在一片混战之中，吕产逃进厕所，被杀。长乐宫的卫尉吕更始战死。吕禄被抓，斩首。据说吕太后的妹妹——樊哙之妻吕媭被鞭笞致死，十分凄惨。不问男女老幼，吕氏家族一杀而光。

一场速战速决的政变。灌婴让齐王等待时机，其实齐王没有必要发兵了。

萧何、曹参、张良、樊哙这些建国元勋都在惠帝时期去世。

那么，其他身经百战的英雄豪杰们为什么对吕氏家族的专横跋扈视而不见、保持沉默呢？最大的原因大概就是他们都认为吕氏一族没有能人，只是在她活着的时候为非作歹。吕太后已经年迈，他们都在等待她的死去。

例如足智多谋的陈平，在吕氏时代只是一味醉酒，他害怕吕太后惦记自己的智谋，如果认为他沉溺于酒色，已经没有用场，那倒是安全。

群雄感到最可怕的就是吕太后一人。她的心狠手辣，所有的人都一清二楚。韩信、彭越等建国功臣一个个被清洗，主要就是吕太后在幕后阴谋策划。

韩信被杀，是在高祖亲征期间，显然是吕太后的阴谋。对梁王彭越，高祖已经作出处分的决定，将其贬为庶民，流放到蜀的青衣边境。在从洛阳前往蜀地途中，彭越见到从长安前往洛阳的吕后，向她哭诉自己的冤枉，提出与其去蜀地，不如回故乡昌邑（今山东省）的希望。吕后表面上说“接受他的请求”，并且伴随他一起回到洛阳。但是到洛阳以后，她向高祖进言必须杀掉彭越。《史记·魏豹彭越列传》这样记述吕后说的话：

彭王壮士，今徙之蜀，此自遗患，不如遂诛之。妾谨与俱来。

吕后把彭越带回洛阳，不是为他说好话，而是要杀掉他。

吕后比高祖对臣下更加严厉，处分更加酷烈。幸存者们已经看够了许多惨烈的事实。

连萧何、曹参这样的高祖亲信对吕后也惧怕三分。萧何十几年精心经营以和为核心的政治，深得人心。可是他在高祖晚年突然做出令人不可思议的行为，压价大量购买田地，而且一而再，再而三地拖延付款。他之所以做这种招人唾骂的事情，是故意自毁形象。人民的评价太高，别人对自己就有戒心。萧何的这个变化发生在高祖晚年，说明他害怕的对象显然不是高祖，而是即将成为太后掌握一切实权的吕后。

萧何死后，曹参继任相国。他也是日夜沉迷于美酒。当时是惠帝时代，无疑就是吕太后时代。曹参对国政怠惰疏懒，连惠帝都觉得奇怪，曾问曹参的儿子：你父亲究竟怎么回事？《史记·曹相国世家》这样记述曹参：

参为汉相国，清静极言合道。然百姓离秦之酷后，参与休息无为，故天下俱称其美矣。

他实行以道家的无为思想教化人民的政治。无所作为，可以解释为让人民休养生息，自己也一起休息。但是，无所作为不仅仅是对道家思想的共鸣，大概也是让吕后放心的策略。

毒死、饿死、自杀，这是三个赵王的悲惨结局。吕太后死后，反吕集团的政变结束了吕后时代。这十五年，看似动乱的时代，其实动乱只发生在宫廷里，不过是杯子里的风暴。宫廷的权力斗争非常激烈，但普通百姓没有被卷进去。正如司马迁所说，人民可以远离秦朝的酷政，得到充分的休养生息。

这个时期没有战争，实在不可思议。虽然匈奴也曾几次侵犯北方国境，但都没有发生战争。

惠帝三年（前192年），匈奴给吕太后送来一封无礼的信函。

孤偾之君，生于沮泽之中，长于平野牛马之域，数至边境，愿游中国。陛下独立，孤偾独居。两主不乐，无以自虞，愿以所有，易其所无。

《春秋左氏传》里有“张脉偾兴”一词，意为血管膨胀，青脉突起，情绪紧张兴奋，也就是情欲亢奋的意思。自己情欲激动，守寡的你大概也一样吧。文字间充满调戏轻蔑之意。

吕太后怒火中烧，本想斩来使，击匈奴。樊哙也口出狂言，说给他十万兵，便可击垮匈奴。季布劝谏道（《史记·季布栾布列传》）：

樊哙可斩也！夫高帝将兵四十余万众，困于平城，今哙奈何以十万众横行匈奴中，面欺！且秦以事于胡，陈胜等起。于今创痍未瘳，哙又面谀，欲摇动天下。

高祖率四十多万大军和匈奴激战，还困于平城，现在樊哙说能以十万之众退之，显然是胡说八道。季布强烈谴责樊哙，说他罪当诛。平城之战，樊哙是上将军，本应为败战负责，如今见吕太后恼怒，更是火上浇油，这不是动摇来之不易的天下稳定的局面吗？

其实秦的灭亡正是起因于征用北方守军防御匈奴来犯，而未能如期抵达，导致陈胜、吴广举兵。

冷静地想一想，现在还不是和匈奴打仗的时期。吕太后也很明白，所以不再提惩罚匈奴，而是决定实行和亲政策。

高后五年（前 183 年），发生南越王侵占长沙国数个县的事件。不立异姓王的政策对南方少数民族的首领是个例外。南越国和长沙国都是异姓王。

事件的起因是汉朝打算停止和南越的贸易。南越王赵佗认为这是长沙王的诡计。如果汉朝停止和南越直接贸易，长沙国会因为中转贸易而繁荣昌盛起来；他还怀疑长沙国以此削弱南越国的力量，然后吞并自己。总之，南越憎恨长沙国，才举兵侵犯，不过只是“败数县而去焉”的小规模战争，也就是一种骚扰吧。

高后三年（前 185 年），多条河流洪水泛滥。长江、汉水的洪水冲毁四千户人家，伊水、洛水的洪水造成一千六百户人家受损。除此之外，吕太后时代没有发生过大规模的自然灾害。

惠帝六年（前 189 年），颁布法令，规定女子十五岁至三十岁未嫁者处以课税五算的惩罚。一算是一百二十钱。颁布这样的法令，大概因为人口减少很多的缘故吧。那是一个鼓励多生多育的时代。

高后元年（前 187 年），废除“三族罪”和“妖言令”。所谓三族罪，就是罪及三族。三族的定义有诸多说法，如父母、兄弟、妻子，父、子、孙，父族、母族、妻族，各种各样的说法，总之是连坐制。废除以后，只有对犯罪者进行处罚。

妖言令是对发表不当言论者进行处罚的法令。判断是否不当，主观性太强，可以说对任何人都可以治罪的法令。废除妖言令，言论稍微自由一点吧。

无论是三族罪还是妖言令，似乎都是法律至上主义、严惩主义的秦朝制度的残余。秦朝的色彩逐渐消退，可以使人民得到休养生息。

废除这两项恶法的时候，尤其强调这是惠帝的遗愿。

惠帝刘盈虽然懦弱，看来是一个人道主义者，很适合“惠”这个谥号。不过，正因为他过于懦弱柔软，吕后才极力清洗她认为对惠帝危险的功臣吧。

司马迁在《史记·吕太后本纪》中对这个时代予以高度的评价：

> 黎民得离战国之苦，君臣俱欲休息乎无为，故惠帝垂拱，高后女主称制，政不出房户，天下晏然。刑罚罕用，罪人是希。民务稼穑，衣食滋殖。

宫廷里狂风暴雨，但对人民来说，不是一个坏时代。

汉王朝的高层大概吃够了宫廷斗争的苦头，在打倒吕氏一族后，在关于拥立谁当皇帝的问题上，集中考察外戚的好坏。

当时高祖的儿子健在的只有四子代王刘恒和幼子淮南王刘长两个，从顺序和性格来看，选择代王刘恒没有反对意见。

但是，最先起兵讨伐吕氏一族的齐王刘襄是高祖的孙子，他的父亲刘肥是高祖的长子。齐王是高祖的嫡长孙，是强有力的皇帝候选人。不过，齐王的母亲的娘家驷钧“恶戾，虎而冠者也”。本性如虎之残暴，只不过头戴 顶帽子。

吃尽吕氏专横苦头的高层领导在代王和齐王之间二者择一的时候，还是选择代王。

代王刘恒的母亲的娘家薄氏是“君子长者”，评价很高。于是，接回代王，即位称帝，称文帝，是一代明君，汉朝又回到刘氏的时代。

马王堆讲述的故事

湖南省长沙市的东郊有个地方名叫马王堆。“堆”是很高的土堆。1971年年底，当地人在这里发现古墓的墓坑。第二年1月，湖南省博物馆的专家们开始发掘调查。

马王堆一举成名是因为发现一具保存十分完好的女性遗体。两千多年前埋葬的人在棺椁中没有腐烂，皮肤还有弹性，实在令人惊叹。当时日本的电视台也曾报道，成为相当热门的话题。

还出土有帛画等很多文物，墓主人是谁的问题也成为对历史感兴趣的人们之间热议的话题。

出土的漆器上写有“轪侯家”几个字，另外封泥上能辨认出“轪侯家丞”字样。

这样，基本可以确定墓主人是与轪侯家有关系的女性。

前面说过，列侯的最高爵位是二十等。高祖时代，萧何、曹参、张良等一百四十多人封侯。第二代惠帝时，开国功臣的论功行赏已大体结束，所以只有三人封侯。吕后掌权的八年里，有三十一人封为列侯，自然多是与吕氏相关的人。后来的文帝二十三年间有二十九人封侯，之后的景帝十六年间有三十人封侯。除了诸侯王的王子继承王位外，都是血缘关系正统的皇族。

据司马迁说，人臣之功有五品，以德立宗庙定社稷为“勋”，以言为“劳”，用力为“功”，明其等为“伐”，积日为“阅”。

惠帝时封侯的三人中有一人是轪侯。

轪县属于江夏郡。现在似乎没有这个地名，位于淮河支流，大致在现在的河南省南部。

据《史记·惠景间侯者年表》记载，惠帝二年（前 193 年）四月，利仓任长沙之相，封为列侯，食邑七百户。这是以明其等所封的列侯，在上述五品功中，属于“伐”功。

长沙王是当时唯一的异姓王，另外虽有广东的南越王、福建的闽越王，但他们不受汉朝的直接领导。他们承认汉的宗主权，但没有划入汉朝的版图。汉朝实质上真正统治的范围，异姓王只有长沙王吴氏。

汉初有八个异姓王，他们是韩信（齐王，后楚王）、另一个韩信（韩王）、卢绾（燕王）、彭越（梁王）、张耳（赵王）、黥布（淮南王）、臧荼（燕王），还有长沙王吴芮。

高祖治世十二年间，其中的七人被整肃，只剩下长沙王。

吴芮是秦朝的鄱阳（今江西省）县令。秦末动乱时，随项羽进关中，以功封为衡山王。与刘邦封为汉王同时，所以他们是同一时期的王。高祖称帝以后，吴芮从衡山王调任长沙王，但是他没有要求高祖给自己封王。

为什么异姓八王中只留下一个长沙王呢？这是一个很有意思的问题。

吴芮调任长沙王的当年（前 202 年）就死去，其子吴臣继位，之后持续五代，最后因无嗣而断绝。

长沙领地狭小，也许不会构成对汉王朝的威胁。但是，《史记》记述吴芮功绩的那段话引人注意：

鄱君吴芮率百越佐诸侯，又从入关。

吴芮率领的是南方越族的军队。当时，中原人视中国南方各部族为蛮族。因为分成很多小集团，所以称为“百越”吧。

统一百越，使之臣服，依靠的是吴芮的人德，其他人做不到。汉朝要征服南方各部族，必须借助吴芮及其后代的力量。吴芮虽然有人德，但百越认为臣服他，必定会给自己带来巨大的利益，这大概也是一个因素。吴芮在南北贸易中肯定起到中转的作用。南方的物产运到吴芮的地方一定会卖个好价钱，而且在他那里也可以买到北方的物产。吴氏就成为百越依靠的对象。

吕后时代是一个和平的时代，要说打仗，也就是南越攻占长沙国几个县。南越攻打长沙，原因就是长沙国在贸易中过分垄断利润。长沙国是贸易立国，具有特殊的贸易技术和组织。汉朝可以利用长沙国的这些优势，不仅不会成为自己的威胁，还为自己带来好处，所以长沙国能生存下来。

大概还有这个原因：虽然吴芮跟随项羽进入关中，但他的部将梅鋗配合高祖攻下南阳。高祖得到梅鋗相当大的援助，所以吴氏后来的成功其实应该也有他部下的一份功劳。

到第二代长沙王吴臣的时代，还为高祖立下杀黥布的功劳。

黥布是吴芮的女婿，被高祖打败逃跑的时候，长沙王吴臣计诱而杀之。黥布对妻子的兄弟长沙王还是过于信任了。长沙王通过杀死自己的姐妹的丈夫，想以此获得汉的信任。拥有众多家臣的长沙王自然国家利益优先于家庭私情。

因此，长沙国就成为一个特殊的国家。《汉书》记载，长沙国有十三县、四万三千多户、大约二十三万人口，不是一个大国，但对汉朝来说是一个重要的、想讨好的国家。

长沙国与百越进行贸易，也开展外交等各种政务，拥有一批才德兼备的家臣。长沙国的相是家臣的首领，是头号重臣。

轪侯利仓是长沙国的头号重臣，也是这个富有特色的国家的权势者。这个时代还残留着浓厚的战国时期实力主义的风潮，说不定利仓的实力超过长沙王。诱骗谋杀黥布的行动很有可能是利仓指挥的。

惠帝元年（前194年），长沙王吴臣死去，王子吴回成为第三代长沙王。这时，汉朝封吴回的兄弟吴浅为列侯，即便侯，食邑二千户。

第二年，利仓被封为轪侯。《史记》年表的记述极其简单，只是说因为他是长沙国的丞相，所以为侯。

因为是诸侯王国的丞相而成为列侯，大概没有先例。例如曹参是大国齐国（齐王是高祖的长子刘肥）的丞相，但此时他已经是拥有一万六千多户食邑的平阳侯。

拥有一千三百户食邑的北平侯张仓曾担任代国、赵国的丞相，但是他随高祖驻扎灞上，在常山执行军务，以军功担任国相、封为列侯的。

燕国之丞相温疥是一千九百户食邑的栒侯，但他是以告密当时的燕王臧荼谋反而立功封侯的。楚国之丞相冷耳是二千户食邑的下相侯，他是以坚守彭城、抵御黥布的军功而受封的。

上述事迹在《史记》中均有记载，而仅仅是一个诸侯国的丞相就成为列侯，利仓之前没有先例。

担任长沙国的丞相，感觉这本身就是功绩，这个职务日理万机，十分辛苦。或者利仓是一个强大的实力者，实际上由他一手操持长沙国的一切事务，不封他为侯，面子上说不过去。无论如何，吴臣死后，吴回即位，吴浅封侯，紧接着就是利仓封侯，这不算是破例的人事安排。

在马王堆古墓出土一具保存完好的中年女性的遗体后，墓主人是谁成为大家关注的中心。

“轪侯家”的铭文和“轪侯家丞”的封泥可以基本确定墓主人肯定与轪侯家有关。

轪侯家产生于公元前193年，所以不可能是以前年代的人。

随葬品十分豪华，但没有金银铜玉，可以说这是马王堆古墓的一大特色。豪华的墓葬，都有一两件青铜器随葬品，而马王堆古墓里没有发现，令人感觉异常。

有学者指出，《史记》在记述汉文帝（前180—前157年在位）修建霸陵时这样写道：

> 治霸陵皆以瓦器，不得以金银铜锡为饰，不治坟，欲为省，毋烦民。

这样的节俭只限于文帝时代，之后的景帝似乎恢复以前的陪葬制度。所以，有人据此推测墓主人死于文帝时代。第一代轪侯利仓死于吕后初年，第二代豨死于文帝十五年（前165年）。墓主人是女性，应该是轪侯夫人，她的卒年没有记录。其年龄推定为五十岁左右，所以不是第一代轪侯的夫人，而是第二代轪侯的夫人的说法具有相当大的说服力。

墓中出土有泥钱。这是死者在阴间使用的冥币，用泥土做成货币的形状，烧制而成。出土的泥钱有两种，一种叫做郢称，另一种圆形方孔币叫做半两。郢称是战国时期楚国的金币。楚被秦始皇消灭，但其金币在汉朝依然流通。

出土的半两泥钱，从其大小来说，是吕后时代八铢的半两和文帝五年（前175年）铸造的四铢的半两。武帝元狩四年（前119年），制定五铢钱，废除以前的规定，所以古墓年代的下限是在这个时期。

关于墓主人，甚至有人认为不是轪侯夫人。轪侯只是仅有七百户食邑的列侯，是一个小领主，这么小的列侯没几个人，据此认为轪侯不可能修建如此豪华的坟墓，所以墓主人不是轪侯夫人。

还有人认为，列侯国的轪县离长沙几百公里，轪侯家的人埋葬在长沙不可思议。那么，为什么会有轪侯家的铭文和轪侯家丞的封泥呢？

有人认为，从坟墓的规模和出土文物来看，墓主人不是食邑七百户的列侯夫人，而是长沙王的妃子。因为主持葬礼的是重臣轪侯，所以随葬品上有轪侯的文字。这样的解释太过于牵强附会。还有人认为长沙王的王妃可能出身于轪侯家。感觉这个说法有说服力。

但是，由于在这座古墓的西面又发掘一座古墓，使得墓主人的问题得到彻底的解决。

马王堆有两堆土丘，据当地人说，这是五代马王之墓。10世纪初期，在唐朝灭亡、宋朝统一天下之前的大约半个世纪是五代时期。短命的地方政权遍布各地。有一个名叫马殷的人割据长沙，自称楚王。后来不知道从什么时候开始误传土丘就是马殷的坟墓，地名也叫“马王堆”。这两堆土丘其实是比五代早一千二百年的西汉古墓。

这两座墓东西并排，东边的这一座先发掘，发现一具没有腐烂的女尸，称为一号墓。女尸的发现令人震撼，所以也发掘西面的坟墓，称为二号墓。

从坟墓的排列状态来看，无疑是比翼冢——夫妻之墓。

二号墓被盗过，但还是发掘出两百件随葬品，出土有一号墓没有的铜器和玉器，但是尸骨已经无法辨认。具有关键性作用的是发现三枚印章，一枚是玉印，另外两枚是铜印。玉印上刻有“利仓”两字，铜印上的字是“轪侯之印”和“长沙丞相”。

于是，可以确定二号墓的主人是第一代轪侯利仓，一号墓的主人是第一代轪侯的夫人。

但是，一号墓的南面还有一座坟墓，未曾被盗，称为三号墓。棺内的遗体只剩下骨头。经过科学检测，墓主人是三十多岁的男性。发掘有一千件随葬品。

三号墓之所以重要，是因为发现有帛书、帛画、竹简、木简等文物，抄写有十万字《易》《老子》《战国策》等文献资料的绢整齐叠放在漆盒里。还有地图。竹简里有医学方面的记载。有一片木简上写着“十二年二月乙巳朔”的文字。这无疑是文帝十二年（前 168 年）。这一年二月的朔日是乙巳。除高祖外，西汉两位数的纪年只有文帝时代。武帝在位五十多年，但经常改元，没有一个连续六年以上。

三号墓的主人大概是轪侯夫人所生的儿子吧。第二代轪侯狶死于文帝十五年，所以墓主人不会是他。

三座墓中，因为二号墓和三号墓的封土被切开，可以说明最后修建的是一号墓。

轪侯夫人先于丈夫、儿子死去，根据遗体解剖的结果，发现她生前患有多发性胆石症、椎间盘脱出，还有寄生虫。

为什么只有一号墓的遗体没有腐烂得以保存下来呢？众说纷纭。棺椁基本都同样被木炭层和白膏泥层包裹，但只有一号墓埋得最深，也许这是一个原因吧。

在一号墓打洞的时候，有气体从洞中喷出，当地人俗称“火洞子”。

古代文献时常记载，改葬开墓时，有火喷出，烧死掘墓人。墓中充满气体，没有外泄，处于完全密封状态。气体是脂肪等发酵分解而产生的。尸体下葬以后，如果没有一定程度的腐烂，就不会产生气体。产生的气体一旦充满墓室，达到一定的温度，也许可以防止细菌的产生。漆、木炭、白膏泥或者辰砂、香料等都起到防腐的作用。

偶然形成如此良好的防腐条件，就会出现让我们叹为观止的现象。

发掘马王堆一号墓和日本发现高松冢是同一年。这一年在考古发掘上有众多发现，令人兴奋。

不仅历经两千年之久的遗体不会腐烂是个奇迹，马王堆的发掘告诉我们很多东西。一号墓发掘以后，围绕着墓主人的问题展开各种争论，现在回想起来，的确很有意义。如果一开始就能确定墓主人的身份，就不会产生种种不同的意见。只有众说纷纭，热烈争论，对那个时代的认识才更加明确清晰。

长沙多古墓。1961 年在砂子塘发掘的 M1 号墓据说是吴芮之后第五代长沙王吴著的坟墓。吴著从公元前 178 年至公元前 157 年在位，达二十多年，因无子，成为末代长沙王，长沙国被废除。吴著和文帝死于同年。

据说 M1 号墓比马王堆的古墓规模小，随葬品也很少。主君的坟墓还不如重臣的规模大，但如果就此得出轪侯家凌驾于长沙王家族之上的结论，那是很危险的。因无嗣子继承，国家被废除的吴著的坟墓自然不可能大规模营造。

吴氏的长沙国被废除以后，轪侯家依然存续。

其实，长沙国被废除的第二年，即景帝元年（前 156 年），又得以恢复。后一年，新王立。说是恢复，新王并非吴氏，而是景帝的儿子。此后的长沙王，就是刘氏之王，异姓王已不复存在。

景帝光是儿子就有十四个，全部都是诸侯王。王皇后所生的刘彻任胶东王，后即帝位，称为武帝。唐姬所生的刘发任长沙王。唐姬原先是程姬身边的侍女。《史记》记述道：

以其母微，无宠，故王卑湿贫国。

可见长沙是有名的贫困之国。

一个贫困国的重臣修建马王堆这样豪华的坟墓。长沙四〇一号墓的规模之大比马王堆要气派得多，据说是刘氏长沙王的坟墓。马王堆一号墓的墓室面积是 7.6 米 ×6.7 米，而长沙四〇一号墓的墓室面积为 20.34 米 ×13.7 米。

由于王莽篡权，西汉王朝一度灭亡，后来复兴建立东汉政权的光武帝刘秀的祖先是长沙王刘发。对于西汉来说，长沙国起先是异姓王的国家，成为刘氏的诸侯国后，也是由不太受宠爱的女子所生的皇子去当王。可见长沙国是很不受重视的地方。从长沙王的后裔中出现振兴汉王朝的人物，感觉具有讽刺意味。

第一代轪侯的名字，《史记》记述为利仓，《汉书》记述为黎朱苍。《汉书》晚于《史记》近二百年，可以勘正《史记》的错误，觉得《汉书》的记载应该更正确。但是，马王堆二号墓出土的玉印刻字是“利仓”，《史记》的“仓”字没有草字头，所以《史记》是正确的。由出土文物判断史料的准确性也是考古的一项内容。

轪侯墓在长沙，说明至少第一代利仓没有去列侯国轪，而是一直在长沙为相。“长沙丞相”铜印的出土得以确认此事。

文帝二年，颁布命令，规定除负有特殊任务者外，一律必须前去自己的领国。第二年，为强调这个命令的严肃性，绛侯周勃辞去丞相职务，回到自己的领国绛。第一代轪侯已经死去，第二代轪侯利豨大概必须回到自己的领国。

君主和丞相修建如此奢华的坟墓，肯定给一般百姓造成很大的负担，家庭的主要劳动力都要被征用从事没有报酬的劳动。

从帛画可以看出，长沙这块土地充满屈原式的氛围，具有与北方风格迥异的强烈的幻想倾向。

吴氏长沙国的被废，说明汉王朝已经具有自己统治南方各部族的力量。

各地的文化，在乱世时期以战争的形式进行交流，和平时期以和平的方式进行交流，逐渐形成完整的汉文化。

西汉和东汉，都称为“汉”的这个王朝持续了四百年。以秦朝小篆为基础的文字称为“汉字”，还有“汉文”“汉诗”“汉族”等称呼，于是，“汉”等同于中国，为大家所认可。不过，将“汉”视为中国国名的仅限于日本等汉字圈国家。西方人还是熟悉秦（Chin）这个名称。

汉兴起之前，有秦（Chin）国，西方世界最早知道的是这个名称。不言而喻，英语的“China”源于“秦”。印度、伊朗至今还是认为“Chin”就是中国。

马王堆帛画

秦虽然统一天下，但不到二十年就灭亡，而“秦”这个名称为什么比“汉”更通用呢？

秦始皇统一天下之前，西方世界就知道“秦”这个国名。战国七雄中，秦的位置在最西面，西方人和东方进行贸易，最先接触的是秦国。虽然汉取代秦成为天下之主，但它的力量还不足以让西方人把已经熟悉的“秦”的国名改为“汉”。尽管没有史料记载，但可以知道，西方和秦通过丝绸之路进行交易的历史比我们想象的要早得多。

现在稍微讲述二号墓出土的帛画。

这幅帛画覆盖在内棺的棺盖上，上宽，状如和服，十分奇妙。

上端边缘部分插有竹竿，系有绢丝带。覆盖在棺盖之前，应该是垂吊在什么地方。

这是在染成绿色的绢上主要使用矿物颜料绘制的画。

上段的中间绘有人身蛇尾像。腰部以上是人身，看似坐在盘绕的蛇身上。可是蛇无头，仔细看，才发现原来是人蛇相交。

说到人首蛇身神，就会想到伏羲和女娲，但那是夫妇神，而这里是单身神。吐鲁番出土的伏羲女娲帛画也是覆盖在棺盖上。

单身神，蛇身又被画成红色的，于是有的学者推测是《山海经》里的烛龙。烛龙也就是《史记》里的“祝融”，据说是火神。

在这个奇怪的神的两侧画有太阳和月亮。右边是红太阳，太阳里有一只黑色的鸟。左边是月牙，里面有蟾蜍和兔子。《淮南子》说：

日中有踆乌，而月中有蟾蜍。

完全是按照《淮南子》的记述绘画的。根据注释，踆乌是三只脚的乌鸦，但这幅画上的乌鸦只有两只脚。月里的蟾蜍是偷吃长生不老药，背叛丈夫羿飞上月亮的姮娥（亦为嫦娥）的化身。

日月下面绘有龙。太阳下面的龙之间有八个圆圈，这大概与英雄神羿射落九日的传说有关。龙缠着树，这树无疑是《山海经》里的扶桑树。十个太阳，一个在树上，九个在树下。这十个太阳原本是轮流上树，但有一次十个一起上树，地上的所有活物都饱受酷热的折磨。传说羿为拯救黎民百姓，射落九个太阳，只留下一个。帛画上的太阳比传说中的太阳少一个。

龙的下面，有两个人相对而坐，身后的柱子上缠着红色的豹子，令人想起《楚辞·招魂》中的诗句：

魂兮归来！君无上天些。虎豹九关，啄害下人些。

这是楚地的招魂歌。天有九道关，还有虎豹把守，咬死所有想上天的下界之人，赶快回来吧！

如果这里画的是天门的话，下面就是人间。左右绘有龙，下面是交龙。中间有一个拄杖的老妇人，大概就是一号墓的主人吧。她即将升天，跟随在她后面的肯定是侍女。跪在她面前的是天上下来的导引者。

夫人头顶上的华盖上有一对凤凰，下面是形状怪异的人面鸟像垂吊一样飞翔。

再下面似乎是祭祀的场面。裸体的人物支托着摆放有食器的台盘。《楚辞·招魂》说有一种名叫土伯的幽都怪物，也许这就是土伯吧。

怪物的下面是两只相交的鱼，鱼尾的地方有一头站立的长角兽。

看似杂乱无章，其实可以说正是根据《楚辞》所描绘的画。战国时代楚国国都在北面的郢，而长沙离屈原被放逐自杀的汨罗江很近。这个地方大概是楚文化的边境区，帛画反映出该地的地方特色。

这幅画是谁画的呢？画工在当时就已经是一种职业吗？许许多多的问题都想弄明白。

据说屈原是观看宗庙的绘画后创作《天问》的。似乎可以扩展这幅帛画来想象宗庙的绘画。

高祖死后，历经惠帝、吕后、文帝、景帝的汉初时代，中国仿佛大病初愈一样，尽量休养生息。

虽然汉初也重用过叔孙通等儒者，但只是为了制定仪式礼法，儒家思想尚未成为主流。汉武帝时代，儒家思想成为国家宗教，不过似乎渗透并不很深。汉初人们在精神思想方面所受的最大影响还是来自老庄。

汉初宫廷里老庄的思想氛围还是很浓厚。当时所谓的“黄老之术”，以黄帝为根源。文帝的皇后窦氏与其说偏好黄老，不如说讨厌儒学。

景帝时代，窦氏是皇太后，她向宫廷儒者辕固生询问老子之事。辕固生回答道：

此是家人言耳。

家人，即仆人的意思。他贬低《老子》，说只有那些男仆女婢才会谈论《老子》。崇拜老子的窦太后大为光火，把他扔进猪圈里。还是景帝可怜这个儒生，给他一把利刃。辕固生使用这把利刃刺死凶猛的猪，才算平安无事。这件事记载于《史记·儒林列传》。

正如儒生所轻蔑的“家人之言”一样，黄老之术很容易和低俗的民间信仰和迷信等纠合在一起，但是从另一个角度来看，也可以说黄老之术在民间具有坚实的基础。

据说汉初的政治家萧何、曹参等人无所作为，这也可以解释为遵从无为而化的老庄思想。

为政者无所作为，对于人民是幸事，可以使被秦始皇的专制主义体制长期折磨疲惫不堪的人民得以休养生息。当然，也会时常有人敲门叫喊着“出来修墓去！”但这最多不过是马王堆这样的坟墓，与秦始皇陵、阿房宫、万里长城这样超大规模的工程不可同日而语。

专门负责礼仪的儒者在武帝时代开始对政治产生巨大的影响。礼教体制很快就把所有的中国人都包容进去，其中也有不少人认为中国自古就有儒家的礼教体制。然而，马王堆一号墓的帛画没有丝毫儒家的影子。虽然从二号墓出土《老子》帛书，但没有《诗经》《论语》等其他儒家书籍。

儒家色彩越发强大，终于成为思想主流以后，反儒的老庄派似乎集中到楚地。

马王堆的文化遗产向我们鲜明地昭示汉初的状况和楚地的特色。

休养生息的时代

把儒生辕固生扔进猪圈里的窦太后可以说是一个具有传奇色彩的女性。

她生于清河郡的观津，现在的河北省南部，离当时的赵国都邯郸不远。

吕太后时代，曾经召选良家女子作为吕太后的侍女。她也被选上，进入长安的宫廷。

有一次，吕太后将宫廷侍女赐予各地的诸侯王，每地五人。这大概是因为侍女人员增加过快而采取的减员措施吧。高祖殁后至武帝即位的这一段时间，汉朝以无为作为国策。宫廷生活也不奢侈，一旦人员过剩，就会裁员。

吕太后时代，诸侯王经常更换，但总是保持在十三四人左右。被裁减下来的侍女不知道自己会被分配到哪个诸侯国。

窦氏也是被送给诸侯王的侍女之一，她想去离自己的故乡近一点的赵国，于是向负责后宫事务的太监说情，希望把自己分配到去赵国那一组。但是这个太监把这件事忘得一干二净，结果她被分在去代国的那一组。

代这个诸侯国，前面经常提到，位于山西省北部，与匈奴的边界很近，属于边境地区。战国时期在赵国版图内，秦始皇攻陷赵国首都邯郸，俘虏赵王，赵国公子逃到代这个地方，自立为王。建立流亡政权的地方，肯定十分荒凉贫瘠。

窦氏被分到那个地方去，十分不情愿，但这是吕太后的命令，不敢违背，只好哭哭啼啼地前去代国。

代王是高祖的四子刘恒，其母是薄夫人。

长安下赐的五个侍女中，代王只宠爱窦氏。代王有正室，但早已去世。窦氏生二男一女。正室也生有四个孩子，却不知什么原因，全部病死。那个时代卫生状况不好，医药也不发达，婴幼儿的高死亡率并非异常。

吕太后死后，曾经炙手可热的吕氏家族也随之覆灭，汉王朝重新成为刘氏的天下，于是代王刘恒被接回长安即位皇帝。当年哭哭啼啼不愿意去代国的窦氏如今回到长安成为皇后。如果当年太监按照她的愿望把她的名字分到赵王那一组，也就不会有后来的窦皇后。

前面说过，从高祖刘邦的皇子、皇孙中挑选代王刘恒当皇帝是因为他的母亲薄氏仁善，她的娘家谨直。汉王朝受尽吕氏一族的苦头，对外戚已经神经过敏。

薄夫人也有很有趣的故事。她在少女时候，和管夫人、赵子儿关系密切，“有先贵而不忘之约”，哪一个先富贵，不忘记其他两个人。管夫人和赵子儿都受到刘邦的宠爱，有一次对刘邦谈起少女时候的这个笑话。刘邦听后，觉得薄氏女子可怜，就把她召来，一次宠幸。然而就是这一夜的宠幸，薄氏怀孕生下刘恒。

吕太后掌握大权的时候，戚夫人那样深受高祖宠爱的女子都要遭殃，但由于薄氏没有受到高祖的太多关注，吕太后对她稍加宽容，允许她和成为代王的儿子一起前往代国。

在挑选皇帝的过程中，不仅代王的母亲及其娘家，连代王夫人窦氏大概也成为审查的对象。窦氏在长安当侍女的时候，属于被裁减人员，所以在宫中并不是显眼的人物。如果是一个显眼的女子，太监也不至于把她托付的事情忘得一干二净。不显眼，就是低调审慎，窦氏在这一点上也是合格的。

代王刘恒成为文帝后，性格似乎比较稳重朴质。他修建坟墓，禁止使用金银铜锡玉，只使用瓦器。在节俭这一点上，可以说继承了吕太后的方针。

文帝时代，匈奴时常犯边，抢劫掠夺，但似乎没有大规模的进攻。文帝对匈奴首先采取和亲的政策，同时加强边境的守卫力量，显示准备远征的态势，但只要匈奴退兵，并没有出兵远征。

天下大治。天下太平的太子就有在泰山封禅的资格，但文帝谦逊，不去封禅。连司马迁也赞扬道：

呜呼！岂不仁哉！

文帝在位二十三年，死于未央宫，据说是公元前157年，四十六岁。其遗诏告示天下吏民只服丧三日。这完全体现他的性格。

严格遵守服丧规定、坚持厚葬制度的是儒家思想。可以说文帝推行的是反儒政治，他所遵从的是“无为而万物化”的老庄理念。文帝的皇后窦氏对儒者感到厌恶是很自然的，她的思想很正常，但是从被儒家国家宗教化以后的儒教价值观来看，她的厌恶儒者也许是不正常的。当时的主流思想还是老庄理念，她这样的想法应该是社会常识。

清静无为

史学家以这四个字表现高祖死后至武帝即位的五十多年间的政治状况。人民在长期的战乱中疲惫不堪，需要安静地医治战争的创伤。这种休养生息是非常有益的。司马迁在《史记·高祖功臣侯年表》的《序》中这样写道：

天下初定，故大城名都散亡，户口可得而数者十二三，是以大侯不过万家，小者五六百户。后数世，民咸归乡里，户益息，萧、曹、绛、灌之属或至四万，小侯自倍，富厚如之。

乱世之后，天下终于平定下来的时候，大城市的居民流离失所，户数和人口减少到原先的两三成。但高祖还是将一百四十多个功臣封为列侯，其中最大的列侯也不过一万户，小列侯只有五六百户。轪侯是七百户。经过休养生息以后，户数和人口都大大增加，萧何、曹参、绛侯（周勃）、灌婴的后代实质上都成为拥有四万户的大列侯。高祖封侯时的户数是这样的：

萧何（酂侯）　　八千户

曹参（平阳侯）　一万零六百户

周勃（绛侯）　　八千一百户

灌婴（懿侯）　　五千户

后来，这些列侯都拥有四万户。功臣中的立大功者会得到肥沃的土地作为自己的食邑，但小列侯的户数也成倍增加。

不仅列侯获得休养生息的好处，国力也因此得以恢复、充实、增强。

中央和地方的仓库都装满税收缴纳的铜钱。仓廪装不下粮食，只好露天堆放，谷物腐烂了也吃不完。说到腐烂，铜钱都是用绳子穿孔连成一串储藏的，由于一直没有使用，存放时间过长，绳子腐烂，铜钱散落一地，无法计数。

连门卫也是吃得酒足饭饱。当时养马业很兴隆，朝廷所属的六个牧场饲养着三十万头马。据说民间里稍微有点钱的人也都有牧场。

如此说来，汉初社会似乎一片莺歌燕舞，其实是矛盾丛生。

社会总体的确是富裕起来，但分配不均，贫富悬殊，导致社会的不安。

汉初的税制还存在缴纳实物的田租，此外几乎都是铜钱交税，以至于出现系铜钱的绳子腐烂的现象。

货币经济本来就是通过商业活动不断发展的，货币纳税制可以促进商业活动的活跃。商业的发达，使得商人富裕起来，但农民的经济力量未能随之也增强，因为出现全国性的商人富裕、农民贫困的现象。

当时的税制，有的地方规定的不是很清楚，似乎还有不定期的税收。政府认为必要的时候，就临时征税。《汉书·食货志》记载有“纳钱三千文”的命令。商人平时就和钱打交道，可以立刻缴纳，但农民没有现钱，所以只好卖东西。缴纳有期限，不能不卖东西，有的卖谷物，有的卖宅地，有的卖田地，甚至有时还卖儿卖女当奴隶。一齐纳税，农民都集中在一个时间里一齐卖东西，自然就形成买家市场。

政府的征税期就是商人挣钱的好机会。没东西可卖的农民只好向商人借高利贷，即使以田地里的谷物收获作担保，还是借方弱势，只能忍受不利的条件。如果以田地作抵押，大概很快就变成商人的地。

富裕起来的商人越来越奢侈。小富翁注重身上装饰，衣服、装饰品、携带物、马车等都非常精致讲究。大富翁则雇养仆人、奴婢。商人的妻妾乃至用人都身穿过去只有皇后才穿的精美衣服和装饰品。

当时，富豪、巨商都在家里大摆酒席。把豪华的衣服挂在家里的院墙上炫富摆阔似乎是当时的风尚。现在也还有不动声色地炫耀身上名牌的时尚。这种炫耀大概也可以说是人之常情，但挂在墙头上夸耀炫示不能不说是过于露骨。

炫耀者也有他们的想法。一年到头在田间地头面朝黄土背朝天汗流浃背地和泥土打交道的农民看到这些奢侈品，大概心想与其辛辛苦苦干农活，不如到城市给商人当用人更合适。于是，农民进城，大量农村人口进入城市。

在巨贾富商兴盛得势的时候，任侠也大行其道。《史记·游侠列传》记述有朱家、田仲、剧孟、王孟、郭解等汉初侠客的名字。他们标榜自己锄强扶弱，但似乎并没有看到他们的行动，倒是到处炫耀潇洒英武的男子汉外表。

看他们走路威风凛然、大摇大摆的样子，农民们自然会有想法的。

惠帝以后的五十多年间，没有大规模的战争，也没有大兴土木，从而达到天下大治，但是社会的这些弊病在逐渐扩大。什么时候都依靠“清静无为”，无所事事，但国家总不能这样放任不管。

在讴歌太平盛世的时代，具有敏锐洞察力的人会关注一般人看不见的社会弊病。

信奉老庄思想的人即使发现社会弊病，也许会认为世间万事随其潮流，不必理会。但儒家和法家意识到仅仅靠“无为”治世，已经走进了死胡同，他们开始有危机感。这些忧国忧民的人物出现在文帝至景帝时代。

贾谊是洛阳人，年轻时以俊才英华誉满天下，以最年轻的博士头衔侍奉文帝朝廷，思路清晰，能言善辩，据说多有进言。他主张兴礼乐，满腔热情，文帝也为他的热情所动，打算重用他。

对他不满的是宰相周勃、太尉灌婴这些人。他们都是跟随高祖南征北战，灭亡秦朝，大败项羽，为建立汉家王朝建功立业的元勋。建国才二十年，就出来这么个二十岁上下的小毛孩子，狂妄自大，不知天高地厚。元老们在战场上出生入死的时候，他还没生出来呢！贾谊生于高祖称帝的两年以后（前 200 年）。在建国功臣看来，贾谊这种小毛头根本就没有资格对他们创建的国家说三道四。然而，贾谊不仅不认为自己先前的言行有错，反而变本加厉地提出一个又一个新计划向皇上进言。于是，周勃等人就向文帝告贾谊的状：

洛阳之人，年少初学，专欲擅权，纷乱诸事。

文帝虽然十分赏识贾谊的才华，但他原本就主张无为而治，既然贾谊受到重臣如此憎恶，便打消了重用他的念头，于是任命他为长沙王的太傅。太傅是辅佐监护的职务，当时长沙国国王吴右死去，年轻的吴著刚刚继位。此时长沙国丞相轪侯利仓已经死去，正是其子利豨的时代，利仓夫人，即栩栩如生的遗体被发掘出来的轪侯夫人还健在。贾谊应该见过这个轪侯夫人。

国王的太傅，名义很好听，但长沙国是一个著名的贫困国。对于贾谊来说，这无疑是左迁。忧国济民的年轻贾谊的心里无法理解，是皇帝身边的老臣们让他受挫。他赴任长沙的时候，自然要过汨罗江。

贾谊大概结合自己的身世遭遇想起自沉汨罗的屈原。屈原因谗言而被放逐，贾谊也因为老臣们的怨恨而遭贬职。

贾谊创作的《吊屈原赋》广为人知。

共承嘉惠兮，俟罪长沙；
侧闻屈原兮，自沈汨罗。
造托湘流兮，敬吊先生；
遭世罔极兮，乃殒厥身。

呜呼哀哉！逢时不祥。

鸾凤伏窜兮，鸱枭翱翔。

阘茸尊显兮，谗谀得志；

贤圣逆曳兮，方正倒植。

世谓伯夷贪兮，谓盗跖廉；

莫邪为顿兮，铅刀为铦。

吁嗟嚜嚜兮，生之无故！

斡弃周鼎兮，宝康瓠；

腾驾疲牛兮，骖蹇驴；

骥垂两耳兮，服盐车。

章甫荐兮屦，渐不可久；

嗟苦先生兮，独离此咎！

两千多年来，凡坚信自己正确，却被左迁、放逐的人们都会吟哦贾谊的这首赋。

司马迁在《史记》中把贾谊的传与屈原列传放在同一项，他和贾谊的孙子贾嘉有书信交往，给予贾谊高度评价。

从主张“兴礼乐、读诗书”来看，贾谊似乎可归于儒家，但是他的师傅吴公与秦的李斯同乡，学于李斯，所以贾谊应该属于法家系统。

贾谊在长沙约四年后，被召回长安，担任文帝幼子梁王刘揖的太傅。这个刘揖并非窦氏所生，但文帝非常疼爱他。贾谊参加宫廷的政务会议，说的话得罪不少老前辈，让他担任皇子的老师，大家大概都觉得这个位置正合适。

贾谊担任梁王的太傅以后，仍然经常上书谈论政治，对世风日益奢华、农民进城从事工商业等表示担忧。他认为，农为人的本业，而商工是末业。

今背本而趋末，食者甚众，是天下之大残也。

他敏锐地看出隐藏在清静无为后面的弊病，向皇上提出对策和建议。

今驱民而归之农，皆着于本，使天下各食于力。末技、游食之民转而缘南亩，则蓄积足而人乐其所矣。

这是建言强制归农。

不知道文帝究竟采纳多少贾谊的建言，但农本主义是汉朝建国的基本理念，贾谊只是主张回归这个理念。高祖在建国初期，对商人征税要重于农民，而且禁止穿着绢丝的衣服。但是到文帝时代，商人举办宴会的时候把漂亮华丽的丝绸衣服挂在院墙上，看来对商人的歧视性政策已被废除，或者说变得有名无实了。大概这也是由于商人的经济实力吧。

无论如何，文帝还是为贾谊的建言所感动。据《汉书》记载，文帝第一次开辟“籍田”，亲自耕作，以为劝农的示范。

太子亲耕籍田的仪式，太古时代就有，据说在周宣王时期被废除，汉文帝予以恢复，六百年前就已被废除，不可能知道古代的仪式是什么样子，所以与其说是恢复，其实应该说是创立。太子亲耕籍田的仪式也传到日本，延续至今。

梁王刘揖骑马摔下来死去。太傅贾谊认为这是自己的责任，哀伤悲叹，日夜哭泣，一年多后死去，年仅三十三岁。

除了农本主义外，贾谊还认为诸侯王的势力太强，建言文帝应予以削弱。

文帝即位的时候，除吴王刘濞等是壮年外，其他各诸侯王还多年幼，没有太大的问题。朝廷派遣太傅、宰相赴诸侯国任职，可以贯彻实行中央的意图。但是，诸侯王长大成人以后，如果他们设法辞退汉朝廷派去的官员，另搞一套，按照自己的意志管理自己的国家，那事情就非同小可。

此时而欲为治安，虽尧舜不治。

这正是贾谊之所忧。

贾谊建议应该采取尽量分割诸侯王国的政策。例如某个诸侯王有五个儿子，以前是由其中的一个王子继承王位，将其改变为由五个王子平等分割继承。王的数量增加，国家就变小，可以防止他们增强势力。

贾谊三十三岁英年早逝，他对付诸侯王的政策由晁错推行。

经过高祖亡后四十年的休养生息，尽管社会存在各种弊病，但总体上国力大大增强。诸侯王和列侯国也同样富强起来，当然与中央政府的国力规模完全不可同日而言。

政权犹如活物，强大起来以后还想更加强大。汉朝的中央政府在国力强大以后就打算更进一步加强中央集权，那就是削弱各个诸侯王的势力，这自然遭到诸侯王的抵抗。

皇族元老吴王刘濞是与中央对抗的领头人。

刘濞是高祖刘邦的哥哥刘仲之子，是文帝的堂兄。文帝在位二十三年死后，其子刘启即位，称景帝。

刘濞曾随叔父高祖最后一次亲征讨伐黥布，建功立业，以弱冠二十岁被封为吴王，从而也挽回了父亲的名誉。

高祖刘邦年轻时候是一个无赖，父亲被他气得束手无策。父亲——太公总是哀叹刘邦没有出息。与刘邦相比，哥哥刘仲是个好儿子，辛劳耕作，勤奋家务，太公数落刘邦的口头禅是："你也向你哥哥学学，稍微争点气啊！"

然而，这个流氓刘邦居然当上了皇帝。《史记》记载，有一次，刘邦向父亲敬酒的时候说道：

始大人常以臣无赖，不能治产业，不如仲力。今某之业所就孰与仲多？

父亲总是把自己和哥哥刘仲进行比较，刘邦心里窝着一团火，便问父亲道：父亲总觉得我不如哥哥，现在我所从事的事业，比起哥哥，究竟哪个大呢？于是：

殿上群臣皆呼万岁，大笑为乐。

群臣所笑的其实是刘邦的哥哥刘仲前一年做的一件很丢面子的事情。

这就是：

代王刘仲弃国亡，自归洛阳，废以为合阳侯。

皇兄刘仲被封为代王。前面多次说过，代是镇守北方边境的重地，但是刘仲身为代王，无法承担这个重任，逃回洛阳。

高祖将他从诸侯王贬为列侯，以示惩罚。

刘仲在经营家业方面比弟弟优秀，但作为诸侯王不合格。

高祖讨伐黥布的时候带着侄子刘濞出征，大概就是给予他挽回父亲名誉的机会吧。刘濞具体如何立功不得而知，总之以战功被封为吴王，重新获得父亲失去的诸侯王的地位。

景帝即位的时候，刘濞已经在吴王的位置上将近四十年，而且长期不去长安。刘濞之所以不进京朝觐，说起来有一定的原因。

那还是在文帝的时候，吴王的儿子入朝，当时景帝还是皇太子，他们一起玩博弈游戏，两个人争吵起来，景帝把棋盘扔过去，结果把吴王的儿子砸死了。

从此以后，吴王称病不再入朝。文帝也觉得是自己儿子的过错，对吴王的失礼行为没有追究。

儿子的“仇人”如今当上了皇帝。

长安的中央政府延续文帝时代的政策，为了削弱诸侯王的力量，就制造借口，故意挑刺，寻找诸侯王的毛病。景帝即位以后，就重用亲信晁错，任命他为御史大夫，相当于现在的“副首相”。这个晁错继承贾谊的削减诸侯王封地的主张，打算强行实施。

首先拿楚王刘戊开刀，以居薄太后丧中接近女色为由，虽免于一死，却没收其东海郡三十八个县。另外，以胶西王刘卬卖爵为由削去其所辖六个县，赵王刘遂也因罪收回其所辖常山郡十八个县。

这样，因博弈事件而从不上朝的吴王刘濞自然就成为大问题。文帝显示出宽容的态度，听说这个堂兄年老多病，就赠送他一根拐杖。但是景帝就没有父亲那么好说话，何况身边还有晁错这个非常理性现实的政治家。

刘濞惨淡经营吴国四十年，通过国家经营铜业和盐业，免除人民的所有赋税，政治清明稳定。吴王对自己统治的这一片领地非常热爱，肯定无法容忍自己的领地被削减。

其他诸侯王有的被削减领地，有的也差不多被逼到削藩的地步。正如贾谊所忧虑的那样，这些诸侯王都已长大成人，其中不少正是血气方刚的时候。

此时，身为皇族最长老的吴王向各诸侯王发出号召："照此下去，我们诸侯王只会越来越糟糕，最后都被汉灭亡、吞并。与其坐而待毙，不如起而求生。"

举兵叛乱，也必须名正言顺。不管怎么说，汉朝皇帝是诸侯王的本家，不能明目张胆地直接提出"灭汉"。这种情况下，所有造反的人都会打出"清君侧"的旗号，必须除掉皇帝身边的奸臣，是他们误导了皇帝。

在吴王的劝诱下，起先成立了九国联盟，后来两国退出，最后举兵的是七国，称为"吴楚七国之乱"。

这一年是景帝三年（前 154 年）。

其实，这一年的正月，汉中央政府就将削减吴国的财源——食盐产地会稽郡和铜的产地豫章郡——的决定送达刘濞。

铜山的开采、制盐业的振兴，都是吴王刘濞亲自领导发展起来的，中央政府却想摘走，简直是岂有此理，而这个罪魁祸首正是用棋盘杀死自己儿子的景帝！所以，吴王刘濞起兵举事。

退出联盟的是齐王刘将闾和济北王刘志。除吴王刘濞外，其他参加叛乱的六王是：

楚王刘戊

赵王刘遂

胶西王刘印

胶东王刘雄渠

菑川王刘贤

济南王刘辟光

盟主吴王此时六十二岁，他的十四岁幼子也参军作战。他下令全国十四岁至六十二岁的男子全部编入军队，号称二十万。如果倒过去计算的话，吴国有三郡五十三县，是诸侯国中的大国，但人口之少出乎意料。也许人口的增加只是在以长安为中心的关内和以洛阳为中心的中原，吴这样的南方诸侯国并不明显。

响应吴王号召的六国诸侯大概是看好由于铜业和盐业的发展而致富的吴国的财力，问题是兵力不足，于是向汉朝的外藩闽越、东越请求援兵。东越国在现在的浙江省，闽越国在现在的福建省。东越国出兵支援，但闽越国拒绝协作。另外，赵国还和北方的匈奴联系。

这原本是一场内战，但一方借助外国的力量。

汉朝面临着建国以来最困难的局面，景帝的朝廷动荡不安。

景帝刚刚即位不久，朝廷里的各派势力尚未形成平衡的关系。

文帝时代的重臣和景帝即位以后起用的大臣之间的关系还不是很融洽。景帝提拔重用的是晁错。这个人叫做“太子家令”，就是景帝还是皇太子时候的总管家，可以说是景帝的头号心腹。

景帝即位时候的丞相申屠嘉，相当于“副首相”的御史大夫是陶青。晁错被提拔为内史。内史就是京师的长官，相当于“东京都知事”的要职，然而他的权势超过了丞相。景帝对这个知根知底的晁错言听计从，对丞相的意见不太采纳。

晁错当上内史以后，为出入方便，在内史府衙门的南面开一道门，可是这道门正对着太上皇（刘邦的父亲）的宗庙的墙壁。丞相申屠嘉上书奏请皇上以大不敬罪处斩晁错。但是，景帝反而替晁错开脱庇护，说宗庙的墙壁只是外墙，而且是自己让他做的，内史无罪。丞相懊恼窝囊，后悔没有先斩后奏，气冲心头，吐血而死。

陶青升任丞相，空缺出来的御史大夫的位置由内史晁错填补，他的权势越来越大，炙手可热。他是一个权势欲很强的人，也是毫不留情地打倒政敌，所以受到文帝时代以来的两朝元老申屠嘉、窦婴等重臣的憎恨。

其中一个憎恨他的重臣名叫袁盎，任侠之士，历任中郎将、齐国和吴国的丞相等，爱憎分明，直言不讳，言出行随，毫无犹豫。他从文帝时代就第一个主张必须削弱诸侯王的势力。他和晁错政见一致，性格大概也相似，但这两个人是水火不相容的死对头。晁错在的地方，袁盎决不去；袁盎在的地方，晁错也决不过去。晁错终于以“袁盎涉嫌接受吴王的贿赂”，将其革职，贬为庶人。这是晁错行使御史大夫的权限给予的处分。

吴楚七国之乱一发生，袁盎就准备反攻倒算。因为他被贬为庶人，没有谒见皇帝的资格，但只要有人介绍，不是没有可能。

他通过窦婴谒见皇帝，提出兵不血刃可平定叛乱的方略。窦婴是窦太后的侄子，属于旧臣，自然很讨厌晁错。袁盎的方策很简单：“七国举兵的理由是清君侧，清除陛下身边的奸臣。所以只要杀掉他们指名的奸臣晁错，此乱即平。”

景帝是天下之君主，晁错是他的心腹，所依靠的人物，但是为天下计，也不得不忍痛舍弃。

十几天后，景帝传旨要召见晁错，晁错身穿朝服登车。但车子不去皇宫，而是奔向东市刑场。晁错被处死。

读《史记》《汉书》中的《晁错传》，觉得此人是一个相当了不起的人物，优秀的政论家。他的政论主张十分出色，很有见地。我之所以称他为政论家，而不是政治家，是因为他没有处理好人际关系。读他的策论，本应与袁盎志同道合，两人却成为仇敌，导致被杀。

他对自己的抱负过于自信，大概认为要实现自己的思想，就必须具有独裁者那样的实权。

晁错的策论中提出解决农民贫困、商人富裕的社会矛盾的方法，就是设立对大量交纳谷物者授予爵位的制度。前面说过，由于以货币纳税，农民在出售谷物的时候形成买方市场。晁错提出的制度就是对这种状况的纠正。有的富豪想得到爵位，所以随时都需要购进粮食，这样农民出售粮食就不会被压价。这项建言被采纳，农民应该从中得到实惠。

《史记》和《汉书》都把晁错和袁盎的传记放在同一卷里。他们生前是不共戴天的仇敌，死后却在史书中如此亲密地并列在一起，这也很可悲。晁错被处死，袁盎后来被暗杀，两个人都死于非命。

并不因为杀了晁错，吴楚七国就退兵。谋反是大事，既然横下一条心叛乱，一定是做好最坏打算的，清君侧不过是个借口。

袁盎被任命为九卿之一的奉常，派往吴国，将晁错已经被诛的消息告诉刘濞。他曾任吴国丞相，与吴王刘濞应该很熟悉。正因为过从甚密，才被晁错怀疑接受吴王的贿赂，将其革职。

但是，这一次吴王不见袁盎，其理由是：

我已为东帝，尚谁拜？

将天下分为东、西两半，各自称帝，分而治之。这是战国时代以来的思想。当时，齐称东帝，秦称西帝，但大概由于遭到其他诸侯的强烈反对，齐很快就取消东帝的称号。

对于从长安来的皇帝使者，只要是皇帝的臣子，即使是诸侯王，也必须拜见这个钦差大臣。如果吴王与袁盎见面，就有义务跪拜。不见就是不跪，这说明吴王认为自己是东帝，与长安的皇帝西帝是平等的地位。

汉朝没有沿袭秦朝的郡县制，改为郡国制，设立诸侯国，其目的就是在紧急时刻可以成为皇室的藩屏，防御叛军。这是吸取秦无藩屏、短命而亡的教训而制定的制度。

皇族的诸侯王本应该成为藩屏，保卫长安的皇室安全，如今却成为叛军。七国联军，就是说，有一半诸侯王国背叛中央。从地图上可以看出，这是汉朝版图上的东南部的诸侯王的叛乱。吴王自称“东帝”，说明他考虑即使不能摧垮长安政权，也要分而治之。

当然不是说郡国制毫无效果，有的诸侯王很出色地履行藩屏的职责。

梁王刘武就是其中之一。刘武是景帝的弟弟，而且也是窦太后所生，所以是最亲密的同胞兄弟。刘武是幼子，窦太后对他很是溺爱。

因为刘武是皇帝的胞弟，所以吴王一开始就没有拉拢他。否则这密谋肯定会被泄露出去的。

叛军要攻打长安，首先必须灭掉梁国，否则背面受敌。吴楚联军渡过淮水，在棘壁大破梁军，但无论如何攻不下梁的国都睢阳。梁王刘武成功地阻止了吴楚联军的西进，出色地发挥藩屏的作用。

长安朝廷派遣周勃之子周亚夫作为太尉率讨伐军奔赴昌邑，切断吴楚联军与本国的联系。吴王慌忙攻打昌邑，周亚夫紧闭城门，不予交锋。由于联军运送粮草的道路已被切断，所以心急火燎，想速战速决。只要拖延时间，叛军就会弹尽粮绝，面临饥饿的威胁。

果然，吴楚两军很多人饿死，无法忍受饥饿的逃兵接连不断，于是只好解除包围撤退，此时周亚夫率领精锐部队猛烈追击。吴王丢下大部队，只带着卫队夜间逃跑。楚王刘戊自杀。

胶西、胶东、菑川的诸侯王包围齐国都临淄。齐国原先也加入叛军联盟，但后来退出。齐国也同样把诸侯的军队吸住，坚守城门，寸土不让。

赵国请求匈奴出兵增援，但匈奴看到反叛的军队形势不容乐观，决定不出兵。

试图一举扭转局面的吴王刘濞的计划完全失算，周亚夫大破吴楚两军的消息将反叛联盟彻底摧毁。包围齐国都的各诸侯撤兵解围，但遭到汉军的追击，各诸侯王被迫自尽。

赵王刘遂独自据守邯郸做最后抵抗，但被汉将郦寄攻陷，最终还是自杀。

落荒而逃的吴王刘濞渡过长江，回到江南，被答应增援而赶来的东越军接走。其实东越军见形势不利，早就和汉朝沟通。东越军诱杀败逃的吴王，将其首级送给汉军。据说吴王太子刘驹逃往闽越（今属福建省）。

赵王据守邯郸长达十个月，但如果以盟主吴王之死作为这次叛乱终结的标志，从举兵算起，不过三个月。

讨伐吕氏一族只是宫廷内部的战斗，而吴楚七国之乱则涉及相当大的范围，不过在极短的时间内就被扫荡。

三个月就被平定，既有周亚夫的措置得当，也有老将吴王的失算，但最大的原因恐怕是这次举兵完全没有得到民众的支持。对于民众来说，当时的状态，虽然也有不满痛苦之处，但总体上处于稳定的休养生息时期，不愿意社会秩序被搅乱。诸侯王的领地被削减，诸侯国被取消，这些对民众没有多大的影响。

自高祖末年讨伐黥布以后的四十年间，没有发生真正意义上的战争。吴王刘濞当年参加讨伐黥布的战争才二十岁，等到他发动吴楚七国之乱，已经六十多岁。对于几乎所有的将士来说，这次反乱是他们第一次的战争体验。

七个诸侯王自取灭亡，晁错的削弱诸侯王势力的政策在他被处死之后得以实现，这实在是一个讽刺。

吴楚七国之乱是汉朝在休养生息时期唯一的惊涛骇浪，幸亏时间很短。但因祸得福，这次叛乱的结果是诸侯王的势力得以削减。虽然郡国制还继续存在，但已经没有拥有几个郡几十个县的大国，最多不过是十几个县的小国。以前中央派到诸侯国的就是丞相，叛乱平息以后，中央派往诸侯国的官员增加，名义上还称为“国”，实际上和郡县差不多。征税等几乎所有的行政事务全部由中央大员一手掌权，国王只是一个坐在那个位置上的空架子。

这次平叛的最大功臣是周亚夫和梁王刘武。乱后四年，丞相陶青被解职，太尉周亚夫任丞相，废除相当于“国防部长”的太尉官衔，直至武帝时又恢复太尉官职。

梁王刘武志得意满，既战功显赫，又深得母亲窦太后的宠爱。景帝大概也是为了讨好母亲，曾经说过“我之后，武可继帝位”之类的话。刘武这次立了大功，于是梁王本人以及身边的人都认为又向帝位迈近了一步。

敢于犯颜直谏的袁盎坚决反对这个决定，他说：

宋宣公不立正，生祸，祸乱后五世不绝。

由于袁盎的反对，立弟弟梁王为继承者这件事也就搁浅了，不再提起。景帝自己就有十四个儿子，他说让位给弟弟大概也不是出于本意。只是因为窦太后太喜欢梁王，他的这一番话也是为了迎合她的心意。窦太后听到景帝的这个表态，一定非常高兴。

这件事听起来令人感觉奇怪，然而，在古代朝廷里，“女性的力量”超出我们的想象。窦太后在景帝朝廷里的实权相当大，景帝对母亲也要避让三分。袁盎坚决反对的态度大概让景帝安心，但反过来袁盎遭到梁王及其心腹谋士的憎恨，最后被暗杀。

窦太后还生有一个女儿，名叫嫖，是景帝和梁王的姐姐，称为“长公主”，下嫁给堂邑侯陈午。但是，这个长公主经常跑到宫里来，和母亲窦太后一起共同充分运用“女性的力量”。景帝被母亲和姐姐这两个女人的指挥棒弄得团团转。

堂邑侯陈午的祖父陈婴是项羽的大臣，但在项羽灭亡后归汉，以平定豫章和浙江之功被封为食邑一千八百户的列侯。不知道陈午是否赴任，其妻长公主在宫中忙忙碌碌，呼风唤雨。

景帝迎娶祖母娘家的薄氏之女作为皇后，对她似乎不太满意。祖母一死，就废黜薄皇后，于是皇后的位置一时空缺。薄皇后未生子，所以其他六个女子所生的十四个皇子都有可能成为继承者，条件原则上是平等的。

从年龄来说，栗姬所生的刘荣最年长。刘荣人品也不错，于是在平定吴楚七国之乱的第二年（前 153 年），景帝立荣为皇太子。

景帝的姐姐长公主想把自己的女儿娇嫁给皇太子荣。皇太子妃就是未来的皇后。但是，栗姬对长公主没有好感。因为这个长公主经常向弟弟景帝推荐各色各样的美女。据说景帝后宫的女子都是长公主弄来的。栗姬似乎个性倔犟，她明确地拒绝了长公主的提议。

长公主很不痛快，大概被栗姬极其冷淡的态度所激怒吧，心里骂道：“这个女人这么狂妄！连皇后还不是呢！”于是开始制订复仇的计划。由于栗姬的这种性格，身上的缺点似乎也不少。不仅争强斗胜，有时还会歇斯底里发作。有一次景帝身体不适，考虑到发生万一的情况，对栗姬说道：“如果我有不测，这些孩子就托付给你了。”栗姬回答道：“别的女人生的孩子，我可不管。”弄得景帝窝火郁闷。

长公主和王夫人合伙一定要扳倒栗姬。王夫人是景帝第九子刘彻的生母。长公主的计划是把自己的女儿嫁给刘彻，然后立刘彻为皇太子。窦太后大概也站在女儿这一边吧。

景帝也觉得栗姬很烦人，这样长公主的计划得以奏效。栗姬也心急火燎，通过大臣劝说景帝立她为皇后。这反而激怒了景帝。

景帝七年（前 150 年）十一月，景帝不顾太子太傅窦婴的强烈反对，废黜皇太子荣，任命他为临江王。同时立王夫人为皇后，她所生之子胶东王刘彻为皇太子。皇太子妃自然是长公主的女儿娇。

景帝于公元前 141 年死于未央宫，皇太子彻即位，年仅十六岁。他就是汉武帝。

汉武帝是为西汉王朝带来黄金时代的皇帝，他登上政治舞台依靠的是“女性的力量”。

在女人之间的搏斗中战败的栗姬忧愤而死。

被废黜的皇太子刘荣取母亲之姓，也称为栗太子。反对废黜栗太子的不仅有灌婴，还有丞相周亚夫。周亚夫进入朝廷高层以后，知道女人之间的决斗原来就是为这种事。他认为立太子这样重要的国家大事不能由女人的个人情绪来决定，心里很不愉快。

心里有想法倒无所谓，但周亚夫这个人内心感情立即形于颜色。同时他过于自信，以为平定吴楚七国之乱全是自己的功劳。

西汉建国初期，动摇这个王朝的两起事件就是吕氏的专横和吴楚七国之乱。解决吕氏问题的是周亚夫的父亲周勃。父子两代人力挽狂澜，支撑了摇摇欲坠的西汉王朝。周亚夫认为，没有他们父子俩，就没有这个王朝。他的这种自负也在言行态度上表现出来。

景帝对周亚夫的态度很不满意。他认为立太子是皇室家庭内部的事情，不想让丞相横加干涉。不仅仅立太子这件事，在其他问题上，周亚夫也总是违背抗拒景帝的意图。

王夫人成为皇后，她的哥哥王信受封为列侯的时候，周亚夫也表示反对，说道：

> 高皇帝誓约，非刘氏不得王，非有功不得侯。

王信虽然是皇后的哥哥，但他无功。如封侯，则违背高祖的誓约。

景帝感到不快，为皇后之兄封侯其实是窦太后的意见。窦太后的哥哥窦长君身为皇后之兄，却未能封侯，他的儿子窦彭祖才好不容易封为列侯。窦太后对此十分不满，为了不让自己的儿媳妇感受和自己同样的不满，便提议给王信封侯。

由于周亚夫的反对，景帝暂时把此事搁置一边，等周亚夫死后，封王信为盖侯，食邑二千八百九十户。

当时有六个匈奴的相当于诸侯王的人降汉，景帝打算给予优厚待遇，封他们为列侯。周亚夫也表示反对，说道：

彼背其主降陛下，陛下侯之，则何以责人臣不守节者乎？

周亚夫的话的确有道理。但是，对匈奴采取什么样的政策，事关汉朝的生死存亡问题，对降者给予优厚待遇，也许会造成匈奴高层领导接连来降的连锁反应。比起以鲜血生命为代价征服匈奴，这种谋略更符合国家利益。

景帝没有听取周亚夫的反对意见，断然决定给匈奴的降者封侯。周亚夫恼怒气愤，称病不上朝，不久被免职。

周亚夫的儿子为父亲购买尚方的五百副铠甲盾牌，没有实用价值，是为父亲准备的随葬品。但是，这成为问题。尚方是制作皇家用品的地方，周亚夫之子为准备父亲的葬礼，购进如此高级的随葬品，触犯法律。经过审讯，父亲也被连坐。但是，周亚夫拒不回答官员的审讯。景帝听到后，说“用不着他回答”，命令直接交给廷尉。

周亚夫被捕之时，欲自杀，被夫人制止。他被交给廷尉以后，绝食五天，吐血而死。

足己而不学，守节不逊，终以穷困。悲夫！

这是司马迁对周亚夫的评价。

年轻的武帝及其女人们

武帝十六岁即位，但宫内有母亲和祖母，还有既是岳母又是自己姑母的长公主，即馆陶公主。他能即位，全靠她们的努力。这个少年天子被这些女人团团围着，大概也会感到有点喘不过气来吧。

祖母窦太后依然信奉“黄老之术”。

武帝即位的时候，丞相是卫绾，但不久更换为窦婴。窦婴曾是被废黜的栗太子的太傅，反对过景帝废立太子。他喜欢儒家之学，看重讲究名分。当景帝说想让弟弟梁王继位的时候，也是他的反对最为坚决。因此，溺爱梁王的窦太后对窦婴恨得咬牙切齿。窦婴是窦太后的侄子，都是同一家族的成员，但他们的关系就是不融洽。窦太后对儒家之学恨之入骨，窦婴却信奉推崇，这就成问题了。

赵绾任御史大夫。太尉的官衔被景帝废除，此时恢复，武安侯田蚡任此职。田蚡是武帝的母亲王太后的弟弟，姐弟俩不同姓，因为王太后的母亲嫁给王仲，生下王太后，后来守寡，和田氏再婚，生下蚡，所以姓田。

按照汉朝的制度，三公九卿可以说都是“阁僚级”的高官。

所谓“三公”，就是丞相、御史大夫、太尉。

所谓“九卿”，不同时代的称呼也略有不同，汉武帝时代的九卿如下：

一、太常（景帝中期之前称奉常）：九卿之首，掌管宗庙的祭祀以及音乐、医药、占卜、天文、记录、水利等。太常之下，设有负责历法和记录的太史官，众所周知，司马迁曾任此职。

二、郎中令（武帝后期改称光禄勋）：掌管宫殿的门户，也统辖宿卫、警备、仪仗、近卫部队。另外，还负责殿中议论，下设有顾问官。

三、卫尉：郎中令负责门户，卫尉则负责门内的宿卫、警备。

四、太仆：掌管车马。那个时代，马政是国家的重要问题。

五、廷尉（景帝后期至武帝初期称大理）：掌管刑罚，从罪案的审理至执行刑罚全部管辖。

六、大行令（原称典客，武帝中期改称大鸿胪）：掌管归顺的蛮夷事务以及对外关系。

七、宗正：掌管太子宗室，即相当于“宫内厅长官”。

八、大农令（武帝后期改称大司农）：主管谷物、货币及其他专卖等经济事项。

九、少府：掌管专供天子奉养费的山海池泽之税。下属有处理奏章的尚书令、保管御玺的符节令等，也负责监督膳部、衣服、侍医以及太监。机织、兵器制造、陵墓用品等的工房也属于少府管辖。尚书令原先属于少府，后权力膨胀，有的超过九卿，甚至在三公之上。大臣的奏章是否转交给皇帝，都是尚书令的权限。

武帝即位时，三公是窦婴、赵绾、田蚡。这三个都信奉儒家之学，被起用担任郎中令的王臧也是热心的儒者。可见汉武帝打算把儒家思想作为执政的基础。

这是武帝的意思，还是丞相窦婴的意思，不得而知。十六岁的少年是否具有明确的执政理念，令人怀疑。但是从武帝后来的所作所为来看，也许出于他本人的思想。他是一个积极进取的人物。

武帝即位后，立即命令三公九卿等俸禄二千石的官员以及列侯、诸侯王的丞相等举荐贤良方正、直言极谏的人才。

董仲舒是研究《春秋》的儒家学者，被推荐进宫，回答武帝的策问。因回答得好，被提拔为江都国丞相。江都国的刘非是武帝的异母兄，在匈奴入侵时，曾请缨任将军出征讨伐，是一个威武勇猛之人，但也傲慢骄狂。大概武帝觉得董仲舒可以制约他吧。

当时被推荐上来的人物中，还有商鞅、韩非等法家以及苏秦、张仪等纵横家系统的人，但都没有被录用。似乎从一开始就已经定下只录用儒家人才的方针。

御史大夫赵绾、郎中令王臧都曾向鲁申公学过《诗经》。申公曾谒见过高祖，年龄应该相当大。当上大官的弟子们以“安车蒲轮”把他们的师傅大儒申公迎接过来。当时的道路坑坑洼洼，高低不平，就用蒲叶把车轮包裹起来，以便车子安稳行驶。这样的待遇当然只给予要人。

新皇帝身边的儒家们摩拳擦掌地要创建一个儒学体制，因为他们知道这个年轻的皇帝欣赏、赞同儒学的主张。

然而，武帝虽然即位，却还不具备独自决定改变国家体制的力量，祖母窦太后作为监护人一直干预朝政。她虽然已经七十多岁，依然精力充沛，而且从把辕固生扔进猪圈这件事也可以看出，她对儒家的厌恶深入骨髓。

御史大夫赵绾预料窦太后一定会极力反对实行儒教体制，在计划修建儒家设施时也瞒着窦太后。

例如设置明堂，明堂是王者布政之堂，是祭祀上帝和先祖、举行国家典礼的场所。这与儒教的理想主义深有关系。另外，修改历法、巡狩、服色等也都是儒教的措施。

但是，这些事总不能一直瞒着窦太后。窦太后知道后，勃然大怒，于是调查赵绾和王臧的问题，抓住把柄，送交官府处置。这两人只好自杀。刚刚开始实施的儒教政策全部被废除。

丞相窦婴、太尉田蚡也被免职，特地用安车蒲轮从鲁迎接过来的申公也以年老多病为由让他回去。保守派的窦太后利用手里的实权，给予革新派沉重的打击。

窦太后实在是一个难以对付的老太婆。她的丈夫文帝以及儿子景帝的确都信奉老庄思想，把“无为”——无所事事奉为至高无上的原则。她也坚信这就是政治的根本之道，按照此道一切都得心应手。

别人想做点什么，她就不痛快。儒家的思想是“这也应该做”“那也必须做”，极具干涉性，在她看来，这些都是违反自然潮流的反映。

然而，无所作为的时代已经结束，汉帝国在休养生息期间所储藏的力量在冲突、撞击，等待着释放的机会。国家也是活物，能量不能封闭在体内，一定要释放出来。

其实，文帝、景帝时代也不是毫无所为。削弱诸侯王势力，平定七国之乱，还有贾谊、袁盎、晁错这些主张必须有所作为的人物。在国家也许会被灭亡的时刻，贾谊哀叹那些劝谏“毋为”的人是“可为长太息者此也”。

汉武帝大概感觉国家的力量就在自己的体内翻腾跃动一样。

少年武帝首先从与身边的女人们斗争开始自己的事业。他的妻子陈皇后娇就是第一号对手。娇是武帝姑母的女儿，和武帝是表兄妹关系，加上她的母亲馆陶公主为武帝立太子和即位皇帝出过大力，娇念念不忘这一点，这也许让武帝感到厌烦。

陈皇后未能生子，武帝花九千万钱为她聘请名医，却未见成效。陈皇后为此焦躁不安，歇斯底里症越发厉害，武帝也就越发对她厌恶。

对武帝的这种处境表示同情的是他的姐姐平阳公主。王太后给景帝生了四个孩子，三女一男，男的就是武帝。长女是平阳公主，下嫁给建国元勋曹参的曾孙曹时（《汉书》作曹寿）。王太后就生这么一个儿子，他却未能生子，作为姐姐，自然替弟弟着急操心。武帝经常到姐姐的宅邸去，她就召集十几个良家女子，装扮得娇艳漂亮给弟弟挑选，有点像一对十几个的集体相亲，但武帝似乎一个也没看上。

但是，武帝对宴席上唱歌的讴者一见钟情。这个歌手不是良家女子，她姓卫，名子夫，母亲是平阳公主家里的女佣，名叫卫媪，但不知父亲是谁。卫子夫有一弟，是卫媪与平阳县小官吏郑某的私生子。由于她和郑某不是夫妻关系，所生之子就随母姓卫，名青。《史记·外戚世家》这样记述：

是日，武帝起更衣，子夫侍尚衣轩中，得幸。上还坐，欢甚!! 赐平阳主金千斤。

那个时代的“更衣”，就是现在的洗手间，方便的地方。贵人方便的时候，要换全部的衣服，是很麻烦的事情，因此需要一个仆人帮忙。也许平阳公主看到弟弟的表情，觉察到他对这个歌女很满意，灵机一动，指名卫子夫随皇上去更衣。“轩中”就是厕所。下嫁给列侯的公主的宅邸，厕所应该很宽敞，里面有休息室、更衣室等。卫子夫在这里得到皇帝的宠幸。

武帝把卫子夫直接带回宫里，与平阳公主分别的时候，公主抚摸她的后背说道：

行矣，强饭，勉之！即贵，无相忘。

你去吧！多吃饭，好好伺候皇上。将来富贵了，不要忘了我啊。

正如平阳公主所预料的那样，武帝非常宠爱卫子夫，生三女一男。不言而喻，陈皇后嫉妒得发疯。

闻卫子夫大幸，恚，几死者数矣。上愈怒。

这一对表兄妹的夫妻成了冤家对头。陈皇后的母亲馆陶公主也气愤难平，并且怨恨介绍人平阳公主。平阳公主也不示弱，反唇相讥“自己又生不出孩子来”。

馆陶公主为了泄愤，打算把卫子夫的弟弟卫青抓起来杀掉。卫青在平阳公主的宅邸里当骑奴，大概是骑着马跟随平阳公主的车子后面吧。有一次卫青被他们抓起来，还是朋友公孙敖把他救出来。武帝听到这件事，认为把卫青放在民间太危险，便召到宫中，封为大中大夫。这是隶属于郎中令的顾问官，俸禄一千石。

卫子夫进宫是建元二年（前 139 年），十年以后，元光六年（前 129 年），卫青任车骑将军。第二年，元朔元年（前 128 年），卫子夫生下盼望已久的男孩。这一年，卫子夫被立为皇后。

陈皇后于元光五年（前130年）被废黜，原因是她从事媚道。所谓“媚道”，就是把木制人偶埋在地下，加以诅咒。这种方式也称为“巫蛊”。日本有一种方法与其相似，称为“丑时参拜”①，用钉子扎进稻草人身上。当时迷信的人相信这种方法很灵验，但法律上严禁这样做。据说陈皇后干了这样的事情。

审理这起案件的是御史张汤，此人以酷吏著称。严格按法律规定，毫不留情，这就是酷吏，但据说这个张汤审案很能体会皇帝的用意。他知道武帝讨厌陈皇后，也许本来就是他对陈皇后栽赃。把一个人偶埋在地下，就以这个罪证进行指控，这样诬陷他人的手法十分简单。

是女巫楚服这个人唆使陈皇后这样做的，于是相关者三百多人尽被诛杀，楚服被枭首示众。从这个结局来看，这个性格倔犟的陈皇后也许真的做过这个媚道，当然也有捏造的可能。因为我在后面将会讲述，武帝晚年曾制造过后来知道完全是捏造的重大的巫蛊事件。

武帝最终还是没有处死皇后，而是让她隐居长门宫，一切待遇照旧。

长门宫是陈皇后的母亲馆陶公主进献的宫殿，位于长安城的东南面，原先是母亲的别墅“长门园”。让陈皇后隐居此处，也是武帝对被废黜的皇后的一种同情吧。也许武帝知道这本身就是一起为立卫子夫为皇后、必须废黜陈皇后而捏造的事件。

窦太后于建元六年（前135年）死去。卫子夫于四年前进宫。陈皇后的母亲馆陶公主为此事愤慨恼怒，但馆陶公主的母亲窦太后似乎并不生气。孙子担心没有后代，迎娶别的女子，她不觉得有什么不好。窦太后的丈夫文帝人品质朴，温和敦厚，但也有邯郸的慎夫人、尹姬两个侧室，这是很正常的。

窦太后死后，武帝就可以无所顾忌地建立儒教体制。第二年，采纳董仲舒的建言，颁令各郡国举孝廉各一人。对为人贤良、擅长文学者，皇帝

---

① 丑时参拜：为咒杀所恨之人，在丑时（凌晨二时左右）去参拜神社或寺院，身穿白衣，头顶火支架，在支架腿上插蜡烛，胸挂镜子，手执铁锤和钉子，将模仿仇人的偶人钉在神木上，相信被诅咒的人在第七天会死去。——译注

亲自策问。

史书没有记载，其实，对窦太后之死最感觉舒一口气的是王太后。王太后和丈夫景帝的姐姐馆陶公主结成一伙，推翻栗姬，把栗姬之子从皇太子的地位上一脚踢开，立自己的儿子为皇太子。儿子是皇太子，她自然立为皇后，但虽然在皇后的位置上九年，宫内依然是窦太后掌握实权，皇后的影响十分微弱。儿子当上皇帝，她就是皇太后，可是窦太后就成为太皇太后，依然在她的上面。

现在这个“上面”终于不在了。

王太后的哥哥王信被封为列侯，但终日饮酒，看来靠不住。王太后的异父弟田蚡被封为武安侯，但贪得无厌，大家对他评价不好，而且和窦太后的侄子窦婴互不服气，处处对着干。

史书记载田蚡巧于文辞，也是喜欢儒学之人。这一点和窦婴一样，他们曾经是丞相和太尉的搭档，共同构筑儒学体制，却由于窦太后的一声断喝，结果双双丢了官职。尽管窦婴是窦太后的侄子，对他也毫不留情。但是，任何人都会感觉到窦婴的身后存在着窦太后的影子。

窦太后一死，窦婴的影响力骤然下降。

天下吏士趋势利者，皆去魏其归武安。

以前就是这种状态。与其依靠以高龄的窦太后为后台的窦婴，不如依靠以尚能长命的王太后为后台的田蚡更有希望。趋炎附势，世态炎凉，人是如此势利。

反目相仇的这两个重臣在窦太后死后，其力量对比更是相距甚大。两人互相诽谤攻讦，最终田蚡获胜，窦婴被处死。但是，田蚡很快也病死。大家都说这是窦婴冤魂的作祟。

这两个人的争斗攻击实在很无聊，我不想一一介绍，正如御史大夫韩安国对他们的评论：

譬如贾竖女子争言。

这两个重臣都死于元光四年（前131年），在陈皇后被废黜的一年前，在窦太后死后四年。年轻的武帝对这两个人大概都很讨厌，一个是祖母的亲戚，另一个是母亲的亲戚。母亲王太后经常为田蚡的事情向武帝哭诉求情。据《汉武故事》这本没有多大权威性的书籍记载，田蚡和窦婴争斗的时候，就跑到姐姐王太后那里，威胁说要自杀，王太后也绝食，这样才逼着武帝只好杀掉窦婴。

王太后对田蚡之死一定伤心悲痛，而二十六岁的武帝大概感觉心情轻松。田蚡这个人干过不少坏事，他私建豪宅，接受诸侯的贿赂，妾数以百计，实在是太过分了。武帝早就很讨厌这个舅舅。

如今，武帝已经不受任何人的掣肘，虽然还有母亲的亲戚，但只要王信终日醉酒，他就是好人，不会出现在政治舞台上，不会添乱。

武帝对所宠爱的卫子夫的亲戚大胆放手重用，如卫子夫的弟弟卫青，还有后来的霍去病。虽然他们出身卑贱，但她的亲戚中人才济济。

卫子夫皇后有一个姐姐名叫少儿，她和霍仲孺生有一子，他就是后来的骠骑将军霍去病。

卫子夫进宫的时候，卫青就已经在平阳公主的宅邸里当骑奴。因为他了解下层人的辛苦困顿，所以成为将军以后，谦逊礼让，对部下关心体贴。

霍去病两岁的时候，卫子夫进宫，到他懂事的时候，就已经是贵族子弟的身份了。他虽是勇猛的将军，却不能体会部下的艰辛。

大将军、车骑将军、骠骑将军、卫将军，这些官衔和三公同一级别。三公之一的太尉相当于国防部长，但实际指挥军队的是将军。

讨伐吕氏的时候，太尉周勃从吕禄那里得到将军的印绶才能指挥军队。

文帝时，车骑将军是薄昭；景帝时，窦婴任大将军。他们都是皇帝母亲的亲戚。指挥军队的将军一定要是亲戚，而且是外戚。如果同样刘姓的皇族当将军，手中握有兵权，就会担心他取皇帝而代之。

武帝任命妻子的亲戚当将军。

皇室内部女人之间的争斗本身只是杯中风暴，但事关谁来掌握军队指挥权的大事，所以不能等闲视之。

汉王朝是刘氏的天下，国家属于个人所有，所以，必须由皇帝个人绝对信任的人指挥军队才能保卫国家。在讲述中国历代王朝的时候，无论如何不得不以人物作为轴心。

另外，从汉武帝开始使用元号。武帝即位的第二年为建元元年，六年后元号改为元光，之后元朔、元狩、元鼎、元封，每六年改元一次。对此也是众说纷纭。有人认为是得到宝鼎后，才开始使用“元鼎”这个元号，而元鼎之前的元号都是后来追加命名的，叫做“追命”。所以，元鼎六年的第二年的元封元年应该是改元的开始，相当于公元前 110 年。这一年汉武帝四十七岁，在泰山封禅。

激情澎湃的活力

吴楚七国之乱的盟主吴王刘濞被视为同伙的东越所杀。《史记》和《汉书》在记述这一段史实时都称之为“东越”，但后来变成“东瓯”。

越王勾践的越国在战国时代灭亡，后来越的部族分裂成好几个集团，在中国的东南地区割据。这些越的部族，居住在东部的称为东越，居住在闽江（福建）沿岸的称为闽越，居住在广东方面的称为南越。为方便起见称为东越的地方后来正式成立了东越国，因此把定都东瓯（今浙江省瓯江沿岸的温州地区）的部族称为东瓯。

中原人对南方不太了解，感觉似乎不是在同一个政权下，也就含含糊糊地统称为百越。秦末之乱时，他们归顺鄱君的吴芮，曾出兵增援讨秦。

前面说过，吴芮与刘氏异姓，却立为长沙王，在其他异姓王被消灭之后还能继续存在，可以想象是因为他对越部族实施怀柔政策。

参加讨秦作战的越部族首领是无诸和摇，他们都自称是越王勾践的后裔。无诸称为闽越王，摇称为东瓯王。

吴王的封地在各诸侯王中的最南部，与越部族的国家接壤。他举兵叛乱的时候，也曾动员闽越和东瓯参加。闽越拒绝参与造反，而东瓯出动大约一万人马，心想大概会有什么好处，到达长江南岸丹徒（今江苏省南京市以东的镇江市一带）时，盟主吴王败退而来。

汉朝早就暗地里贿赂东瓯，进行收买。吴王一无所知，出去慰问士兵的时候，被东瓯军队用矛刺死。

吴王之子吴驹逃到闽越，对偷袭父亲的东瓯恨之入骨，便唆使闽越王攻打东瓯。闽越王就出兵包围东瓯，东瓯向汉王朝皇帝告急求救，乞求援兵。

建元三年（前138年），当时武帝十九岁，便询问太尉田蚡如何处理。《史记》和《汉书》都这样记述，但其实田蚡由于儒家施政而触怒窦太后，已于前年被免职，所以武帝询问的应该是前太尉田蚡。田蚡的意见是无须派遣援兵。他认为越的部族之间互相打仗是家常便饭，而且反复无常，言之无信，没必要有求必应。东瓯虽然杀了吴王，但是它派遣万人之兵进驻丹阳，其原先的本意是参加吴王的反叛、背叛汉朝的。田蚡的意见有一定的道理。

但是，中大夫庄助持反对意见。他认为小国有难求助，如天子见死不救，小国又向谁诉求呢？天子又怎么能以万国为子呢？

武帝赞成庄助的意见，让他持节命会稽郡出兵。庄助是会稽郡人，对当地情况了如指掌。他由海路前往东瓯，闽越却已退兵，双方没有交锋。

顺便说一下，东汉撰写的《汉书》因避讳东汉明帝刘庄的名字，把“庄”字全部改为“严”，所以庄助在《汉书》里记述为严助。

东瓯解围，他们松了一口气，但担心随时都会遭受闽越的攻打，请求迁居，得到批准。于是，东瓯举国搬迁到长江和淮河之间的地带。

这个时候闽越的领导人看来极其好战，在包围东瓯的三年以后，又出兵广东的南越。南越王向长安的天子告急求救，汉朝任命王恢和韩安国为将军，率援兵奔赴南越。

这一次双方也没有交战，因为闽越国发生内讧。好战的闽越王郢为人民、大臣和宗族所孤立，成为孤家寡人。其弟余善杀掉闽越王，将他的首级送给汉将王恢。汉军得到闽越王的首级，不再继续进兵。

闽越就这样灭亡。汉朝廷立没有参加叛乱的王族丑为繇王，允许他继续祭祀自己的祖先。

杀死闽越王郢的弟弟余善成为闽越国实质上的继承者，繇王丑对他也无可奈何。余善原先和哥哥一起共同谋反叛乱，后来杀兄以抵消自己的罪恶。汉朝廷不愿意立他为王，可能的话，将他置于繇王丑的管制之下，但且缺少这种力量，然而又没到出兵打击余善的地步。无奈之下，只好承认余善自立为王，称为东越王。东越成为正式国名是建元六年（前135年），在此之前只是为了方便起见称之为东越，其实是东瓯。

庄助兵不血刃而退闽越之兵，自然在南越大受欢迎。随庄助前往南越的唐蒙回到长安以后，这样向武帝汇报（《史记·西南夷列传》）：

南越王黄屋左纛，地东西万余里，名为外臣，实一州主也。

他认为南越早晚必须讨伐，而且谈到除了现在所知道的途径外，可能还存在另外通往南越的途径。

唐蒙是鄱阳县令，精通中国南方的风俗习惯、地理物产。他在南越吃过一种名叫“枸酱”的东西。枸是一种植物的果实，将它做成酱。枸只产于蜀（四川）。他问当地人是怎么来的，得到的回答是从西北的牂牁江上游船运而来。唐蒙回到长安以后，向蜀的商人打听，知道蜀的枸酱大量销售给夜郎国。

据此推测，夜郎国在牂牁江的上游，从夜郎国有水路可通南越。

为调查将来军队行军的路线，武帝任命唐蒙为队长，率领千余人的使节团兼探险队前往调查。

这种积极进取的精神在文帝、景帝时代是根本无法想象的。那个时代，该做的事情也尽量不做。武帝时代，现在不做也可以、但也许对将来很有必要的事情，也会立刻去做。

唐蒙去夜郎国考察是在陈皇后因巫蛊事件而被废黜的元光五年（前130年）。

就这样，原先与汉王朝毫无关系的西南各地也开始接受汉文化的影响。西南的小国夜郎对汉一无所知，询问汉王朝使节“汉孰与我大？”如今把不知天高地厚、自高自大的态度称为“夜郎自大”，正是出自这个典故。

这些西南小国派遣使节前往汉王朝后，才逐渐了解汉王朝的实际情况。

汉朝在对外关系上，北部和西北部要远比南部和西南部重要得多。

具有积极进取精神的武帝已经无法忍受高祖时代与匈奴所签订的屈辱性的和约。

建元六年（前135年），由于闽越的内讧而不战获得闽越王首级凯旋的王恢和韩安国，却在御前会议上就匈奴问题发生对立。

王恢坚持强硬政策，主张坚决打击匈奴。韩安国则主张继续和亲政策。参加会议的群臣大多赞成韩安国的和亲政策，于是武帝决定继续和亲，但心里一定在考虑何时报仇雪耻。

韩安国反对实行强硬政策的一个理由是：

自上古不属为人。

匈奴不是人，而是一群禽兽之心的家伙。这是匈奴在汉世界之外的想法。

当东瓯被闽越包围请求救援的时候，反对出兵救援的田蚡也说道：

不足以烦中国往救也。自秦时弃弗属。

闽越和东瓯都在汉世界之外，不值得救援。即使具有强烈的领土扩张欲望的秦始皇，也没有把那个地方收入自己的版图。

但是，时代不一样了。汉帝国经过休养生息，如今是粮满仓，钱满库，巨大的能量如即将决堤的洪水，蓄势待发。

这次御前会议是在窦太后死去那一年召开的，还残留着“无为”的传统思想。两年后，元光二年（前133年），王恢再次提出攻打匈奴的方策。此前韩安国反对的理由之一是：

汉数千里争利，则人马罢，虏以全制其敝。

汉朝如攻打匈奴，必定是大远征。汉军疲惫困乏，匈奴万般准备，以逸待劳，对我极其不利。

如此，那就让匈奴长途跋涉，我汉军待而击之——王恢又提出新的计策：雁门郡马邑县有一个名叫聂壹的豪族，让他诈降匈奴，对单于说道：

吾能斩马邑令丞吏，以城降，财物可尽得。

匈奴知道聂壹是马邑县有权有势的头面人物，只要他想做，这点事完全不在话下。大概聂壹的演技实在高超，匈奴竟然相信他的话。

匈奴的单于是杰出的英雄冒顿的孙子军臣单于。

军臣单于率领十万骑兵远征马邑。匈奴的探子预先侦察过马邑，聂壹把囚犯的首级并排挂在城墙上，造成城内政变已经成功的假象。然而，三十万汉军埋伏在马邑附近的山谷里。

匈奴的军队越过长城，沿途一边抢掠一边前进，忽然觉得奇怪。牛、马、羊等牲畜都放牧在牧场上，却不见一个人影。军臣单于觉得蹊跷，攻下长城附近的一个烽火台，抓住尉史审问。

县令之下设有县丞和县尉，前者是“文书”，后者是“警察署长”。尉史是县尉的下属，大抵相当于“警察分署主任”。虽然不是上层领导，但作为第一线的指挥员，还是知道计划部署的。这个尉史招供出附近有伏兵。军臣单于立即全军撤退，这次设伏计划未能成功。

三十万汉军空等一场，其时王恢另外率领三万军队袭击匈奴的辎重部队。运输军粮、箭矢、剑等武器的辎重部队和匈奴的本部大军有相当的距离。但是，王恢决定停止攻击辎重部队，他判断一旦停止攻打马邑的匈奴精锐部队知道自己的辎重兵遭到攻击，必定全力以赴地前来救援，而自己的三万人马面对匈奴的大军，寡不敌众，只有承受败战之辱。王恢的自我辩解是：

臣固知还而斩，然得完陛下士三万人。

我保全本会被全歼的三万将士的性命，平安归来。

廷尉决定处以王恢斩刑。王恢送给丞相田蚡千金，求免一死。田蚡心里明白，求武帝不会得到宽恕，于是转而向武帝难以对付的母亲王太后求情，对姐姐还是说话比较容易的。

当时二十四岁的武帝已经完全独立，他对王太后的求情明确回答道：

今不诛恢，无以谢天下。

计划泄露也许不是王恢的责任，三十万伏兵未能等来敌人，实在无可奈何。但是，当远离大部队的匈奴辎重部队来到王恢率领的三万大军跟前时，王恢竟然放弃消灭敌人的机会。武帝决不允许这种行为，不杀王恢，就是对不起天下。

王恢听到武帝的话，绝望自尽。

马邑之战成为汉朝的大耻辱，而且导致汉朝和匈奴的关系更加恶化。

四年之后，车骑将军卫青为之报仇雪恨。

元光六年（前129年），卫青、公孙敖、公孙贺、李广各率万骑之兵，分四路出击。其中公孙贺未与匈奴遭遇；公孙敖被匈奴击败，丧兵七千骑；李广不仅损兵折将，自己还被匈奴俘虏，后逃脱归汉。公孙敖和李广本应处死刑，以金赎命，贬为庶人。汉朝可以花巨资赎免死罪。

四将之中，唯有卫青兵出上谷，攻陷匈奴祭天的龙城，获得斩首、俘获七百的战果。从数目上看，不算多，但攻进龙城，其意义非同小可。汉朝野上下人心振奋。这是汉建国七十多年来，汉军第一次越过长城，实现北进。

这实在是一次壮举。其他三员大将的失败更凸显出卫青的成功。武帝心满意足，实现这次壮举的正是卫子夫的弟弟。

第二年，仿佛是给卫子夫生下儿子表示祝贺一样，卫青率领三万骑兵出雁门，取得斩首敌兵数千的战果。

又在翌年的元朔二年（前127年），卫青从云中北进，西绕长城，收复当年秦末时被匈奴夺走的鄂尔多斯地区，并进而出甘肃陇西，击败匈奴的白羊王、楼烦王，斩首、俘虏数千，带着几十万头牲畜的战利品归来。

黄河划出一个大弧形的内侧是鄂尔多斯，汉朝在此设立朔方郡，为直辖地。

卫青以三次战功成为长平侯，食邑三千八百户。

元朔五年（前124年），卫青任大将军。他曾七次率领远征军与匈奴作战，但后几次主要是他的外甥霍去病立下显赫战功，感觉着多少冲淡了卫青的形象。

卫青和霍去病真的是战无不胜的神武将军吗？汉朝和匈奴长期签订有屈辱的和约，不是仅仅有这两个名将就能报仇雪耻的。

汉的国力已经充实强大。不论哪个时代，国家之间的战争就是国家总体实力的抗衡。此时的汉朝，人口增加数倍，国家财政也充盈丰饶。

匈奴在冒顿单于时代达到鼎盛时期，他的孙子军臣单于在卫青发动第三次远征的翌年死去。接着匈奴发生内讧，军臣的弟弟伊稚斜攻打军臣的太子于单，即单于之位。于单败逃降汉。这个时候，匈奴已经失去活力，开始走下坡路。

那么，为什么其他身经百战的将军在和匈奴的作战中都没有取胜，唯有卫皇后亲戚的两个将军立下如此辉煌的军功呢？卫青和霍去病的确是杰出的将领，但武帝将经过挑选的精锐部队配备给他们。

按照高祖的遗训，原则上是无战功者不得封侯。要给自己所宠爱的皇后的弟弟和外甥封侯，就必须给他们创造在战争中立功的机会。给予机会，但未必就善于利用，而这两个将军都有效地把握住了机会。他们自然不是凡庸之辈，但将最好的武器装备和最强的精锐部队配备给他们，所以军事天才的评价多少要打点折扣。

年轻的霍去病当上骠骑将军以后，卫青的军事作战明显地失去光彩。

武帝的性格比较情绪化，他喜欢霍去病胜过卫青。卫青曾经在平阳公主的宅邸里当过仆人，骨子里浸染着一种奴性，对谁都谦恭礼让。谦恭过度，就显得谄媚，武帝不喜欢这种性格。霍去病生于贵族之家，武帝觉得他大方清朗，将最精锐的部队交给霍去病指挥，这对他的立功起到很大的作用。

平阳公主在其丈夫曹时死后，成为孀妇。卫青成为她再婚的对象。卫青曾经是平阳公主的骑奴，骑着马跟随着她，供她使唤，如今成为她的丈夫。人的命运实在不可思议。

这样，卫青就成为武帝的姐夫。

元狩二年（前121年），这一年简直可以说是霍去病之年。他在这一年里三次远征，而且年龄才二十岁。

第一次首先出陇西，杀匈奴的折兰王，斩卢侯王。这是这一年的第一次远征，连同以前的，是第三次。他俘获浑邪王之子，斩首、俘虏者八千九百人，并且缴获休屠王为祭天所造的金人。

第二次是夏天的远征。进攻到居延泽、祁连山。在这次远征中，博望侯张骞、合骑侯公孙敖未能如期与霍去病的军队会合，本应处斩，赎罪为庶人。其实，这大概是霍去病军队的孤军深入吧。他凭着年轻人的一股冲劲儿，不顾其他部队，独自孤军深入，这倒可以，但如果鲁莽行事，会让其他将领为难。《史记》说道：

诸宿将所将士马兵亦不如骠骑，骠骑所将常选，然亦敢深入，常与壮骑先其大军，军亦有天幸。

霍去病孤军深入，然而天祐其幸。

第三次是秋天的远征。这一次与其说是远征到河西，不如说是去接受浑邪王的投降吧。

匈奴接连败战，伊稚斜单于打算追究浑邪王和休屠王的责任，他们商量降汉。但休屠王中途变卦，浑邪王将其杀死，夺其军队。

匈奴内部动荡不稳。浑邪王的军中也是如此，一旦真到投降的关键时刻，有人不从，坚决不降。霍去病把反对投降的八千匈奴士兵全部杀掉，投降者四万多人。

可以说，汉的匈奴政策获得了成功。汉朝国力的充实、优秀将领的出色表现、匈奴势力的衰弱等等，原因多种多样，其中汉朝准确掌握匈奴的内部情况也起了很大作用。

从这个意义上说，张骞游历考察西域是重要的历史事件。

《史记·大宛列传》记述，武帝即位前后，降汉的匈奴供述道：

匈奴破月氏王，以其头为饮器，月氏遁逃而常怨仇匈奴，无与共击之。

月氏族是敦煌地方的部族，大概是游牧兼农耕的锡西厄族的一个分支。冒顿单于还是太子的时候，曾作为人质被送到月氏。这说明月氏在当时是何等的强大。

月氏的地盘在土地并不肥沃的敦煌，却能够强大到将匈奴的太子作为人质，也许是因为垄断玉石交易的缘故。中国人酷爱的玉的主要产地在昆仑山脚下的和田一带。中国话里“玉”和“月”发音相似。依靠玉石交易而富裕起来的月氏因为生活过于奢侈，才被匈奴消灭的吧。匈奴和月氏都是不太重视历史记录的民族。月氏王被杀的年代也不确切，推测约在武帝即位二十年之前。

被匈奴消灭的月氏从敦煌北逃，据说立被杀的月氏王的遗孀为君主。月氏对匈奴怀有深仇大恨。武帝考虑联合月氏，夹击匈奴。于是募集愿意前往月氏的使者，应召者是汉中出身的、二千石宿卫官张骞。

出发之际，武帝向姑姑馆陶公主的丈夫堂邑侯陈午要来在他家当奴隶的甘父，让甘父作为张骞的随从。甘父是匈奴出身，对西域的情况十分熟悉。

张骞率领百余人从长安出发，但是在河西走廊的地方被匈奴抓捕，送到单于处。这一年是建元初年，匈奴的单于是军臣。经审问，得知是派往月氏的使臣，军臣单于说道：

月氏在吾北，汉何以得往使？吾欲使越，汉肯听我乎？

便将张骞扣留在匈奴。这是很自然的，匈奴不会放过这个去月氏寻求结盟以共同打击匈奴的汉朝使臣。假如匈奴派遣使者去南越寻求结盟以共同打击汉朝，汉会放行匈奴的使者吗？

张骞被扣押在匈奴十几年，与匈奴的女子结婚生子，假装自己已经完全成为一个匈奴人。为此，匈奴放松对他的监视，他伺机逃出匈奴。匈奴妻子以及他们的孩子，还有忠诚的随从甘父也一起逃出来。他们往西行走几十天，终于到达大宛（苏联[①]乌兹别克共和国费尔干纳市一带）。

月氏逃到匈奴的北面，后来由于同样被匈奴驱逐出家园的乌孙所驱赶，月氏不得不迁往西南部。乌孙属于西域地区的部族，据说是现在的哈萨克族的祖先。

月氏接二连三地逃亡，然而被乌孙驱赶到西南部倒是一件幸运的事，因为他们迁居的撒马尔罕附近土地肥沃，而且周边没有强悍的部族。南方的大夏国的人民是从事商业的民族，他们臣服于具有武力的月氏。张骞从大宛经由康居国进入土地肥沃还有属国的月氏国。但是，不论张骞怎么说服动员，月氏就是不同意和汉朝结盟。《史记》说道：

既臣大夏而居，地肥饶，少寇，志安乐，又自以远汉，殊无报胡之心。

月氏国被匈奴消灭后，整个部族经历充满苦难的逃亡历程，现在终于可以在一个和平的环境里安居乐业，已经成为和平主义的国家。

如果是丈夫被匈奴杀死的月氏王的遗孀领导月氏部族的话，也许不结盟政策反映出她的“不想再次发生那样悲惨的战争”的意愿吧。

我个人臆测，也有可能当时佛陀的教导已经传播到那个地区，从而对月氏国女王的思想产生影响。

总之，由于月氏采取不结盟政策，张骞未能达到军事结盟的目的。

张骞选择沿昆仑山南麓，即西域南路这个路线回国。大概天山南北两

① 苏联：作者写作本书时苏联尚未解体。——译注

路都是匈奴的势力范围。张骞打算从疏勒（喀什）、莎车（叶尔羌）、于阗（和田）、楼兰（库罗来纳）经柴达木盆地进入陇西（甘肃）。从楼兰去敦煌本来很方便，但是敦煌在匈奴的统治之下。张骞从月氏国得到信息，柴达木盆地的诺羌族自立为王，但实际上这个藏系的诺羌族也已经臣服于匈奴，所以张骞在这里也被扣押。

一年多以后，由于匈奴发生内讧，张骞有机会成功逃脱。军臣单于死后，太子于单派和军臣的弟弟伊稚斜派争夺继承者的地位，结果伊稚斜获胜，而诺羌中属于太子派的人也不得不逃亡。张骞趁此骚乱之机，巧妙地逃脱出去。

元朔三年（前 126 年），张骞回到阔别十三年的长安。虽然与月氏的结盟未获成功，但他的汇报，使汉朝对西域的情况十分熟悉。张骞在长期的拘留生活中，了解通晓匈奴的内部情况。说是拘留，但因为匈奴是游牧国家，张骞也经常在匈奴的势力范围内移动。他以非凡的记忆力把各地的水源、物产、沙漠、山岳、道路等情况都镌刻在自己的脑子里，形成一张地图。他对西域各国的情况以及政治、外交、军事等所有的问题都了如指掌。张骞的汇报对后来汉朝的匈奴政策产生什么样的影响，恐怕难以估计。

元朔六年（前 123 年），张骞作为校尉参加对匈奴的作战。他利用自己的地理知识，保证了汉军的饮水和粮草供给。此次远征凯旋后，张骞被封为列侯。

张骞是博望侯。据《汉书·地理志》记载，博望是南阳郡的一个县，但《汉书》的注释者颜师古（581—645 年）解释说，博望侯是取自“广博瞻望”这个词。侯的名称几乎都是取自受封地的地名，不过也有例外，例如跟随骠骑将军霍去病的赵破奴就是从骠侯。

取自地名大概是正确的，但感觉是有意识地选择这个对张骞的封侯很合适的地名。

张骞死后，出使外国者都盛赞博望侯张骞，引用张骞的故事，从而获得外国的信任。

其后使往者皆称博望侯，以为质于外国。

《史记》中的这句话可以解释为使节皆称自己为博望侯。

前面说过，元狩二年霍去病远征时，因张骞未能如期与其大军会合，本应斩罪，赎免一死，贬为庶人。但后来武帝还是经常召见张骞，询问西域的事情，不久，他恢复了名誉。

由于张骞的活动，汉对世界的了解更加丰富深远。汉朝初期，曾对夜郎等西南夷开展过一些工作，后来由于经费增加却不见效果，加上工作的重点放在匈奴对策上，便停止下来。这次采纳张骞的提议，重新开展对西南地区的工作。因为张骞在大夏看到邛的竹杖、蜀布等蜀地的物产，了解到这是商人从身毒采购来的。身毒就是印度。

张骞到大夏后了解到，大夏是一个商业国，希望和中国做生意。但是，当时西域的所有道路都被匈奴封锁。如果从中国的西南部开通一条经由印度的贸易路线，汉的物产就可以运到大夏、大宛。实际上蜀地的物产就已经通过印度进入大夏。

于是，重新开始对西南夷的工作。

这不仅仅是为了获得贸易的利益，如果开通一条不经过匈奴势力范围的路线，在对大夏、大月氏、康居、乌孙等开展结盟工作上将大有裨益。

张骞作为外交家，考虑在匈奴对策上可以利用乌孙。乌孙居住在现在的伊犁地区，如果让他们往东迁居，与汉结盟，其效果无异于斩断匈奴的右臂。于是，张骞亲自率团前往乌孙。

然而，当时的乌孙，声名卓著的英明昆莫王已经年迈，国家分为三股势力。太子早死，其子岑陬被指名成为继承者，却遭到太子之弟大禄的反对，认为祖父不能传位给孙子，与其他兄弟结伙叛乱。在这种局势下，根本谈不上与汉的结盟。张骞便派副使前往近邻各国。过后不久，他回国，还带回几十个乌孙使臣。

张骞回国一年多后死去，他的努力终于开花结果。乌孙和夜郎一样，对汉的情况毫无所知。与张骞一起来到长安的乌孙使臣亲眼看到汉朝的强盛，大为震撼，明白要反抗匈奴的压迫，必须与汉结盟这个道理。于是，乌孙主动提出与汉和亲。乌孙了解到大宛、月氏等国家都和汉朝建立外交关系，似乎也害怕自己被孤立。

送给乌孙王的汉朝皇族女子名叫细君，江都王刘建的女儿。乌孙的彩礼是名马千匹。

细君的父亲刘建是武帝的哥哥刘非之子，继承江都王的地位，却暴虐无道，据说不仅和父亲的姬妾，甚至还和亲妹妹私通。他是一个令人难以置信的施虐狂，喜欢看人被溺死的样子。一到刮大风的时候，就命人乘小舟，舟被狂风吹翻，他笑呵呵地看着舟上的人落水抓住船舷挣扎、逐渐沉没溺死的景象。宫中有犯过失者，令其裸体击鼓，或放在树上，有的还让狼吃掉。他甚至让宫女和禽兽交媾。其暴虐残忍、荒淫无耻之程度令人发指。他在江都王位置上六年，因谋反罪自杀，其妻成光被诛杀，弃于市。汉朝重臣一致认定他卑鄙无道。

虽桀、纣恶不至于此。

江都王刘建死于元狩二年（前 121 年），他的女儿细君在其父死后十六年的元封六年（前 105 年）被送往乌孙和亲。虽说是汉的皇族女子，她的父母都获罪而死，她的命运充满可泣可诉的不幸。

昆莫王已经老迈，双方语言又不通。据说乌孙公主细君创作这样一首歌悲叹自己的命运：

吾家嫁我兮天一方，
远托异国兮乌孙王。
穹庐为室兮旃为墙，
以肉为食兮酪为浆。
居常土思兮心内伤，

愿为黄鹄兮归故乡。

她是政治婚姻的牺牲品，不过汉朝派遣数百人的官员、太监、用人等随着她到乌孙。歌中说“穹庐为室”，这是乌孙的风俗。她在乌孙，似乎修建汉式宫殿，居住在里面。

匈奴也送女子给乌孙王。昆莫王以匈奴女子为左夫人，以汉公主为右夫人。

昆莫王因自己高龄，打算将汉公主嫁给孙子岑陬为妻。祖父的妻子变成孙子的妻子，这在汉的人伦道德中绝对不允许。细君也无法接受，向长安的皇帝申诉，然而武帝的回答是：

从其国俗，吾欲与乌孙共灭胡。

不仅乌孙，匈奴等游牧民族的风俗习惯也是这样，父死之后，其子可承继生母之外的父亲妻妾。乌孙是汉消灭匈奴的重要盟军，所以武帝只好让细君以大局为重，忍耐接受该国的风俗习惯。

汉公主细君成为年轻的岑陬的妻子，生一女，但不久细君死去。由于乌孙是汉的重要同盟国，在细君死后，汉又将楚王刘戊的孙女解忧送给岑陬为妻。

楚王因参加吴楚七国之乱而自杀，他的孙女的境遇和细君十分相似。这两个人都是皇族的女子，但在皇室内，属于已经覆灭的诸侯王那个系列。

嫁给岑陬的汉公主解忧生有三男二女，其中后来有的成为莎车王，有的嫁给龟兹王为妻。她们除了加强汉朝与乌孙的关系外，还是汉文化的传播者。

元狩四年（前119年），卫青第七次、对霍去病来说是第六次远征匈奴。汉军获胜而归，甚至一时传闻匈奴的单于不知去向，已经死去，于是匈奴的右谷蠡王自立为单于。后来发现单于依然活着，右谷蠡王就把单于的称号还给他。

据说这一战匈奴损兵折将八九万人，但是汉军也损失数万人。这一战，把匈奴赶到远远的漠北，此后大约二十年没有与匈奴发生大规模的战争。

战争并没有停息。汉朝依然迸射出跃动的活力，匈奴虽然已经远去，但战争在南部和东部展开，并进而扩展到西部。

南部有以番禺为首都的南越国。正如曾出使南越的庄助所报告的那样，这个南越国假装是汉的外臣，其实南越王自尊为天子。

南越是富有个性的国家。秦始皇统一天下以后，在这个地方设置桂林、南海、象三郡。由于是越部族的土地，人口极少，于是将囚犯移居过去，与当地的越人混住在一起。

秦末战乱时，南海郡龙川县县令赵佗封闭城管，杀死秦派来的官员，吞并桂林、象这两郡，自立为南海武王。

汉高祖刘邦打倒项羽以后，忙于巩固中原，无暇顾及南方。高祖十一年（前196年），派陆贾前往南越，表示承认赵佗的南越王地位，南越王以诸侯王的形式表面上臣服于汉，实际上是一个独立国。汉不干涉南越的内政，南越在春秋两季对汉进贡称臣。

南越向汉朝廷派出使者的时候，自称王，但在南越国内依然称帝。

好战的闽越攻打南越的时候，汉曾出兵救援。当时汉就很清楚南越的这种具有双重人格的国情。

汉武帝时代，南越王是赵佗的孙子赵胡。闽越攻打南越之后，南越王将太子婴齐送到汉当人质。赵胡死后，婴齐继位。婴齐在长安当人质的时候，娶邯郸樛氏为妻，生子兴。

汉经常催促南越王婴齐进京入朝，但婴齐根本不去，他认为入朝就成为诸侯王，失去自己的独立性。他一直称病不去，终于一次也没有去过。也许婴齐真的病体虚弱，他年纪轻轻就死去。

元鼎四年（前113年），婴齐之子兴成为南越王。将匈奴赶到漠北的汉朝已经可以腾出手来对付南方。汉朝不允许从不入朝的诸侯王存在，便派遣使臣要求南越王也要和其他诸侯王一样，每三年入朝一次，并且拆除边境城关。

汉派去的使臣是安国少季，安国是姓，少季是名。此人是南越太后樛氏与在长安当人质的婴齐结婚之前的相好。汉朝廷了解这个情况，才特地派他去的吧。南越王兴尚幼小，由太后做监护人。

太后樛氏本来就是中原邯郸出身的汉人，并不反对南越臣服汉朝廷成为诸侯国。她回忆起在首都长安的生活，感到无比亲切，或许主动地准备入朝，何况派来迎接她的又是自己过去的恋人。

太后是这个打算，但丞相等当地土生土长的大臣们极力反对有损国家独立的事情。丞相吕嘉终于起来造反，并向全国发布檄文，其中有的语句极具煽动性：

王年少。太后，中国人也，又与使者乱，专欲内属，尽持先王宝器入献天子以自媚，多从人，行至长安，虏卖以为僮仆。

吕嘉的矛头对准年幼的王和太后以及汉朝使臣。

汉武帝断然决定调动大军征讨。

路博德任伏波将军、杨仆任楼船将军，率兵南下。这种临时命名的将军称为杂号将军。从将军名号也可以知道，进攻广东的多为水军。

正如二十年前庄助所预想的那样，牂牁江是从夜郎进攻南越的最佳路线。这是因为他在广州吃到枸酱。但是，平定南越极其迅速，还没等从夜郎出发的军队到达南越的国都番禺，战斗就已经结束。

南越丞相吕嘉等乘船从海上逃跑，但很快被抓住，并被迅速解决。南越国从赵佗王开始，历经五代九十三年而灭亡。司马迁评论吕嘉为“小忠”之人。

汉在南越设立儋耳、珠崖、南海、苍梧、郁林、合浦、交祉、九真、日南九郡，为直辖郡。其中儋耳、珠崖在海南岛，交祉、九真、日南三郡在越南的北部。

南越是越部族和汉族的混居地，当时就是一个双重结构的社会。南越国的官员多为汉族，抓获吕嘉的也不是汉军，而是南越的郎（官）都稽。都稽以此功受封为汉的临蔡侯。平定南越之快速出乎意外，这大概因为维持这个地方政权的独立性没有带来什么好处。如今南越的官员直接转变成汉朝官员，对于具有积极进取精神的人来说，扩大了活动的舞台，展现出辽阔的发展前途。死守南越国的只有吕嘉等一部分小忠之人。

东越的余善也在此时灭亡。汉朝出兵南越的时候，东越一方面标榜援助汉朝消灭吕嘉，却迟迟按兵不动，另一方面却暗中派密使向南越通气。据说余善当时自称皇帝，被部下所杀。

以上是史书的记录，汉朝认为对匈奴的防御不是太必要的时候，就将其力量转向吞并的政策。

南进的力量吞并了南越和东越，北进的力量试图吞食朝鲜。

《史记·朝鲜列传》记述，汉初，燕王卢绾逃亡匈奴的时候，燕人卫满率领徒党千余名渡过浿水，进入无人居住的朝鲜，收罗燕国、齐国的逃亡者部下，自立为王。定都王险，一般认为就是现在的平壤。浿水，大概就是鸭绿江。

朝鲜王卫满与汉朝辽东郡太守谈判商定，朝鲜为汉朝的外臣，不在边境地区实施掠夺抢劫，不妨碍阻扰其他蛮夷首领赴汉朝谒见天子。

汉武帝时代，朝鲜王是卫满的孙子右渠。

匈奴强盛时期，朝鲜没有受到汉朝的压迫，和南越一样，朝鲜也从不入朝。听说周边的小国即使上书汉天子请求谒见，也被皇帝弃之不顾。这或者是汉朝干涉的借口。

匈奴势力败退以后，朝鲜开始受到汉朝的干涉。

汉派使者涉何劝诱朝鲜，劝诱的具体内容不知其详，大概与劝诱南越的内容差不多，就是每三年入朝一次，不得阻塞通汉之路等。但是，朝鲜王拒绝汉朝的劝诱。可以想象他回答说：祖父和汉朝如何协议与我无关，朝鲜是独立国家，连祖父都没有入朝，何况于我；至于是否同意其他蛮夷通过我国入汉，那是我的自由。

涉何使臣的劝诱以失败告终，但是他想做点什么事以挽回脸面，给自己增加点光彩，于是把到浿水为他送行的朝鲜裨王长杀死，向长安汇报说因为他不听诏命，所以杀死朝鲜将军。涉何以此功升任辽东郡东部的都尉

（俸禄二千石），这是汉朝在与朝鲜国境附近的部署。朝鲜对涉何自然怀恨在心，出兵杀掉涉何。

这成为汉朝远征的理由。

元封二年（前 109 年）秋，两年前远征南越的楼船将军杨仆率五万士兵从山东半岛经海路向朝鲜进发。

汉左将军荀彘从辽东由陆路进攻朝鲜。

海、陆两路的攻打朝鲜并不像讨伐南越那样顺利。这两路人马不仅打得筋疲力尽，楼船将军甚至落荒而逃，躲在山里十几天不敢出来。

后来，汉朝派钦差大臣卫山到朝鲜谈判劝降事宜，双方基本达成协议。但是，在打算赴长安谢罪的朝鲜太子准备过浿水时，双方就是否携带武器的问题各持己见，僵持不下，结果太子终止前往长安。

于是战争重新开始，汉朝的两个将军包围王险城。朝鲜王右渠据城坚守，汉军数月久攻不下。汉的左将军和楼船将军之间互相嫉妒，互相猜疑。

左将军是强硬派，楼船将军是和睦派。左将军欲联合楼船将军共同作战，但楼船将军害怕这样会破坏和谈，拒绝合作。这样，左将军甚至怀疑楼船将军也许会勾结朝鲜军队一起进攻自己。

朝鲜王右渠被部下杀死，但即使如此，王险城依然无法攻陷，大臣成已代替右渠王死命坚守。左将军通过右渠之子长和大臣路人之子最向人民发布通告，成已才被杀掉。

平定朝鲜后，设立真番、临屯、乐浪、玄菟四郡。

这场朝鲜远征的事后结果极坏。战争结束以后，汉朝的这两个将军都受到军法制裁。左将军荀彘以“争功相嫉，乖计”罪，斩首弃市。

楼船将军不等陆路部队抵达就攻打王险城，失败逃跑，罪当诛，赎为庶人。

朝鲜虽平定，但远征军的军官无一人以军功封侯。

汉朝所设置的四郡的势力范围没有伸展到朝鲜半岛南部。据说公元前一二世纪的朝鲜半岛南部和日本九州北部属于同一个势力范围。如果是这样的话，说明当时汉朝的力量已经伸展到日本的身边。

秋风辞

秋风起兮白云飞，
草木黄落兮雁南归。
兰有秀兮菊有芳，
怀佳人兮不能忘。
泛楼船兮济汾河，
横中流兮扬素波。
箫鼓鸣兮发棹歌，
欢乐极兮哀情多。
少壮几时兮奈老何！

这是汉武帝著名的《秋风辞》，也收入在《文选》里。

据说这是元鼎四年（前 113 年）武帝去汾阴（今山西省汾河以南）祭祀后土时创作的诗歌。

这一年汉武帝应该是四十四岁。他最信任的武将霍去病已于四年前二十四岁英年早逝。馆陶公主也于前年、而武帝的生母王太后更早于馆陶公主两年都已死去。

四十四岁就“奈老何”，似乎有点早，但考虑到当时的人均寿命，也并不觉得奇怪。武帝的父亲景帝四十八岁、祖父文帝四十六岁就死去。

这一年，卫皇后所生的皇太子刘据满十五岁，迎娶史家的女子。正如亲人死去一样，孩子的嫁娶也会令父母亲感觉自己的年老。

匈奴单于伊稚斜在一年前死去。敌人的消失也许也会让武帝伤感。虽然匈奴已经远遁而去，却还在苟延残喘，还没有将其置之死地。

武帝去汾阴的时候，对南越的方针大概已经决定。也是在这一年，南越太后的先前恋人安国少季远赴广东。必须做的事情还有很多，朝鲜问题也是其中之一。

汉武帝乘坐楼船游览汾河的时候，脑子一定浮想联翩。所谓楼船，就是两层以上的大型船只。武帝游览，箫鼓齐鸣，船歌悠扬。汾河是产酒的地方，名酒汾酒至今依然受人喜爱。船上宴席，武帝大概是饮酒微醺，陶然吟咏这首诗歌。

那么，诗中所说的“佳人”是谁呢？屈原等楚国诗人说到水边佳人，指的就是殉死于舜的湘君、湘夫人，另外也暗指君主。日夜思念佳人，也可以解释为日夜想念君主的忠诚形象。但是，武帝本身就是君主，所以有人认为此处的佳人指的是国都长安里的群臣。不过，指的是后宫女子的解释恐怕更合乎情理。

武帝从姐姐平阳公主的家里把歌女卫子夫带出来的时候是十八岁。不知道当年的卫子夫多大年龄，大概和武帝相差不大。那么，这一年的卫子夫应该有四十岁。思念四十多岁的佳人，虽然也很正常，但卫皇后不再是集武帝宠爱于一身的女子。后宫还有为武帝生子的王夫人、李姬（后来的李夫人是另一个人）。

这里所说的“佳人”，不是现实中的人，而是神仙。这种解释似乎更适合当时的武帝。

独裁者往往都以为自己是超人，当他完成别人无法完成的事业时，就认为自己是特殊的人。秦始皇也是如此，自称“真人”。可悲的是，“超人”也会年老，也会死去。据说秦始皇为得到长生不老药，出巨资让徐福远出东海寻觅，因为他相信神仙。

汉武帝也相信神仙。他一方面是现实中的政治家，整饬完善儒家体制，另一方面却是神仙的信奉者，二者并不矛盾。

《论语》说：

子不语怪、力、乱、神。

怪，就是怪异，类似幽灵的东西。力，就是勇力之技。乱，就是叛乱。神，就是神仙。孔子只是不喜欢谈论这些话题，并没有否定。

老庄是哲学、思想，不是宗教，只是后来与民间的信仰、咒术等融合在一起，成为道教，但汉初时还不是这样。前面经常说到，文帝、景帝两代的主流思想是老庄。由于把“无为”奉为理想，所以讨厌那些形式热闹盛大的仪式。文帝时代，曾经有一个名叫新垣平的方士宣扬神仙，后来知道是一个骗子。从此以后，文帝几乎不参加祭祀仪式，完全交给祠官一手办理。景帝也沿袭父亲的做法。

武帝远比他的父亲和祖父对神仙感兴趣，对祭祀也很热心。于是，新垣平之类的方士不断出现在武帝的宫廷里，如李少君、齐的少翁、栾大这些人。

武帝即位初期，由于窦太后的严厉监视，无法举行不合黄老之道的祭祀和仪式。武帝第一次在雍祭祀五畤，是在窦太后死后的元光二年（前133年）。

雍在陕西省凤翔县，离长安西面不到二百公里的丘陵上修建有祭天的祭坛。畤是祭祀的庭院。五畤，就是祭祀五帝。

《史记·封禅书》记载，秦代之前一直都是四帝，高祖增加一帝，成为五帝。

天上有五帝，即白、青、黄、赤、黑。高祖所增加的就是黑帝。帝的名字冠以颜色，表示各自的方位和季节，并配以鸟兽。

颜色	方位	季节	鸟兽
青帝	东	春	龙
赤帝	南	夏	凤（鸟）
白帝	西	秋	虎

黑帝　北　冬　武（龟）

黄帝　中央

我们现在经常使用的“青春”这个词也是颜色和季节的组合。日本的国技相扑的土俵称为青房、赤房，也是源于方位。宫殿的南门称为朱雀门，朱（赤）代表南，方位兽是鸟。北门称为玄武门，玄代表黑色。高松冢的壁画，东、西、北三面的壁画上分别画有青龙、白虎、玄武。南面墙壁被盗墓者挖掘，已经坍塌，基本可以确定画的是朱雀。

武帝从第一次祭祀五畤以后，每隔三年都要亲郊（亲自到郊外祭祀）。元鼎四年（前 113 年），正是亲郊之年，武帝忽然说道：

今上帝朕亲郊，而后土无祀，则礼不答也。

光祭祀天，如果不祭祀后土，即土地神，这不是有偏心吗?“答”就是成对，意思是要取得平衡。他担心礼会破坏平衡。

于是在汾阴修建后土祠，武帝第一次去亲郊的时候创作这首《秋风辞》。

祭地的效果立刻显现出来。在武帝亲郊后土祠七个月后，从汾阴后土祠的兆域的地下出土一只大鼎。经过调查，确定不是人为的造假，便将大鼎收藏于甘泉宫，以供奉宗庙和上帝。

汉武帝在位五十五年。即位二十九年的时候亲郊后土祠，以其一生划分前后期的话，此后进入武帝的后期。

武帝即位的前半期，除了去大约二百公里之外的雍亲郊五畤外，没有其他远行。但在他即位的后半期，自从去过汾阴的后土祠后，经常巡游，包括泰山封禅等。

按照儒家的理想，天子应该巡狩天下，视察民情。秦始皇也是大旅行家，但是他的巡游与儒家思想无关，而是示威于天下。汉武帝的巡游兼具这双重意义。

文帝、景帝都不敢封禅，但武帝在亲郊后土祠三年后断然决定前往泰山封禅。

秦始皇封禅的时候，已经不知道封禅的仪式过程，询问鲁国儒者，回答也是各种各样，只好按照自己的想法进行。秦始皇封禅的仪式过程的记录被封存起来，没有传之后世。汉武帝的封禅仪式大概是参照他在雍祭祀上帝的仪式。秦始皇登泰山时，遭遇暴风雨，于是儒家就流传着其实秦始皇并没有封禅的说法。秦始皇似乎早就预料到儒家会这样在背后风言风语，所以就在山顶上立石碑为证。

据说武帝前期著名的文学家司马相如在他的作品中劝说武帝举行封禅仪式。

武帝奉行儒家思想，崇信神仙，决定举行只有圣天子才允许的封禅仪式，可以说是他本人自然而然的意愿。

元封元年（前 110 年）匈奴在遥远的边境不敢骚动作乱，南越已被平定，归入汉的版图，而且宝鼎出土，瑞兆呈现，封禅的时候到了。

这一年的岁首十月，武帝从云阳北上巡游上郡、西河、五原，并出长城，登单于台，足迹至朔方。这固然也有向匈奴示威的目的，其实是为封禅做准备。武帝听说古代封禅有“振兵释旅”的条件。就是收缴兵器，解散军队。

只有创造出天下太平圣世的圣天子才有资格泰山封禅，既然是天下太平，就不应该还保留着庞大的军队，至少也必须裁军。

在这次巡游中，武帝削减朔方的军队十几万，让他们在须如这个地方全部解散。

正月，武帝去缑氏县，祭祀中岳太室山。中岳，就是嵩山。接着，武帝率群臣往东来到海边，巡礼八神。四月，登泰山。

封禅是一种秘密仪式，武帝只带一人登泰山举行封禅仪式。随武帝登上泰山的是奉车都尉霍子侯。他是霍去病的儿子，那时肯定还是一个少年。如果霍去病还活着，也不过三十一岁，所以他的儿子应该还未成年。

一切都在极度秘密中举行。

唯一的随从霍子侯在封禅之后很快就死去。

武帝归途中从碣石往辽西，再转到九原，于五月回到甘泉宫。据说行程一万五千里。虽说率群臣巡游，但旅程漫长，随行人员也有限。

能够跟随皇上参加这次前所未有的封禅盛事巡游，绝对是荣幸之至，而未能随从者，也一定感到沮丧遗憾。

作为负责记录历史的太史令司马谈，从工作上说也应该跟随而去的，却没有被选上，只好留在洛阳。他为此愤慨而死。这个司马谈就是撰写《史记》的司马迁的父亲。

司马迁在《史记》的自序中这样叙述父亲死去的经过以及他的遗言：

是岁天子始建汉家之封，而太史公留滞周南，不得与从事，故发愤且卒。而子迁适使反，见父于河洛之间。太史公执迁手而泣曰……

太史令隶属于太常，与博士一样，俸禄六百石。据说司马家族从周朝开始就一直负责记录的工作，记录天文和史实。司马谈对自己的事业充满自豪，尤其是封禅仪式这样的大事，他相信作为保管史实记录、满脑子都装满古代规矩的太史令应该发挥最重要的作用。然而，封禅的随从不需要太史令。

今天子接千岁之统，封泰山，而余不得从行，是命也夫，命也夫！余死，汝必为太史；为太史，无忘吾所欲论著矣。

这就是命啊！这句话重复两次，说明他是何等的沮丧失望。司马谈的遗言最后这样说道：

自获麟以来四百有余岁，而诸侯相兼，史记放绝。今汉兴，海内一统，明主贤君忠臣死义之士，余为太史而弗论载，废天下之史文，余甚惧焉，汝其念哉！

据说为孔子编纂的《春秋》是鲁国的编年史。《春秋》终结于获麟，之后至汉武帝时代历经四百多年。其间诸侯兼并斗争，历史记录被置之不顾，以至断绝。汉统一天下后，出现值得载入史册的明君、忠臣、义士。然而，自己作为记录历史的太史令都不能记述评论，废绝天下之史文，实在诚惶诚恐，只好将后事委托儿子。

为什么司马谈费绝史文呢？这是因为太史令这个官职的性质偏重记录天文，而轻视记录历史。一说到太史令，一般以为是制定历法的行家。

他虽然希望论载明君、忠臣、义士，但忙于制定历法，所以无法记述评论。当时是在木简、竹简上写字，还要穿缀起来，著述的速度慢得不如人意。

既然是父亲的嘱托，司马迁发奋著述《史记》。让司马迁如此发愤的，还有别的原因，我将在后面论述。

在武帝泰山封禅的后面，还有这些为武帝所不知的事情。

在完成泰山封禅这前所未有的盛事之后，武帝和汉帝国的命运都开始走下坡路，这实在是一个讽刺。

这在封禅前后的战争中也暴露出来。封禅之前的战争就是平定南越，之后就是朝鲜之战。汉朝虽然都取得这两次战争的胜利，却有很大的不同。在对朝鲜的作战中，暴露出将军不和的丑恶的一面。这次战争与前年的庆贺封禅的气氛很不协调。

平定朝鲜两年后，大将军卫青死去。卫青后来长期默默无闻，但是，他的死标志着一个时代的结束。

象征着汉朝激情澎湃的活力的卫青、霍去病以及卫皇后的时代已经过去了。

卫皇后是皇太子的生母，依然健康地居住在武帝的宫殿里，但她已是明日黄花，不再受到武帝的宠爱。注释家对《秋风辞》中的“佳人”的解释各种各样，但没有听到指的是卫皇后的解释。

卫皇后是春风骀荡时节的佳人。

立于秋风之中的另有佳人。

她就是中山出身的李夫人。中山在北京西南面，战国时代白狄族建立中山国。汉朝时，武帝的哥哥刘胜任中山王。1968 年，解放军战士在训练时偶然发现一座古墓，判明是刘胜之墓，与马王堆古墓一样，一时成为热议的话题。刘胜是一个享乐主义者，据说生有一百二十个孩子。

李夫人的出身与歌女出身的卫皇后很相似。她一家皆为倡。所谓倡，就是歌手、演员等。她的哥哥李延年作为音乐家在朝廷任职。向武帝的宫廷推荐这些人才的还是那个姐姐平阳公主。

李延年能歌善舞，“新声变曲”，能创作新曲，令闻者感动。有一次，他在武帝面前边歌边舞，唱道：

北方有佳人，绝世而独立。
一顾倾人城，再顾倾人国。
宁不知倾城与倾国？佳人难再得！

现在无法知道这是一首什么样的曲子。虽然明知道倾城倾国，却还要倾心于佳人，这歌词有点颓废的感觉。武帝听罢，不禁叹息道：

善！世岂有此人乎？

武帝自言自语道：这世上有歌词所唱的那样的佳人吗？在旁边的平阳公主告诉武帝说李延年有一个妹妹。于是召入宫中，受到武帝的宠爱。

李延年成为协律都尉，大概相当于宫廷的音乐总长。李夫人还有一个哥哥李广利。武帝也想提拔李广利，但遵照高祖的遗训，无功者不能封为列侯，于是像当年对待卫青那样，武帝给李广利创造建功立业的机会。

李广利成为贰师将军，率兵远征西域。

贰师将军也是杂号将军，如率兵船出海远征的楼船将军一样，李广利率兵攻陷贰师城，所以授予他贰师将军的称号。

实际上，李广利被任命为贰师将军的时候，他的妹妹李夫人已不在人世。但是，武帝无法忘记李夫人，还打算通过莫名其妙的方士把李夫人从阴间唤回来，两人相会。为了难以忘怀的去世的佳人，武帝让她的哥哥建功立业。

后人批判武帝这种公私不分的行为。但是，对武帝来说，既无公也无私，他就是国家。后世的史学家批判重用李广利，是因为他不具备将军的能力。谁也没有批判武帝重用卫青，卫青也是武帝所宠爱的卫皇后的弟弟，但他的确是一个优秀的将军，在与匈奴的作战中功勋卓著，谁也批判不了。

据说卫青小时候曾在北方牧羊，后来成为平阳公主宅邸的骑奴，是一个骑马的随从。而李广利是在艺人家里的轻歌曼舞中长大，所以不堪承负野战部队将军的重任。

贰师城是张骞出使月氏时途经大宛国的一个城市。它的确切位置，说法不一，但以名马产地而著称。它位于苏联中亚境内，如此遥远的征途，在当时的确是无法想象的艰难。

武帝的目的是得到名马，那个时代，国防的重要力量还是要依靠战马。武帝作为汉朝的君主，希望得到名马是很自然的，不过这其中似乎也包含着武帝喜欢名马的个人因素。

通过张骞的出使西域，开通了汉通往西域的道路，贸易也逐渐繁荣起来。大宛出口汉朝的主要是马匹，但他们似乎把最好的骏马藏在贰师城，不拿出来。武帝曾派人向他们提出希望得到贰师城的名马，但遭到大宛王的拒绝。当时，汉的使节破口大骂，态度极坏，结果归途中在郁成城被大宛士兵袭击杀死。

这就是远征大宛的原因。

太初元年（前 104 年），李广利出征。前面说过，这一年修改历法，将十月岁首改为现在这样的正月为岁首，从太初二年开始实行。

根据出使大宛的姚定汉等的报告，大宛军队弱小，汉军三千人便可平定。果然，元封三年（前 108 年），赵破奴率轻骑兵七百攻取楼兰，俘虏楼兰王。与匈奴不同，楼兰、大宛等西域各国多是商业民族，军队的确不是很强。

大概对手是弱国，武帝特地给自己亡妻的哥哥这个建立军功的机会。虽然对方军队弱小，但这一路遥远漫长的行军实在是艰苦卓绝。

大宛远征军的主力是属国的六千骑兵。所谓属国，就是投降汉朝的别国的军队。此外，加上各地的“恶少年”数万。少年，就是年轻人，不从事正当职业，打架斗殴的地痞流氓，大概其中也含有囚犯，是一些打算靠抢劫挣一把的性质恶劣的集团。

丝绸之路上的绿洲国家流传着抢劫掠夺的土匪军就要攻杀过来的传言，于是各国的城门都紧紧关闭。各种消息满天飞，说是汉军就要来攻城，一旦攻陷，就会大肆抢劫，搜刮所有粮食，如果包围几天还攻不下，就会放弃，转而攻打另外的城门。丝绸之路是贸易的道路，信息的传递非常迅速。总之，只要坚守几天，对方就会放弃攻城，所以一定要死守。大宛是远征军的目的地，所以不会对其他的小城市纠缠不放。汉的远征军遭到饥饿的威胁。

远征军经过千辛万苦终于到达大宛东部边境的郁成城，这是这次战争导火索的汉朝使节被杀之地。到达此地的士兵只有几千人。郁成是大宛国的一个护防城，然而，汉朝军队连这一座国境的护防城也久攻不下。不仅如此，而且大宛国里应该是战斗力很差的守军反而出击，大破汉军，多有伤亡。如此看来，根本就不可能前往贰师城，只好撤兵返回。远征军的使臣向长安奏文报告退却返回的原因，其中有的文字十分悲惨：

道远多乏食；且士卒不患战，患饥。

武帝大怒，严令入玉门关者斩。李广利的远征军无奈只好停留在敦煌。

第二次远征的时候，事先做好周到的准备，吸取第一次失败的教训，准备充足的粮草。还带去十万头牛，无疑这也是士兵的食物。此次远征，动员士兵六万，这不包含“私从者”，就是自带粮食的从军者。

如此大规模的动员，表明汉朝的巨大决心。这一次沿途各国都大开城门，表示欢迎，而且给汉军提供粮食。因为他们知道，如果抵抗，会造成什么样的后果。只有轮台城抗拒汉军，数日内被攻陷，结果遭受“屠之”。史书上只是简单的两个字，然而所谓的“屠城”，就是不分男女老少，尽数屠杀。

大宛国胆战心惊。大宛王藏名马、杀汉使，结果触怒汉帝国，他以为两国距离遥远，汉朝鞭长莫及。大臣们认为，保住大宛国不被毁灭的唯一方法就是追究王的责任，杀掉国王，献上名马。

大宛国的国都是贵山城。关于贵山城的位置，桑原骘藏[①]认为在俱战提（Khojent），而白鸟库吉认为在喀山（Kâsân），两种观点在大正时期的日本史学界引起热烈的争论。

这个国都的致命弱点就是水源的问题。城内没有水井，只是依靠城外的河流。继张骞之后，汉朝使节以及贸易商队也有所往来，所以知道这种情况。这次李广利的远征军就特地带来水工，对大宛国“决其水源，移之”。改变大宛城所依赖的河流的水道，将河水引向别处。

桑原和白鸟就这个问题展开争论。俱战提旁边的确有河流，就是锡尔河。这是一条大河，白鸟认为不可能改变其水路，将其作为否定贵山城在俱战提的根据之一。桑原骘藏认为锡尔河的河水至今还很浑浊，无法饮用，但流入锡尔河的小河流的水可以饮用，当年的水工应该可以改变小河流的水道。

四十多天以后，大宛国的大臣们将王的首级献给李广利，请求投降，并声称如果汉军不接受投降，那只好杀掉所有的名马，死战到底，等待康居的救援。李广利接受大宛的投降，立亲汉派昧蔡为大宛王，然后撤兵。

凯旋途中，沿途各国都主动将王的儿子或弟弟送到汉军中，作为人质跟随前往长安。

李广利以此功封为海西侯。大宛的“汗血马”极为有名，武帝得到汗血马，兴奋不已，让人作歌。此时歌词创作的名人司马相如已不在，作

---

① 桑原骘藏（1870—1931 年）：日本东方史学者、京都大学教授。对近代东方史学，尤其对东西方关系史的研究颇有造诣。著有《蒲寿庚事迹》《东西交通史论丛》等。——译注

曲大概是李广利的兄弟李延年。

天马徕，从西极，
涉流沙，九夷服。
天马徕，出泉水，
虎脊两，化若鬼。
天马徕，历无草，
径千里，循东道。
天马徕，执徐时，
将摇举，谁与期?
天马徕，开远门，
竦予身，逝昆仑。
天马徕，龙之媒，
游阊阖，观玉台。

反复吟唱“天马徕”，可见武帝喜悦的心情。

但是，这次大宛远征也有黑暗的一面。凯旋的士兵只有万余人，并不是因为阵亡，而是因为饿死。出征之前，准备那么充分的粮食，沿途各国还提供粮食，竟然还饿死这么多人。不言而喻，这是各级军官克扣军粮的结果。本应问责，但这次武帝一概不予追究。

跟随贰师将军远征的搜粟都尉上官桀英勇攻打大宛的护防城郁成，并追赶城主至康居国，虏而杀之，以此功提拔为少府。少府是九卿之一，相当于“经济阁僚”的职务。上官桀后来步步上升，成为武帝托付后事的亲信。

大宛远征的胜利可以说是依靠物资数量的获胜，不是总司令李广利的才能发挥作用。但是，朝廷对这个打胜仗的将军的期望值太高，其实让他作为宫廷的摆设也就可以，但武帝继续让他掌握军权。这个时候，恰好是汉与匈奴的关系再次恶化的时期。

李广利第一次远征大宛失败是在太初元年左右，当时似乎气候异常。上一年是大旱灾，而且每年都有蝗灾，蝗虫铺天盖地，不仅仅是农作物，凡是绿色的东西都被它们一扫而光。对于没有储备的匈奴来说，天灾极为可怕。牲畜接连死去，粮食极度匮乏，而偏偏在这个时候又发生内讧。

名叫儿单于的匈奴年轻统领是一个暴君，喜欢杀人。他使用恐怖手段给人们造成威慑力，以保住自己的地位，因此必然产生反对派。反对派的首领是左大都尉，他派密使来汉，表示要杀单于降汉。

汉为援助左大都尉的政变，在长城外修建一处基地，名叫受降城，并派赵破奴率两万多骑兵进入匈奴地区。

左大都尉的政变失败，反被儿单于所杀。原本是为里应外合进入匈奴地域的赵破奴孤军深入，被八万匈奴军队包围，终被俘虏。

第二年，儿单于死去，其叔父呴犁湖为单于。但呴犁湖也于第二年死去，其弟且鞮侯为单于，将扣押的汉使者送还，修国书让使者带回去，其中写道：

汉天子，我丈人行也。

看来两国的关系可以得以修复，于是汉朝派中郎将苏武将匈奴使节送还，并赠送大量财物。但是，匈奴扣留了苏武。

匈奴也有它的苦衷。五年内立三个单于，这就不正常。在国内不稳定的时候，害怕汉朝攻打进来，所以送上卑躬屈膝的国书，可是在国人面前不能显示过于软弱的姿势。这说明且鞮侯单于的地位大概极其微妙。

天汉二年（前 99 年），李广利率三万骑兵从酒泉出击天山，与右贤王的匈奴军队作战歼敌一万余人。但在归途中被匈奴大军包围，陷入进退维谷的困境，幸亏猛将赵充国决死拼搏，才突围逃出，但损兵折将达六七成。

同一时候，骑都尉（俸禄二千石的武将）李陵率五千步兵出居延北上，经过三十天行军，抵达浚稽山。

李陵是前将军李广之子。李广是一员猛将，因庇护在与匈奴作战中迷路的部下而自杀。他的祖先是秦国名将李信。在秦国攻打楚国的时候，老将王翦与年轻的将军李信的配合作战十分著名。李陵作为将门之子，怀有一种自豪感。

起初武帝打算让李陵指挥辎重部队，但李陵提出不想在后方，愿意上前线。武帝说“已无骑兵”，李陵回答说“步兵足矣”。

李陵率领的五千步兵在浚稽山与单于的大部队三万骑兵遭遇。李陵如猛虎下山，顽强战斗，经过八天苦战，兵员损失大半，也无援军，最终刀折矢尽，缴械投降。

日本作家中岛敦①创作有小说《李陵》，为文学爱好者所熟悉。

汉朝廷得知李陵投降后，群臣皆对其论罪，大概他们都看皇帝的脸色说话。武帝对李陵的投降感到不快。对投降本身另当别论，最主要的是他不愿意给李广利担任后勤辎重工作，非要亲自率领独立步兵军队上前线不可。武帝本想让李广利立功，而李陵不予以配合，这让武帝心中存有芥蒂。

也许李陵心想李广利出身于卑微的歌舞之家，我一个堂堂将门虎子怎么能甘心受他指挥呢？

武帝心中所想形诸颜色，群臣察言观色，迎合皇上。反正李陵确已降服，无法自我辩解。在群臣一片的有罪论声中，只有司马迁一人为李陵辩护。

《汉书·李广苏建传》以“迁盛言”记述这一段话：

陵事亲孝，与士信，常奋不顾身以殉国家之急。其素所畜积也，有国士之风。今举事一不幸，全躯保妻子之臣随而媒蘖其短，诚可痛也！且陵提步卒不满五千，深輮戎马之地，抑数万之师，虏救死扶伤不暇，悉举引弓之民共攻围之。转斗千里，矢尽道穷，士张空拳，冒白刃，北首争死敌，得人之死力，虽古名将不过也。身虽陷败，然其所摧败亦足暴于天下。彼之不死，宜欲得当以报汉也。

---

① 中岛敦（1909—1942 年）：日本小说家。作品多以中国历史为题材。著有《李陵》《山月记》《光与风与梦》等。——译注

司马迁满怀激情地为李陵辩护，这大概也令武帝很不高兴。

司马迁的言外之意是：李陵率五千步兵遭遇匈奴的主力军（单于亲自率领的大军），依然拼死苦战；而李广利率三万骑兵与匈奴的机动队（右贤王的军队）作战，却折兵六七成，自己落荒而逃，好容易才拣了一条命。

武帝认为司马迁诋毁李广利的功绩是为了给李陵辩护，决定对司马迁处以腐刑。腐刑，就是宫刑，即阉割男性生殖器。这对士大夫来说，最大的耻辱莫过于此。

司马迁作为士大夫，本应自尽。但是，他受到宫刑以后，仍然活下来。他一定想死。他明明知道武帝对李陵不快，却还要为李陵激烈辩护，就是因为相信自己是正确的。同为朝廷大臣，司马迁和李陵见过面，但没有亲密的交情。

坚持自己的所信，却为此受辱，就他的生死观而言，必定会选择死。但是，他不能死，因为他还没有完成父亲司马谈的遗志。

论载历史——父亲临死前拉着他的手流泪托付的情景大概浮现在他的脑海里，呵责他想结束自己一了百了的心思。

司马迁四十八岁时被处以宫刑，两年后出狱。关于他的生年，《史记正义》说是景帝中元五年（前 145 年），《史记索隐》说是武帝建元六年（前 135 年）。今从前者之说，如从后者，他就是三十八岁受宫刑。

武帝因一时激怒，对司马迁处以羞辱的刑罚，但仔细一想，大概也明白司马迁说的话是正确的。那个时候，如果给李陵派去援军，也许就能大败匈奴的主力军，说不定还能活捉单于。武帝看过无数有关与匈奴作战的报告，这样的事还是清楚的。

其实武帝本来打算派曾作为伏波将军远征南越的路博德率兵增援李陵，但路博德上书说，现在正是秋高马肥季节，匈奴军力强悍，等到春天出击为宜。武帝一心以为这肯定是李陵不想和匈奴打仗而让路博德上书推迟出动援军。武帝就感情用事，不去救援李陵。后来查明，李陵和路博德之间根本就没有这种勾结密谋。

武帝感到后悔，命公孙敖将军率兵进入匈奴腹地，救出李陵。公孙敖的军队未能完成这项任务，无功而返。当时有人报告说：

捕得生口，言李陵教单于为兵以备汉军。

武帝一听，立即将李陵家族——包括母亲、弟弟、妻子、子女等全部诛杀。

其实，匈奴俘虏所供述姓“李”的不是李陵而是投降匈奴的汉的塞外都尉李绪。李绪很早就投降匈奴，在匈奴王廷中排在李陵前面。李绪不是像李陵那样苦战力竭而降，而是奚侯城被围而降。单于的母亲大阏氏似乎很喜欢他，单于也给予他宾客的待遇。李绪讨好巴结女人，过着逍遥自在的生活，李陵大概一直就很讨厌他。然而，当他知道自己正是因为这个人而全家被杀之后，心情绝望。

李陵怒不可遏，叫人杀掉李绪。单于的母亲也大为恼怒，欲杀李陵，但单于喜欢李陵这种军人性格，悄悄把他藏在北方。不久，大阏氏死后，单于把李陵叫回来，把自己的女儿嫁给他，立他为右校王。李陵此时对汉朝已经完全绝望，就成为匈奴人。

贰师将军李广利后来一直驰骋沙场，与匈奴继续作战。

司马迁入狱两年后被大赦，出狱后担任中书令，负责文书工作。他便专心致志于《史记》的著述。司马迁所遭受的耻辱令人不堪忍受，内心的创伤无法言表，片刻不忘。司马迁似乎认为只有这样心灵受伤的人才能专心著述。他在给朋友任安的书简中这样写道：

盖西伯拘而演《周易》；仲尼厄而作《春秋》；屈原放逐，乃赋《离骚》；左丘失明，厥有《国语》；孙子膑脚，《兵法》修列；不韦迁蜀，世传《吕览》；韩非囚秦，《说难》、《孤愤》；《诗》三百篇，大底圣贤发愤之所为作也。此人皆意有所郁结，不得通其道，故述往事、思来者。

司马迁的这段话在著述人的心灵深处都会产生沉重的回响。

司马迁承受着父亲被排除于封禅仪式之外的屈辱，同时自己的身心又经受如此巨大的创伤，他一边抚摸着这双重的伤痕，一边执笔著述。

司马迁评论历史人物，他在班固的《汉书》中也受到评论。《汉书·司马迁传》的结尾这样批判他：

论大道而先黄、老而后六经，序游侠则退处士而进奸雄，述货殖则崇势利而羞贱贫，此其所蔽也。

主张黄老之学问优先于六经。虽然儒家思想逐渐成为国教，但在司马迁那个时代，老庄思想还是主流。《汉书》写于东汉，正是儒学全盛的时代，所以这样批判司马迁也是可以理解的。但是，《史记》准确地反映出汉武帝的时代精神。

司马迁论述游侠，也是那个时代崇尚侠气的反映。所谓处士，就是没有当官的文化人，也就是隐者。对隐逸之士格外尊重始于东汉，从这个批判可以看出西汉和东汉的差异。

《史记》里经常出现隐者似的人物，但这些人都不希望登上历史舞台显姓扬名，司马迁尊重他们的这个意愿。张良为辅佐惠帝，特地说服隐居山中的四个老人出山。这四个老人就是隐士，他们只是在辅佐皇太子时代的惠帝时出现在历史舞台上。司马迁也只是在这个时候提到他们。

“进奸雄”，大概指的是把项羽放在本纪里，与高祖同一规格。另外，司马迁对奸雄很少批判，这大概也让严谨的东汉人感到不满。是否“奸”的评价标准，东汉以儒家思想作为唯一的尺度，这与司马迁时代也是不同的。

《史记·货殖列传》赞扬实业家、富豪，这似乎也引起东汉人的不满。

布衣匹夫之人，不害于政，不妨百姓，取与以时而息财富，智者有采焉。

这是司马迁的富豪观。《汉书·货殖传》严厉指责《史记》认可为“诚壹之所致”的曲叔（掘墓业）、雍乐成（行商）等是：

犹复齿列，伤化败俗，大乱之道也。

然而，司马迁刻骨铭心地知道财富的重要性。前面时常说到“当死，赎为庶人”。张骞也是如此。即使被定死罪，还有一条花钱赎命的道路。

钱可买命。宫刑之罪比死刑轻。司马迁为李陵辩护，触怒武帝，其实可以用钱免除阉割之刑。然而，令司马迁扼腕叹息的是，他没有那么多的财富。“只要有钱……”他一定懊恼悲叹。只要不损害政治，不妨碍百姓，积蓄财富有何不可？他的主张是应该积极追求利殖。

《史记》的列传，第一卷是义人《伯夷列传》，最后一卷是积累财富的实业家《货殖列传》，如此安排，或许是司马迁有意为之。

走向冬天

太始元年（前 96 年），大赦出狱的司马迁五十岁（《史记索隐》说是四十岁）。这一年，武帝六十一岁，他从十六岁即位，已经在位四十六年。

武帝在位五十五年，七十岁时死去。他的晚年是黑暗的时代。在这个黑暗的时代，司马迁完成了《史记》。

导致社会黑暗的是前面所述的“巫蛊”，相信把偶人埋在地下施加诅咒，自己所憎恨的人就会死去。陈皇后的失势就是因为与巫蛊有关。

司马迁出狱的太始元年春正月，公孙敖被腰斩。《资治通鉴》记述道：

坐妻为巫蛊。

这可以说是后来发生的极其残忍的“巫蛊之乱”的开端。

公孙敖曾经在卫青被馆陶公主抓起来要被杀的时候，率领壮士把他救出来。担任将军以后，有过两次失败，一次是损兵七千，另一次是未能按时会师，两次都该处斩，但赎罪为庶人。损兵折将七千自然是一场败战，但还是保住了性命。

然而，一旦牵扯进巫蛊，那就无可救药。这个死刑还不是他自己的罪行，而是为妻子的连坐。这说明巫蛊的妖术之罪比战败还要重。

当时巫蛊似乎的确十分流行，而且多是女子所为。据说巫蛊之术不仅可以咒杀别人，还能实现自己的愿望，所以谁都想试一试。

对巫蛊之术处以比战败还要严厉的刑罚，既然要冒这么大的危险，也许人们反过来会认为它的确极为灵验。

既然是不可赦免的死刑，自然就会被人利用，作为保护自己、陷害政敌的武器。

前面说过，汉代是一个游侠横行的时代。阳陵大侠朱安世触犯法律，却一直抓不到。侠客世界里，也许会有秘密的互助组织，但抓不到朱安世，似乎是因为他知道巫蛊的秘密。这可以说是以巫蛊作为保护自己的武器的例子吧。

虽然巫蛊的流行极其秘密，但要制作偶人，要挖坑，要请巫女施加咒术，要在地面上洒酒，这一系列的事情不是一个女子就能完成的。因此需要帮手，帮手要冒杀头的危险，自然也要求高额酬金。这些人一般都不务正业。

朱安世是黑社会的大头目，对谁委托谁施行巫蛊都十分清楚。

巫蛊的特点是罗织罪名。陷害清白无辜者，无中生有诬以罪最为便利。朱安世对巫蛊的过程也很通晓。如果有人要抓自己，朱安世已经准备好诬陷的罪名，于是警告官府，胆敢抓我的话，小心你们自己的小命。

但是，这时发生一起抓捕大侠朱安世的事件。

事情是由丞相公孙贺的儿子公孙敬声的不端行为引起的。

公孙贺是卫皇后的大姐君孺的丈夫，公孙敬声和皇太子刘据以及故去的霍去病等是表兄弟关系。正因为如此，公孙敬声就以为自己可以无所顾忌地为所欲为，十分蛮横骄矜。

父亲公孙贺是一个气量极小的人物，十几年前被任命丞相的时候，就哭哭啼啼地推辞不干，因为汉朝的很多丞相被问责处死。

窦婴、李蔡、严青翟、赵周等，九个丞相中，四个人或被处死，或自杀，或死于狱中，死亡率如此之高，所以公孙贺胆战心惊。之前他是九卿之一，是负责马政的太仆，努力管理好天子的车马以及马厩，或者调拨军马，与身家性命没多大关系。一旦当上丞相，不知道什么时候这脑袋就会搬家。他跪在武帝面前，放声大哭，不可受命，但武帝把印绶放在那里，自己走出去，这下子公孙贺不得不接受丞相的任命。他上任以后，万分小心，慎之又慎，平安无事地干了十一年。

儿子公孙敬声接任太仆的职务，这个儿子实在是一个品质恶劣的家伙。公孙贺一生谨慎，在险象环生的丞相位置上小心翼翼地经营十几年，最后不是因为自己的工作失误，而是因为儿子的事情招致身败名裂的下场。

太仆公孙敬声贪污北军的公款一千九百万钱，这笔钱也许是用来购买马匹的。总之，他私吞公款而入狱。

丞相公孙贺焦急万分，坐立不安，一心只想着把儿子救出来。如果他立有大功，也许还有可能让儿子释放出来，但他不是武将，没有像妻子的弟弟卫青或者外甥霍去病那样与匈奴作战取得辉煌战果。他经过各种调查，知道黑社会的大头目朱安世长期未能抓捕归案。公孙贺明白，这是治安上的重大问题，如果抓住朱安世，就是自己的一大功劳。

于是，公孙贺竭尽全力搜捕朱安世，终于把他抓捕。朱安世听到自己被抓的过程，嘲笑道：

丞相祸及宗矣！南山之竹不足受我辞，斜谷之木不足为我械。

终南山的竹子和斜谷的树木非常之多是著名的。如果我要把所知道的事情全部招供出来，终南山这么多的竹子也比不上因此而获罪的人的数量多；即使将斜谷全部的树木做成枷具，也不够用于因此被抓捕的人。

这不仅仅是威迫恐吓，他的话有充分的证据。真的有人弄过巫蛊；也真的有人被他埋下木偶人，捏造罪名，受到诬陷。

事情闹大了。朱安世在狱中上书武帝，揭发公孙敬声与武帝的女儿阳石公主私通，还说甘泉宫的行幸路下面埋着咒杀皇帝的偶人，等等。

经过调查，朱安世的供述不是无中生有，果然从行幸路下面挖出偶人。于是，一向谨慎行事的公孙贺也和他的儿子一样被关进监狱，后来死于狱中。他的一家也皆被诛杀。

由于朱安世的揭发，武帝的女儿诸邑公主、阳石公主也都以巫蛊之罪被诛。这两个人都是卫皇后所生。卫青的儿子卫伉也同样因巫蛊连坐被杀。

卫青是平阳公主的丈夫，但卫伉不是平阳公主所生。

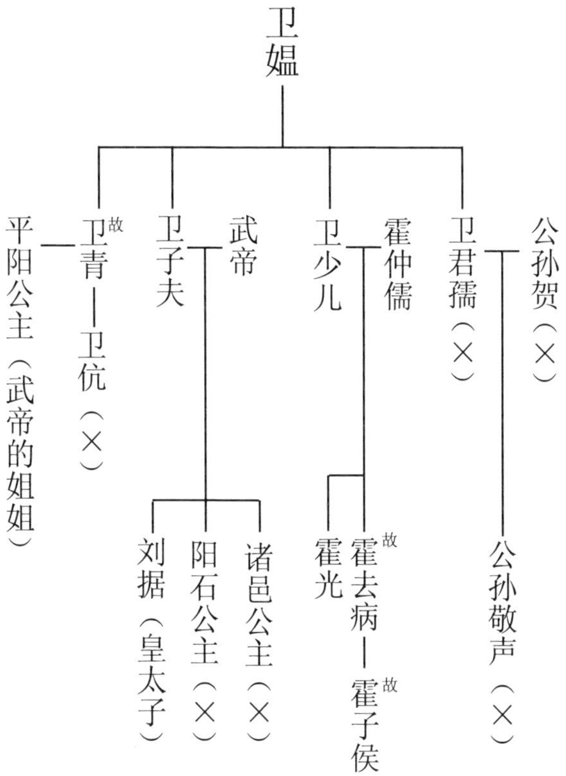

上图卫氏家族中带“×”号的都是因朱安世的揭发被诛杀者。从表中可以看出，卫皇后身边人已经所剩无几。

卫皇后失去两个亲生女儿，大姐一家满门抄斩，而且大将军卫青的遗孤卫伉也被杀。

那么，皇太子就安然无恙吗？刘据是卫皇后所生的唯一儿子，但武帝还有其他的儿子。王夫人所生的刘闳为齐王，李姬所生的两个儿子旦和胥分别为燕王和广陵王，还有武帝宠爱的李夫人所生的髆为昌邑王。在发生朱安世巫蛊大狱事件的征和二年（前 91 年）的三年前，赵婕妤生下一个名叫弗陵的皇子。

接近皇室的人都知道，武帝对皇太子刘据有一些不满。说是他不像自己，其实皇太子人品不错，只是在性格上与父亲武帝不太融洽。

朱安世所引起的巫蛊大狱事件可以说是第一次巫蛊之乱。事件发生在征和元年，公孙贺一家被杀在第二年。而在这一年，发生第二次巫蛊之乱，皇太子终于被牵连进去。

第二次巫蛊之乱的主角名叫江充。

江充是赵国邯郸人，有一个能歌善舞的漂亮妹妹，为赵王的太子所宠爱。赵王是武帝的同父异母弟刘彭祖，审慎严谨，勤于政务。赵王彭祖的胞弟（母亲是贾夫人）就是据说生有一百二十个孩子的中山王刘胜。虽说同一个母亲所生，兄弟俩的性格差异如此之大，令人不可思议。中山王讥笑哥哥赵王"兄为王，专代吏治事"；反之，赵王批评弟弟中山王"但奢淫"，"何以称为藩臣"。

赵王刘彭祖严于律己，但太子丹就不是这样的人。江充这个人大概是天生的告密者，他把从妹妹那里打听到的有关太子的事情一五一十地全部报告给赵王。太子恼怒，要抓江充，但他逃到长安。赵国太子则杀掉江充家族，大概太子内心有所隐疚吧。

江充在长安将赵国太子的所作所为向朝廷揭发。这个太子原本就不是品行端正的善类，一调查，果然基本属实。武帝便将赵国太子投进监狱，廷尉审理，判其死刑。

赵王刘彭祖为人耿直，他上书奏请，表示自己选拔赵国勇士，亲自率领讨伐匈奴，拼死力战，以赎儿子之罪。武帝没有同意他去讨伐匈奴，却免于太子一死，给予废黜太子的处分。

武帝以前从未见过江充这类人，第一次引见的时候，江充穿着奇装异服，给武帝留下深刻的印象。武帝高度评价他无所畏惧地揭发诸侯王的勇气，决定予以重用。

江充心里非常明白自己为什么会被重用。他天不怕地不怕，毫不留情地揭发一个又一个的皇亲国戚。就连馆陶公主、皇太子也不放过，江充指摘他们的过错。江充揭露说皇太子的使者的车马曾经从皇帝专用的驰道（行幸路）上驶过，为此皇太子派人向江充表示歉意，希望不要声张出去。江充没有接受皇太子的请求，还是把这件事奏闻天子。武帝对江充的这种不畏权威的严正态度感到满意。

江充这个人大概具有病态的异常性格，一天到晚就喜欢无事生非，栽赃陷害，否则心里就不痛快。

在朱安世的巫蛊大狱事件之后，江充制造第二次巫蛊大狱事件，他的目标指向皇太子。

由于驰道事件，江充为皇太子所仇恨。这时，武帝已经六十六岁，皇太子正是三十八岁的壮年。武帝时代不会持续很长时间了，武帝一去世，即位的皇太子必定要对江充进行报复。

江充从朱安世的做法中得到启发，他秘密准备许多木偶人，埋在各处，并且把手伸到宫中，在皇后的宫殿、皇太子的住所也都埋下偶人。

年迈的武帝变得疑心很重，十分迷信。一个匈奴出身名叫檀何的巫对皇上说“宫中有蛊气，不除去后患无穷”，当然这是受江充指使说的话。

如果一下子明目张胆地针对皇太子，就会露出欺骗的马脚，于是江充采取“群众运动”的方式开始。通过A诅咒B、C诅咒D的形式，从民间到政界，到处都陷入巫蛊的一片混乱中。一个接着一个地审问拷打，一个又一个无辜的人被杀害，据说这个数量达到几万人。这一切都是为了掩盖针对皇太子的真正目的。江充简直就是一个杀人嗜血的怪兽。在经过这一系列的准备之后，江充才让檀何对武帝说“宫中有蛊气”。

接着，后宫女性的住所，皇后、皇太子宫殿都被挖地三尺，结果发现很多木偶人，其中皇太子宫殿里最多。

皇太子终于下定决心，从江充过去的做法来看，不采取非常手段，自己就无法逃过这一劫。唯一的手段就是政变。

皇太子的家臣假装成皇帝的使臣，抓捕江充，带到皇太子跟前。皇太子骂道：

赵虏！乱乃国王父子不足邪！乃复乱吾父子也！

命江充在自己的面前自杀。这就是这个屠杀数万无辜者性命的旷世未有的妖人的结局。那个蛊惑捏造巫蛊之乱的追随者、胡言宫中有蛊气的胡巫檀何也被监禁于上林苑烧死。

此时，武帝在甘泉宫。

甘泉宫是秦始皇在咸阳西北面的甘泉山上修建的离宫，武帝加以扩建。泰山封禅后的第二年（前 109 年），武帝在甘泉宫修建巨大的通天塔。塔如其名，似可通天。据《三辅黄图》记载，该塔去地百余丈，望云雨悉在其下，上有承露盘，以承云表之露。所谓“云表之露”，大概就是神仙之药，武帝服用。汉代的一丈约为二点二五米。按照当时的技术条件，能否建造高达两百多米的建筑物，令人怀疑。《资治通鉴》的注释所引用的《汉旧仪》这样写道：

台高五十丈，去长安二百里，望见长安城也。

这个记述似乎可信。《三辅黄图》说是“去地”，不是说塔本身的高度，塔建在甘泉山的高处，大概说的是从地面算上去的高度。但无论如何，这绝对是塔身就超过百米的巨塔。

甘泉宫与长安城隔着渭水，距离约八十公里。当武帝在甘泉宫听到长安政变的消息时，迅即下令：

以牛车为橹，毋接短兵，多杀伤士众。坚闭城门，毋令反者得出。

接替死在狱中的公孙贺担任丞相的刘屈氂惊慌失措，连印绶都丢失了。相比之下，尽管武帝年迈，还是他镇静自若，严令镇压，但防止战斗事态扩大，可谓信心十足。

另一方面，皇太子在宫中向百官宣布：

帝在甘泉病困，疑有变，奸臣欲作乱。

自己之所以动兵，是因为武帝病重卧床于甘泉宫，恐有变故，有奸臣意欲叛乱。然而，武帝回到长安城西面的建章宫，皇太子的“帝病困”的说法不攻自破。

皇太子的政变以失败告终。

武帝具有神奇的超凡的力量，只要他“太子反”一句话传下来，再也没有人追随皇太子。皇太子释放长安的囚犯，试图调动北军出兵。他来到北军城门前，召来护北军使臣任安，授予节，命其发兵。

任安拜受节，但一返回城内，就紧闭城门。皇太子只好驱使市民在长乐宫西门一带与丞相的军队作战，交战五天，据说死者数万。

武帝依然健在，皇太子召集军队的理由就不能成立，于是逃兵不断，皇太子方面显然大势已去。武帝动员畿内之兵，所以兵员不断增加。

皇太子从长乐宫南面的杜门（又名为覆盎城门）逃出，司直（俸禄二千石的官）田仁可能未能固守城门，也可能故意视而不见放他逃跑，大概他觉得父子之争，应酌情处理吧。

丞相大怒，欲斩田仁。丞相在武帝身边，知道武帝毅然决然的态度。但是，御史大夫暴胜之（异本为景胜之）予以制止，其理由是司直乃俸禄二千石的官员，对他的处分必须上报申请。其实，暴胜之心里大概也认为父子不和的争斗与叛乱的性质不一样。御史大夫如此一说，丞相便释放了田仁。

武帝知道后，盛怒。丞相斩杀放走叛乱分子的官员是理所当然的，严厉责问御史大夫为什么要阻止？御史大夫暴胜之丧魂落魄而自杀。

宗正刘长和执金吾刘敢奉诏前往皇后处，收回皇后的玺绶。皇后的标志被收回，意味着被废黜，于是卫皇后自尽。四十八年前，歌手卫子夫入宫，她的年龄和武帝差不多，应该是六十五岁左右吧。

皇太子刘据东逃，躲在湖县的泉鸠里。一个富有侠义之心的鞋匠把皇太子藏起来，照顾他饮食起居。这鞋匠家庭贫困，过惯奢侈生活的皇太子无法忍受。皇太子在湖县有一个朋友，很有钱，便暗地里和他联系，结果他的藏匿处被人发现。

衙门派人包围，皇太子断定无路可逃，上吊自尽。一个名叫张富昌的士兵破门而入，新安县的官吏李寿和他一起把上吊的皇太子抱下来，大概他们最后置皇太子于死命吧。鞋匠英勇地和官兵作战，被杀。皇太子的两个孩子也被杀。

只有还在襁褓里的皇太子的孙子保住了一条命，将其放在监狱里，由女囚的乳汁喂养。皇太子的这个孙子长大以后，虽然获得宗正的籍（皇族籍），却一直在民间生活。幼名病己，长大后名叫询。

三十八岁死去的皇太子就有孙子，现代人会感觉奇怪，其实皇太子十五岁就和史良娣结婚，有孙子很正常。

皇太子七月壬午日杀江充，发动政变，八月辛亥日在湖县死去，这期间总共二十九天。

武帝赏罚分明。这是他在位五十年所领悟的作为皇帝应有的姿态。治罪的不仅仅是在杜门放走皇太子的田仁，在北军城门前接受皇太子授予节的任安也和田仁一起判处腰斩。任安虽然接受了节，但没有发兵，武帝怀疑他“有贰心”。既然接受了节，就会见机行事，坐观成败，倒向对自己有利的一方。可疑者受罚，但同时可疑者也会受赏，这叫做“疑赏”，不知是否该赏的可疑的功绩。新安县的官吏李寿和士兵张富昌最后刀刺皇太子，这是否算是功劳，就很值得怀疑，但他们都成为列侯。

听到任安入狱、被处以腰斩的消息的司马迁想起曾收到这个朋友的来信，却至今尚未回信。

司马迁出狱后任中书令，侍奉于武帝身边。任安的来信带着一种质问的语气：“君受上信任，岂不该尽推贤进士之义？”司马迁的回答含带辩解：自己是受宫刑者，并非普通之人，向上推贤进士之事，实在觉得不自量力，也没有这个资格。之所以忍辱偷生，只是因为论载历史的事业尚未完成。司马迁收到任安的信后，疏于回信，一直拖延下来，可是现在任安已被宣判死刑，如果再不回信，将成终生遗恨。而且，自己心灵的呻吟也只有濒死之人才能理解，于是决心利用这个机会向他倾诉。司马迁的回信就是著名的《报任安书》。他坚信，只有身心备受摧残伤痕累累的人才能著述，以此抚慰心灵的创伤。

少卿抱不测之罪，涉旬月，迫季冬，仆又薄从上上雍，恐卒然不可讳。是仆终已不得舒愤懑以晓左右，则长逝者魂魄私恨无穷。

任安被捕大概是在八月，此时已收监数月，临刑的十二月日益逼近。司马迁也要跟随三年一度的正月亲郊，时间也很紧迫。您若死去，我就没有机会向您倾诉满腔的愤懑。您没有机会听到我的倾诉，临死的魂魄会因没有收到我的回信而遗恨千古。所以，我才给您写这封回信……

《报任安书》不忍卒读。

就这样，很多人被卷进去的这个事件就此了结。后来，接连有人上书为皇太子辩护，认为他无罪，既有壶关县的三老令狐毛这样身份低的人，也有高寝郎田千秋这样具有相当身份的人。武帝召见田千秋，此人身材高大魁梧，所言合情合理，尤其“臣尝梦见一白头翁教臣言”这一句话让武帝动心，心想出现在高祖陵寝宿卫官梦里的必定是曾祖父高祖。

后来查明在巫蛊之乱中还有其他不少无辜蒙冤者，江充的诬陷捏造也逐渐查明真相。皇太子的目的只是想杀死江充这个阴险奸恶之徒，并无谋反父皇之意。武帝对此事深加反省。他在皇太子死去的湖县修建思子宫，命名为“归来望思之台”。

历史上频有父子相争之事，多为献媚谄谀者造成父子关系的恶化。尤其是父亲在位时间很长，已经高龄，而儿子正值壮年，这种情况就十分微妙。谋求权势利益者各有自己的打算，于是在老皇帝身边形成复杂的党阀派系。无党无派者被排斥在外。野心勃勃的人接着就把手伸进政权里，这些人往往麇集在皇太子身边。皇帝身边的既得利益者“皇帝党”十分憎恨皇太子周围的这帮利欲熏心的小人，而“皇太子党”对皇帝党这帮旧势力也是暗中较量：“等着瞧吧，新时代就要来临！”

巫蛊之乱的时候，江充这个怪人也参与其间，使得争斗纠纷更加激烈。为迎合江充之意，例如像苏文这样的太监上蹿下跳，到处活动。太监伺候皇帝的日常生活，在皇帝身边，最适合吹风。“太子与后宫的女子调情”之类搬弄是非的小报告会让武帝不知不觉地对皇太子产生疏远冷落的情绪。

当武帝知道皇太子是无辜的时候，便将江充一家尽行杀死，将太监苏文在渭水桥上烧死。在湖县刃刺皇太子而“疑赏”封为列侯的两个人自然被剥夺侯位，其一家皆被杀。

以大无畏精神为皇太子作无罪申诉的田千秋被提拔为大鸿胪，后又任丞相。他在武帝和昭帝两朝任丞相十二年之久，老年以后，准予乘车进宫，所以被人们称为“车丞相”。《汉书》为他立传。

确定皇太子无罪是在征和三年（前90年）的下半年，而这一年的上半年，巫蛊之乱余波未平，有人依然相信巫蛊的灵验。

因这次巫蛊之罪被诛杀的竟然是丞相刘屈氂，他是武帝的异母兄弟中山王刘胜的儿子。前面多次提到，刘胜是一个享乐主义者，据说有一百二十个孩子，刘屈氂就是其中之一，是武帝的侄子。

刘屈氂的儿子娶贰师将军李广利的女儿为妻。

这一年三月，为讨伐侵犯五原、酒泉杀死汉都尉的匈奴，李广利率七万军队远征。此外，商丘成率两万军队从西河出击，马通率四万骑兵奔赴酒泉。

丞相刘屈氂在渭桥边上为亲家送行，举行饯行宴会的时候，李广利对丞相耳语道：“早请昌邑王为太子；如立为帝，君侯长何忧乎！”

昌邑王刘髆是李广利的妹妹、已故李夫人的遗孤。

皇太子刘据死后，武帝尚未颁布继承者。从年龄上说，应该是燕王刘旦，但武帝看不上他。燕王的胞弟广陵王刘胥也不合武帝之意。

武帝最疼爱王夫人所生的齐王刘闳，但天不如人意，他过早死去。

太始三年（前94年），赵婕妤生皇子弗陵。当时武帝六十三岁。据说赵婕妤怀胎十四个月才生下弗陵。传说太古时代的帝尧也是其母怀胎十四个月才生下他。于是，武帝将生下弗陵的那个宫殿的门改名为“尧母门”。据说弗陵相貌酷似武帝，婴儿时期就骨骼健壮。

赵婕妤是河间人，据说她天生双手握拳，不张开，但只要武帝一摸，手掌就会展开，所以宫里人称她为“拳夫人”。

齐王刘闳已死，旦、胥、弗陵这三个皇子成为昌邑王刘髆的竞争对手。

如果昌邑王即位，李广利和刘屈氂就成为外戚，可保地位稳定。丞相的夫人愚蠢地坚信，为实现这个愿望，必须施行巫蛊之术。不仅心想，而且还实施。当时已经基本知道造成极大混乱的巫蛊中的大多数受害者都是冤案，所以没有相当确凿的证据，不敢向皇上揭发。揭发者是内者令郭穰。内者令是俸禄六百石的官员，负责管理后宫的衣服、帷帐等，可以经常听到后宫女子们的谈话。

经过调查，事实果真如此，于是丞相坐厨车至东市腰斩，妻子儿女被杀，枭首华阳街。

武帝的第十任丞相公孙贺被杀，他是历届丞相中第五个被杀者，而第十一任丞相刘屈氂被处死，说明一半以上的丞相死于非命。

出征的李广利听到自己的妻子、儿女被关进监狱的消息，明白只有立大功才能救他们，心焦如火，孤军深入，勉力作战，结果被亲率五万骑兵的单于所击败，李广利投降匈奴。关在长安监狱里的妻子儿女等一族自然尽被诛杀。

尽是这种令人阴郁的话题，下面还是这样的事情。

李广利投降匈奴后，娶单于的女儿为妻，享受最高的待遇，这引起早于他投降匈奴、已成为匈奴丁灵王的卫律的嫉恨，便玩弄阴谋诡计将李广利杀死。单于母亲患病，巫向祖灵询问，先祖单于的魂灵怒斥道：“胡故时祠兵，常言得贰师以社，何故不用？”据说匈奴对巫所传达的先灵的话绝对相信。李广利终于被杀，作为供奉先祖的祭品。然而，这一切其实都是卫律的阴谋，是他让巫这么说的。这样的故事我们听起来都生怕污脏自己的耳朵。

后元二年（前 87 年），武帝死于五柞宫。

拳夫人所生的弗陵即位，是为昭帝。他即位时才八岁。武帝临死前才立弗陵为皇太子，巫蛊之乱后，武帝一直让皇太子空缺。

武帝将后事托付给奉车都尉霍光、驸马都尉金日磾、太仆上官桀这三个人。霍光是武帝最信任的霍去病的弟弟。金日磾是匈奴休屠王之子。元狩二年（前 121 年），匈奴的浑邪王和休屠王一起打算降汉，但休屠王临时变卦，浑邪王杀之，网罗其部下，投降霍去病。金日磾当时就是被浑邪王所网罗的休屠王的部下。降汉后成为官奴，武帝发现其人才，置于身边。上官桀作为羽林期门郎（近卫仪仗兵）仕于武帝，力大无比，受到武帝的赏识。

这三个人深受武帝个人的信任，却不是政府行政机关至关重要的人。武帝委托后事为什么不叫丞相田千秋呢？

武帝死于五柞宫，在长安以西大约八十公里的盩厔县。虽然不是很远，但武帝毕竟死于旅途之中，政府行政机关的领导大概都在长安。

奉车都尉掌管皇帝的车马，驸马都尉掌管皇帝的副马，他们这一对，无论皇帝到哪里，都随时陪伴在身边。

相比之下，丞相、御史大夫与皇帝的关系就比较冷淡疏远。武帝以前所绝对信任的卫青、霍去病，后来成为大将军、骠骑将军，但最终也没有成为丞相。

丞相府、御史大夫府等称为“外朝”，而侍奉在皇帝身边的人则称为“内朝”。

由于接受了皇帝的遗嘱，霍光任大司马、大将军，金日磾任车骑将军，上官桀任左将军。他们相当于外朝的三公，而且握有兵权。

另外，按照武帝的遗嘱，搜粟都尉桑弘羊任御史大夫。搜粟，就是搜寻粟谷。粟是大米、谷物，这个官位属于经济官员。李广利将军远征大宛的时候，上官桀就作为搜粟都尉随军前往。

桑弘羊从武帝初期开始就一直是经济官员，掌管整个大汉帝国的经济。他的父亲是商人，在轻视商人的汉朝，商人的儿子能在宫廷里当官，实属例外。

武帝享年七十一岁，晚年健康不佳，多病，怀疑被人诅咒，于是严厉取缔巫蛊妖术。他应该有充分的时间考虑自己身后之事，在皇太子死后的四年里，武帝大概就思考这件事。

武帝一定认为，将八岁的弗陵立为继承者，家族的累赘比较少，如果再配备强有力的内朝辅佐，就可以继续维持武帝的体制。而成年的继承者，例如燕王刘旦等，他们已经在燕国的小朝廷里形成自己的班子。一旦即位，就一定会把这些人带到长安，改变武帝的传统体制。

年幼的弗陵当然没有自己的班子，只能继承武帝的体制，而且弗陵的母亲拳夫人是河间的贫贱阶层出身，又已经死去，就不必担心皇帝母亲系统的家族进入朝廷。

补记《史记》的褚少孙说：为了不让母亲的势力对幼帝产生影响，武帝赐死拳夫人。《汉书》记述说拳夫人受到责难，忧死。这个记述令人感觉闪烁其词。

在武帝死去的大约半年前，燕王刘旦派使者赴长安，奏请希望宿卫。他是年龄最大的儿子，认为自己理所当然就是皇太子，而皇太子就应该住在长安的宫殿里。武帝怒斩使者，这可以说以实际行动表示不打算立燕王为皇太子。

武帝对少年弗陵的品质大概也进行观察，认为这是最好的选择。让长期对自己忠心耿耿、表里如一、严谨审慎的值得信任的几个人辅佐这个品行端正的少年，自己就可以放心了。

武帝明白，自己死后，汉帝国最大的问题是如何克服经济危机，于是让长期默默无闻、却在幕后发挥巨大作用的经济通桑弘羊登上舞台。

丞相田千秋可以是一个装饰品，他碌碌无为，平庸无能，犹如文帝、景帝时代的大臣，他唯一的功绩就是上书为皇太子作无罪辩护。

余韵时代

虽然武帝对自己的身后进行慎重严谨的部署，但失去这个巨人，政局不可能不发生动荡。

昭帝八岁即位，他的确如父亲所预料的那样，英明贤良，却二十一岁短命早逝。昭帝在位十几年间，可以说是宫廷权力斗争的时代，而且并非杯子里的风暴，对人民生活造成相当大的影响。

高祖刘邦即位后至武帝即位的六十年间，可以说是为开创武帝时代的准备期。武帝死后，至西汉灭亡的九十年，可以说是武帝的余韵时代。

武帝刚死的时候，这种残留的余韵自然还很大。宫廷斗争派系繁多，错综复杂。

主要有如下几个斗争：

一、继承皇位的斗争；

二、内朝内部的主导权斗争；

三、内朝与外朝的争执。

由于幼帝弗陵的即位，皇位之争表面上已经终结，但燕王刘旦心怀不满。至少他认为，武帝死的时候什么状况、如何接受遗嘱等这些密室里的活动都不清楚。

燕王对拳夫人怀胎十四个月才生下昭帝弗陵这个说法也深表怀疑。如果不按照十四个月计算，就会暴露破绽，实际上弗陵不是武帝的孩子，而是自称接受遗嘱的霍光的儿子。燕王打算以这些理由举兵，于是联络对弗陵即位不满的各地皇族准备起事。

这时的中山王是刘胜的曾孙，他的家族刘长参加燕王的政变计划。巫蛊之乱的时候，收回卫皇后玺绶的使臣正是这个刘长。齐王的孙子刘泽也和燕王勾结在一起。他们的如意算盘是，一旦燕王即位，他们都是有功之臣，可以随心所欲地行使权力。

他们以狩猎为掩护集中兵力，当天就集结完毕。“少帝非武帝之子，天下宜共伐之”的流言蜚语不胫而走，传遍各地。这是动摇民心的心理战。这个心理战虽有效果，却也把本应严格保密的举兵一事泄露出去。

青州刺史隽不疑得知此事后，立即抓捕刘泽。刺史的职责是视察、调查郡守等地方官吏的治理情况，然后向皇帝汇报。全国分为十三州，设置刺史，但只是俸禄六百石的小官。尽管是小官，却具有考察俸禄二千石的郡守的极大权限。《三国志》里的不少英雄豪杰就是汉末俸禄升为二千石的刺史。

由于是督察官，所选择都是刚直不阿的人。隽不疑也是毫不留情地抓捕皇族刘泽。

罪魁祸首是燕王，但他是至亲（皇帝的哥哥），决定不予追究，刘泽等全部被诛杀，燕王的武装夺权彻底失败。

燕王之所以没有受到处分，也许是因为他的胞姐盖长公主在宫中养育幼帝，具有很大的发言权的缘故。

昌邑王刘髆在武帝临死之前死去，所以武帝的儿子，包含昭帝在内，仅剩下三人。然而，在皇位决定下来以后，继承权问题仍在斗争。景帝有十四个儿子，但是当武帝即位以后，没有发现发生过夺权斗争。

大概因为武帝十六岁即位的时候，祖母窦太后在宫内掌管一切权力。景帝和多个女子之间生有十四个儿子，但他们都是窦太后的至亲孙子。在她绝大权势的威慑下，不会发生动乱。在中国，老太太的权力，尤其在家庭内可以说具有绝对的力量，虽说是皇室，其实就是刘氏的家庭。

昭帝的宫廷里就缺少这样一个老太太，即使拳夫人还健在，她的力量对同父异母兄的燕王和广陵王也是鞭长莫及。这个老太太必须和所有的儿孙都有血缘关系。在宫中养育昭帝的盖长公主与燕王系同母所生，她保住燕王的一条命，但也因此留下了祸根。

处理这起事件的青州刺史隽不疑因此功被提拔为京兆尹。

此事发生在始元元年（前86年），四年后的始元五年（前82年），一个人乘坐黄色牛车来到未央宫北门，自称是前皇太子刘据，引起长安城轰动，有数万人围观。但是，丞相、御史大夫等见过前皇太子刘据的官员都沉默不语，因为这个人酷似刘据。

也许是出于对失败者的同情吧，正如日本的平民百姓不愿意源义经[①]在衣川馆死去，就编造出义经脱逃的传说一样，长安城的大街小巷流传着在湖县死去的是皇太子刘据的替身，真实的刘据其实还健在的说法。

丞相等人所害怕的是，大概是以前有过加害皇太子者封为列侯以后被诛杀的先例吧。这个人看似冒名顶替，但如果是真的，那该怎么办？不，如果大家都认为他是真的，那该怎么办？谁都在犹豫不决。这时，匆匆忙忙赶来的隽不疑毫不犹豫地将这个人关进监狱。他断然说道："卫太子得罪先帝，已为罪人矣。"他即使没死逃跑，现在出现，还是罪人。

经过审问，原来这个人姓方，夏阳人，前皇太子的家臣说他的相貌和皇太子一模一样，于是便想要花招蒙骗一下，结果被腰斩。几年前就已经查实皇太子刘据无罪，在昭帝即位五年后还现身宫门，这本身就极其荒唐。按照常识判断，一眼就能知道是诈骗，可是群臣居然默不作声，这似乎因为他们意识到政局不稳的缘故吧。

据说隽不疑"严而不残"，人品优秀。霍光对他十分欣赏，要把女儿嫁给他，但未被接受。他不久因病辞官，死于家中，可惜汉朝失去一个杰出的人才。

下面谈谈内朝内部争夺主导权的问题。

---

① 源义经（1159—1189年）：日本平安时代末期河内源氏的武将。开创镰仓幕府的源赖朝的同父异母弟。后兄弟对立，义经最终在衣川的邸宅战败自杀。源义经为日本人所爱戴的传统英雄，其生涯富有传奇与悲剧的色彩。人们出于对他的死的同情和不平，便出现许多义经没有死的传说。——译注

所谓内朝，其核心人物就是接受武帝遗嘱的霍光、金日磾、上官桀这三个人。昭帝即位一年半时，在隽不疑及时采取果断措施解决燕王事件之后，金日磾死去。他十四岁就随别人自匈奴降汉，仕于汉朝三十五年，所以享年应是四十九岁。

武帝的部署似乎很快就不如人意，他原本打算三人合作运营内朝，维持武帝体制，但现在不是三人，只剩下霍光和上官桀两个人了。

当然也有相得益彰的两人组合，但两人发生对立的时候，如果没有第三人从中调和，对立就比较难以化解，很有可能继续升级，结果对立变成对抗，最后打得不可开交。

金日磾总是意识到自己是外国人，所以谦虚谨慎，做事低调。武帝一定期待他的人格成为霍光和上官桀之间的润滑剂，对国家的运营发挥良好的作用。

霍光和上官桀之间果然笼罩着乌云，起初是暗流下的较量，后来逐渐公开化，越发尖锐。关于他们之间的矛盾，我将在后面涉及。

还有一个是内朝与外朝之间的争执。

内朝的主要工作是守护皇帝及其皇室。

外朝的主要工作是国家运营。

从本质上说，他们的工作目的是一致的，但思维方式略微不同。

按照武帝遗嘱提拔桑弘羊为御史大夫的目的是为了重建财政。

文帝、景帝时代，官库里的铜钱和粮食多得腐烂，租税源源不断，由于政府实行无所作为的治国理念，支出不多，官库里的财物自然堆积如山。

武帝利用前两朝皇帝的积蓄，积极推进他的对外进取政策，可以说挥金如土。

例如在位第九年的马邑之战，汉军三十万的伏兵空等一场。这三十万大军远征需要巨额费用。制订这次作战计划的王恢，尽管有王太后说情，但还是被武帝处斩，其中大概也有军费的责任追究问题吧。

大将军卫青和骠骑将军霍去病多次远征，虽然战果累累，自然也消耗巨大的经费。

武帝后期有平定南越和朝鲜、远征大宛、继续攻打匈奴等战争，同时还有泰山封禅等巡游各地的活动。而且当时武帝信奉神仙，到处修建神仙所喜欢的巨大建筑物，甘泉宫的通天塔不过是其中一斑，此外在柏梁台上建造高二十丈的铜仙人像，修建飞廉、桂馆，益寿、延寿馆等，其巨大之程度令人瞠目。柏梁台被烧毁以后，又立即修建规模更大的建章宫。

这一切所需要的费用简直无法想象。文帝、景帝两朝的储蓄早就花光。

武帝的性格喜欢大手大脚，不喜欢节约经费。

匈奴的浑邪王投降的时候，武帝派两万乘车子前去迎接。四匹马拉的车子为一乘，集中两万乘的车子，需要何等巨大的人力物力的投入。对投降的几万匈奴士兵要奖赏，对出征的汉军官兵也要奖赏。据《汉书·食货志》记载，这一年（前121年）汉朝支出的费用约为百余巨万钱。“巨万”，据颜师古注解为“万万”，即亿单位的钱财。

现在我们对当时的货币价值没有概念，但按照史书的记述推算，应该是难以置信的天文数字。

武帝认为，对有功者和投降者的奖赏就要不惜钱财。对独裁者的这个想法不能反对，有关部门的官员必须想方设法筹措款项。

有本事增加岁入的人就可以在外朝崭露头角。商人原先被视同罪犯，如今商人之子桑弘羊在外朝占据核心的地位。

最立竿见影的方法就是增加税收。古今皆如此。

元狩四年（前119年）开始实行盐铁专卖制度，之前只是向从事盐业、炼铁业的人征税，这部分的税收成为皇室的收入。桑弘羊打算对这个税收制度进行根本性的改革，将其作为国家收入。

当时，东郭咸阳和孔仅是负责人，桑弘羊辅佐他们。从官阶大小来说，桑弘羊在他们之下，但实际上也许是桑弘羊主管一切。

炼铁业成为官办的行业，制盐虽然还是民办，但所有的盐都必须交纳官府，不许私卖。

没有盐，人就无法生活，盐是绝对的生活必需品。官府销售的盐，无论多么贵，人们也不得不买。

铁是农民的必需品，没有铁制的农具，就无法耕作土地。由于国民的绝大部分是农民，所以盐和铁这两样是国民生活最重要的东西。

所谓均输法，就是官府在购买物资的时候，由于无法检查物资的质量，又会被提高运费，于是在各地设置均输官，负责物资的采购和运输。这原先是进货商和运输行业的工作，现在由政府直接经营，这就意味着政府亲自做买卖。以前商人赚取的中间差价，现在由政府赚取，以增加国库收入。

平准法是稳定物价的一种方法。价格便宜的时候大量购买，防止该商品进一步下跌。在市场价格上扬过快的时候，再把囤积的商品抛出来，以抑制价格。平准法虽然标榜是为了稳定物价，其实无疑是贱买贵卖的商业行为。

均输法和平准法在盐铁专卖稍晚一些时候实行，此时的桑弘羊已经成为经济政策的主角。

天汉三年（前98年），不仅盐铁，由于榷酤制的实施，酒也成为专卖品。

通过这一系列的经济政策，国家财政的确充足富裕起来，但武帝的挥霍没有止境。一再提高即使涨价人们也不得不买的盐铁的价格，大概是最简单有效的方法吧。

人民疲惫不堪。频繁远征作战导致家里的壮劳力都被驱赶上战场，各地大兴土木的建筑也大量征用壮丁。不仅是农民，商人和运输业者也都失去了工作。

政府成为垄断企业，其弊害随处可见，造成社会不稳，盗贼猖獗。

武帝晚年也不强行推行富国强兵的政策，他大概也已经看到人民疲惫困顿的景象。在死去的前两年，武帝颁布著名的《轮台罪己诏》。

桑弘羊和丞相、御史联名上书，西域的轮台以东有溉田五千顷，建议设屯田兵以开垦，并沿途修建望楼以显示汉威，并帮助友好国家乌孙。但武帝没有同意，他在《轮台罪己诏》中对过去推行强制性的政治表示悔意，性格刚毅的武帝说自己“朕之不明”，这绝非易事。

武帝封丞相田千秋为富民侯，这“富民”似乎不是地名，据说包含着武帝让人民休养生息、让人民富裕起来的美好愿望。

外朝的主要工作是推行富国强兵的政策，而内朝按照武帝晚年的想法，尽量避免铺张浪费的行为，主张让人民休养生息。当然，内朝和外朝的政治主张并非泾渭分明，只是总体上说有两种倾向。

昭帝的始元六年（前 81 年），召开盐铁会议，重新研究、调整过去的经济政策。这一年，武帝命各地的郡国推荐贤良以及文学之士，对政策展开争论。

各地贤良、文学之士主张废除盐铁专卖等政策。这个反对的意见是根据儒教思想提出来的，他们认为国家从事商业买卖是荒谬绝伦的，应该回到汉初的农本主义上去。农业是本，工商业是末，决不可本末倒置。这个主张目的很明确，但似乎相当脱离现实。

桓宽撰写的《盐铁论》以对话的形式详述这次会议的状况。会上出现理性论和现实论两种倾向，理性论的政策在会后有所采纳，但没有改变总体政策。

参加盐铁会议、主张废除盐铁专卖制度的是地方贤良、文学之士，这些人其实就是地方的豪族。豪族在地方上扩大势力，靠的是财力，而财力的来源在于产业，如今大部分产业已被政府夺走。盐、铁、酒、运输以及相关产业原先都集中在土豪手里。在这次会议上，从儒教思想的华美外衣里已经显露出夺回权益的锋刃寒光。

可以想象，这次盐铁会议是霍光的主意。

霍光要一手掌控全部政权，必须削弱外朝，即行政府的权力，因为行政府的强大表现在汉帝国的经济实力，经济实力的强大源于桑弘羊所实施的盐铁等经济政策。如果立即全部废除，可能会动摇国家基础，但反对的声音也许能在一定程度上削弱外朝的力量。因此，不排除他们与期望收回失地的地方豪族结成一伙的推理可能。

霍光是武帝最喜欢最信任的霍去病的弟弟，十岁就开始侍奉武帝，对宫廷之外的世界一无所知。《汉书》说他不学无术。他轻蔑行政府，以为只是纯粹的技术性工作。说他“无术”，大概他反以此为荣。他相信，像自己这样被选拔为内朝的人，不需要一天到晚伏案在竹简、木简上书写文字的下属官员工作所必需的“学问”。

霍光脑子里所设计的国家形态就是：外朝忠实地事务性地执行内朝制定的方针政策。他对掌握财权而趾高气扬的外朝十分不满。盐铁会议就是打击外朝的实权者桑弘羊的一次尝试。

霍光长期侍奉在皇帝身边，养成一种貌似谨慎正直的性格，他十分精通如何运用行使权力。

每当遇事，他会在心里考虑自己会如何处理。武帝时代，他只能在心里考虑，不能付诸实施，但幼帝即位后，他的想法就有可能付诸实施。

为此，必须掌握全部权力，首先要打倒内朝内与自己分权的人。这个人无疑就是力大无比的上官桀。其实上官桀和霍光还是亲家关系。

霍光的女儿嫁给上官桀的儿子上官安，生有一女。她是霍光和上官桀共同的孙女。

上官安希望自己的女儿能成为皇后，便和岳父霍光商量。霍光是朝廷内最有发言权的人物，只要霍光和自己的父亲上官桀都同意，女儿的册立皇后就能实现。但是，霍光没有同意，他的理由是“这孩子年龄尚小”。霍光说的也对，当时上官安的女儿大约才七岁。

这时，上官安发现有一个人在朝廷里比自己的岳父更有发言权，这个人就是从幼帝即位开始就一直养育他的盖长公主。盖长公主是皇帝的姐姐，盖侯王充的妻子，但生来横行霸道，说一不二。汉朝的公主，不论是馆陶公主还是平阳公主，似乎多是放任骄纵。盖长公主的丈夫王充是武帝的母亲王太后的哥哥王信之子。王信好酒，无野心。王充似其父，为人老实，与世无争，似乎对妻子的不贞也毫不知情。

盖长公主的情人丁外人是河间人，与上官安的关系也很亲密。上官安通过丁外人，请求盖长公主说情，终于在始元四年（前 83 年）春将八岁的女儿立为昭帝的皇后。当时昭帝十二岁。

上官安以为自己飞黄腾达的时代已经到来，然而他的想法太幼稚了。这件事导致上官家族的毁灭。

盖长公主把上官安的女儿立为皇后，使这两家的关系变得亲密起来。

盖长公主是燕王旦的胞姐。燕王旦曾夺权失败，但对继承帝位并没有死心。盖长公主也打算不惜一切力量予以支持。

盖长公主想让自己的情人丁外人封为列侯，尽管上官桀父子努力活动，但霍光坚决不同意。无功者不封侯，这是高祖的遗训。总不能说成为公主的情人就是“功劳”吧。由于这件事，霍光与上官桀父子之间的对立逐渐剧烈起来。

胜利者所写的这一段的历史是这样的：上官桀父子与燕王勾结，制订杀霍光、废昭帝、立燕王旦即位的计划，但阴谋败露，被一网打尽。不过，也有可能是霍光为推翻政敌、摧毁燕王野心所采取的先发制人的措施。

上官一家，除既是皇后又是霍光外孙女的一个幼女外，尽行被诛。

燕王旦也接到天子的玺书，万念俱空，悔恨自尽，夫人等殉死者达二十多人。

在这起事件中，桑弘羊也被杀。桑弘羊作为外朝的代表与内朝的代表霍光对立。盐铁会议是霍光对桑弘羊的第一次打击，第二次打击是利用尚书的权限任命心腹杨敞为大司农[①]。大司农相当于现在的“大藏大臣”，桑弘羊担任“副首相”的御史大夫后一直兼任这个重要的职务。霍光在这个职务上设置专人管理。也许正因为此事导致桑弘羊倒向上官父子的反霍光阵营，也有可能霍光利用这个机会，制造理由，把这个老政敌置之死地。

此后，外朝变成霍光所希望的单纯的办事机构。

霍光清洗上官家族，把外朝架空后，如愿以偿地一手掌握汉朝的全部国政。从元凤元年（前 80 年）至他死去的地节二年（前 68 年），霍光是汉朝发号施令的独裁者。

这期间，发生昭帝二十一岁早逝的不虞事情。昭帝无子，后继者只能是与他关系最亲近的兄弟。昭帝的兄弟就是武帝的儿子，当时健在的只有广陵王刘胥一个。但是武帝生前最讨厌的就是这个广陵王。他力大无比，可以赤手空拳杀死猛兽，但性情暴烈，一旦即位，还不知道会成为什么样

① 大司农：汉朝廷管理国家财政的职位。——译注

的暴君。广陵王的胞兄燕王旦和姐姐盖长公主也因叛乱罪都已经死去。

在广陵王看来，杀死胞兄和胞姐的凶手就是霍光。霍光自然不会允许这样的人即位。现在的霍光，可以完全按照自己的意志选择皇帝。

李广利的妹妹李夫人所生的刘髆在其父武帝临死前死去，其子刘贺继任昌邑王。于是霍光把这个昌邑王叫回长安，让他即帝位。

然而，奇怪的是，这个昌邑王很快就被剥夺了帝位。

首先介绍《汉书》的说法：昌邑王来到长安后，其言行完全是一个不折不扣的暴君，他一路上掠夺妇人女子，不顾昭帝的灵柩安置于前殿，肆无忌惮地打鼓唱歌，与亲信饮酒作乐，命人与虎搏斗，还与昭帝的宫女淫乱。

霍光与丞相杨敞、车骑将军张安世商议，决定采纳大司农田延年的建议，废黜昌邑王。昌邑王既未亲拜高祖宗庙，也未举行即位大典，必要的仪式都未完成，他的身份还是昭帝的皇太子。所以，昭帝遗孀上官氏（霍光的外孙女）作为皇太后可以废立自己的儿子。

十七岁的皇太后叫来昌邑王，告诉他因无道而废黜其帝位。昌邑王就一人进入未央宫，其他两百家臣被阻挡在门外。车骑将军率兵将他们全部抓捕入狱。这些家臣要对不向朝廷报告刘贺在昌邑国的罪恶行为，以致朝廷对其罪行未有所闻负责，并且未能正确辅佐昌邑王，以致使其陷入大恶之罪，据此将他们全部诛杀。

只有中尉王吉和郎中令龚遂二人平时经常劝谏昌邑王，故而免死。另外，昌邑王的老师王式朝夕以诗三百篇教授王，这相当于谏言，故而减死一等。

《汉书·霍光传》记述，当这两百多人昌邑王的家臣被处死的时候，有人大声叫喊：

当断不断，反受其乱。

其意是说：本应当机立断，杀掉霍光，但由于犹豫不决，反而被霍光所杀。

看来昌邑王蓄谋发动针对霍光的政变，但被霍光发觉，于是先发制人。

为什么要全部杀掉这两百多人呢？因为他们都是经过挑选的参加政变的主要成员。

只要霍光在朝，昌邑王刘贺即使即位，也不会有实权。要收回皇帝的实权，成为名副其实的汉朝天子，只有除掉霍光。

在这起事件中获胜的霍光阵营所写的史书自然不厌其烦地罗列昌邑王擢发难数的罪行。事实果真如此吗？这个不折不扣的暴君形象总令人怀疑。

家臣们隐瞒昌邑王平时的无道行径，使得朝廷不明真相，这样的指责显然自欺欺人。根据汉朝的制度，对诸侯王的监视十分严密，朝廷派往诸侯国的国相都一定会将国王平时的表现如实地详报朝廷。

政变为何失败呢？大概有人告密吧。昌邑王的家臣两百多人被杀，只有三个人活着，因为他们是经常劝谏昌邑王的良臣。可是，谁又能证明呢？越想越觉得这起事件迷雾重重。

外戚时代

以品行卑劣为由，刘贺不仅被剥夺帝位，甚至连他的昌邑王王位也被剥夺了。

那么，汉朝皇帝的位子由谁继承呢？

一个意想不到的人物浮出水面：在湖县的泉鸠里自尽的皇太子刘据有一个孙子，在狱中由女囚犯哺育，长大后一直居住在民间。宗正也保存有他的皇族记录。虽然人在民间，似乎口碑很好。据说他喜欢游侠，通晓世态人情。他生于皇太子刘据死去那一年，所以已经十八岁，娶掖庭的属吏许广汉的女儿为妻，生有一子。

据说右将军张安世的弟弟掖庭令张贺一直教育这个皇太子的孙子刘病已。掖庭令是俸禄六百石的官员，负责管理后宫的女佣。养育刘病已的是女囚和身份低微的后宫女佣，所以他从小身边就围着这样的女子，接受管理后宫女佣的官吏的学问教育。

他的身份很微妙，既然是皇室成员，就不能完全放弃不管，接受一定的教育。他的岳父许广汉是掖庭令张贺的部下。所以，刘病已身边没有显耀的权势者。

在霍光看来，这种背景关系清爽简单的人是皇帝的理想人物。

基于对失败者的同情，死去的刘据在民间很有人望，甚至还有人出来冒名顶替。其实，与其说刘据在庶民中的人望，不如说庶民对他的同情。刘病已是刘据的孙子，人们也在他身上寄予着对祖父的同情。各地的诸侯王，除能格杀猛兽的暴君广陵王外，其他最亲近的也都是武帝兄弟的后裔，所以与武帝有血缘关系，又没有任何问题的，可以说就只有刘病已一个人。

刘病已是一个居住在民间的平头百姓，突然间一步登天成为皇帝，过于唐突，于是先封他为阳武侯，然后即位。

这就是历史上的明君宣帝。他十八岁即位，四十三岁死去，在位二十五年。这二十五年是武帝的余韵时代，是汉朝的好时代，因为谁也没有想到汉朝的宿敌匈奴发生分裂，最后单于来朝进贡。宣帝也曾几次用兵，但规模比不上武帝时代。

如果说文帝、景帝是为武帝时代的飞跃性发展而休养生息、积累准备，那么昭帝、宣帝就是武帝实行其雄才大略之后的休整的时代。

这时的政治舞台上活跃着两个优秀的“演员”。

一个自然是大将军霍光。他对新即位的宣帝表示：

稽首归政。

额头长久触地，恭恭敬敬地将大政奉还给皇帝，表示自己没有任何野心和二心。

但宣帝没有接受，说道：

诸事先关白光，然后奏御天子。

不论什么事情，在奏闻天子之前，先让霍光过问。这种做法看似皇帝放弃专政，但也可以说皇帝把一切责任都推给霍光。这句话见于《汉书·霍光传》，日本史上经常出现的官名“关白”即出于此处。阳成天皇的时候，摄政太政大臣藤原基经[1]先于天皇阅览所有的奏折，便按照《汉书》的说

① 藤原基经（836—891年）：日本平安前期的朝臣。877年，成为阳成天皇（868—949年），（876—884年在位）的摄政。887年，刚即位的宇多天皇发布诏书，称“其万机巨细，己统百官，皆先关白太政大臣，然后奏下”。藤原基经成为第一个关白，从而开创了日本史上“关白政治”的政体，即以外戚身份在天皇年幼时作“摄政”，天皇成年后作“关白”。——译注

法命名这个官职。

即使大政奉还，从长安城的尚冠里走出来的宣帝手下无人，只能依靠霍光的人马。

另一个是宣帝。宣帝将民间所娶的糟糠之妻许氏立为皇后。因为霍光有女儿，宣帝觉察到霍光欲立自己的女儿为皇后，采取先发制人的措施。

本始三年（前 71 年），许皇后怀孕，但吃过宫廷女医淳于衍的丸药后死去。据说是霍光的妻子显命令女医毒死皇后。

不久，霍光的幼女成君册立为皇后。霍光的外孙女是皇太后，女儿是皇后，这样的关系有点复杂。册立霍皇后是在许皇后死去一年之后。

地节二年（前 68 年），霍光病死。宣帝亲到病床前慰问，大将军甚为感激，上书表示愿将自己的国邑分出三千石，让哥哥（霍去病）的孙子霍山作为列侯继续祭祀兄长。不久，霍山被封为乐平侯。

霍光的葬礼十分隆重，皇帝、皇太后亲自参加。霍光之子霍禹成为右将军。乐平侯霍山被任命为尚书。前面说过，尚书的职责是转交奏文。但是，尚书既可以转交，也可以扣押不转交，由他定夺，所以权限极大。身为大将军的霍光在担任尚书以后，才真正全权在握。

霍光之子作为右将军继承父亲的封邑，而霍去病的孙子霍山是霍光在病床上请求皇帝后才得以封侯，现在担任尚书，表面上看这是很公允的措施，其实分散了集霍光于一身的实权。

宣帝即位六年，已经为自己的亲政做好准备，相信没有霍氏家族的辅佐也能管理运营汉帝国。

地节三年，宣帝立亡妻许皇后所生的奭为皇太子。

霍光的遗孀怒而吐血，劝说女儿霍皇后毒死皇太子。但是，皇太子所有的饮食都经过专人尝食，所以无从下手。

宣帝觉察到许皇后大概是被人毒死的，对霍氏家族十分戒备，不敢掉以轻心，尤其是立奭为皇太子无异于对霍氏的挑战。

接着，宣帝又发起第二次挑战：决定群臣中曾经上奏过的可以不经尚书直接参内奏闻。这项决定就是对拥有绝对权限的尚书的釜底抽薪，这意味着尚书以后就无法扣押对霍氏不利的奏文。

第三次挑战是停止车骑将军和右将军的屯兵，其理由是：

久劳百姓，非所以绥天下也。

人民需要休养生息。当时的右将军是霍禹，车骑将军是张安世，他们从而失去对军队的指挥权。张安世立即被任命为卫将军，霍禹虽然得到与父亲同样的大司马的官职，但没有印绶，没有可以指挥的军队，有其名，无其实。宣帝的这一手十分了得。

接着，宣帝对握有军权的霍氏亲戚进行调整，把他们调离军队，有不少调到蜀郡、武夷郡等边境地区担任郡守。他们原先指挥的军队归由许皇后或者史家族（宣帝祖母的娘家）的年轻人领导。

被逼得走投无路的霍氏家族发动政变试图扭转局势。这是史书的记载，实际上也许是宣帝以霍氏家族谋反为借口将其一举歼灭。

据说政变的计划是以皇太后的名义邀请丞相和许皇后的父亲赴宴，当场杀之，然后废宣帝，立霍禹，但是计划败露，宣帝诛杀霍氏家族。霍氏家族已经失去军队指挥权，要发动政变，极其困难。

霍氏一族被诛杀，霍光的遗孀显也被杀，枭首于市。这是知道许皇后死亡真相的皇帝的报复吧。

《资治通鉴》的作者司马光认为，霍氏一族的确罪当诛，但对霍光的忠勋，汉朝应该继续祭祀，而宣帝废除对霍光的祭祀，是一个寡恩之人。

宣帝诛杀霍氏一族，然而他本人受到霍光的恩惠最大。流落民间的他能够从草莽走进宫殿，在选择皇帝继承者的时候，霍光的意见具有最强的权威。

霍光将外朝变成单纯地执行政务的部门，一切国家政策都由内朝决定，外朝不得干预。这样，国家政治就能忠实地体现内朝的意志。这无疑是霍光确立自己的独裁权，宣帝继承霍光的这个体制。

然而，外朝的架空给汉朝留下巨大的祸根。既然外朝是行政府，就存在一个官僚组织，通过组织的力量才能运行，但由于几乎没有任何实权，所以死气沉沉，没有效率。

内朝的顶点是皇帝，由皇帝信任的所谓宠臣心腹决定政治。这些人大抵是外戚，由皇后的亲戚、皇太后的家族乃至太监等组成内朝。

内朝不是组织，而是个体的人在运作。外朝可以通过组织延续下去，内朝往往是随着皇帝更换而消亡。

过去如吕氏家族，最近如霍氏家族，失势的时候难免悲惨的结局。所以，大权独揽的时候，就千方百计、不惜一切地谋求一族一党的稳定安泰，继承者的问题变得复杂起来也是很自然的。

外戚出现强势的人物，就会凌驾于皇帝之上。汉朝就是这样灭亡的，篡汉者正是外戚王莽。

在讲述王莽篡位之前，先叙述宣帝的治国业绩。宣帝在民间长大，体恤人民的疾苦。救济人民，即所谓的恤民的确是他的理想，但他是重视现实的人。

宣帝的皇太子、后来的元帝刘奭对儒教崇拜得五体投地，不断地劝说父亲以儒家学说治理国家。宣帝回答道："霸王道杂之。"

宣帝实行的是霸道和王道杂而用之的政治。昭帝、宣帝时代隔着武帝五十五年与之前的文帝、景帝时代很相似，回到休养生息的时代。武帝末期的流民也都回归农民。"无为而化"的量力而行的政治理念对于生产力的恢复、提高起到重要的作用。

宣帝并没有简单地认为仅仅依靠王道就能实现理想之世。他对底层社会十分熟悉，什么时候都会有流氓无赖、偷盗抢掠者。他喜欢游侠，经常巡游各地，所以见多识广。他从自己的体验中深切认识到，人民最希望得到的是良好的治安环境。

宣帝时代的刑罚十分严厉，信奉儒教的皇太子对此不满，认为法家系统的官员太多，刑罚过严，便劝说父皇重用儒家人才，宣帝回答道：

且俗儒不达时宜。

俗儒教条主义，不能因地制宜，临机应变，所以不可重用。据说他还对儿子的过分信奉儒教叹息道：

乱我家者，太子也！

为了让人民休养生息，就应该尽量避免军事行动，但真正需要的时候，宣帝也会毅然决然出兵。

地节三年（前 67 年）车师国叛乱的时候就是这样。车师国位于现在的新疆维吾尔自治区乌鲁木齐至吐鲁番一带，交河城是车师国的国都，虽臣服汉朝，却与匈奴通婚，劝说匈奴阻断汉朝与乌孙之间的通道。

汉朝不能抛弃送去皇族女子、与之结为友好关系的乌孙，于是命侍郎郑吉、校尉司马憙率绿洲沿途各国的部队攻降车师。

神爵元年（前 61 年），七十多岁的老将赵充国攻打羌的先零。如果羌的势力与匈奴结盟，从汉的中心地带通往西域的道路将被阻塞，这也不能放任不管，这一仗非打不可。结果取得斩首七千六百、降兵三万的战果，老将军完胜而归。

第二年，匈奴的单于虚闾权渠死去，围绕着继承者的争夺战异常激烈，甚至出现五个首领都自称单于的局面，匈奴的力量明显衰弱下去。

甘露三年（前 51 年），匈奴的呼韩邪单于入朝。匈奴的单于来到长安向汉朝皇帝称臣，这是划时代的事情。匈奴的内部已经恶化到呼韩邪单于不和汉朝修好就无法收拾的局面。

王朝创建以来不断凌驾在汉朝身上的匈奴的压力终于解除了，西域全部被划入汉朝的势力范围。于是汉朝设置西域都护，保证丝绸之路畅通无阻，从而使贸易日益繁荣起来。

黄龙元年（前 49 年），宣帝在未央宫死去，二十七岁的太子奭即位，是为元帝。宣帝的皇后王氏被尊为皇太后。元帝的母亲许皇后被霍氏毒死后，宣帝立霍光的女儿为皇后，但霍氏一族被诛灭的时候，霍皇后也被废黜。之后宣帝考虑到身后之事，便选择在后宫没有生子、性格温和的王氏册立为皇后。

王氏虽为皇太后，但她的上面还有太皇太后，就是霍光与上官桀的孙女上官氏。上官氏是昭帝的皇后，但未生子，她的父母两边的家族——上官家族和霍家族都已灭亡。上官家族被诛杀的时候，这个昭帝的上官皇后才十一岁，也许因为她与灭亡上官家族的霍家族有血缘关系，才得以保持皇后的地位。

宣帝从民间进入朝廷的时候，先获得上官皇后的皇太子的身份后才即位的，对宣帝而言，她是汉家皇统意义上的母亲。这个母亲如此之年轻，比皇太子的宣帝应该还小一岁。即使宣帝诛灭霍氏家族，皇太后上官氏依然安然无恙。虽然她与霍家族有血缘关系，但她的皇太后身份是宣帝得以即位的依据。

上官氏目睹好几次家族遭残杀的血腥凄惨的场面，当她成为元帝的太皇太后——皇统意义上的曾祖母的时候，才四十二岁。在她参加元帝即位大典的时候，不知心里有何感想。

喜欢儒教的元帝身材魁梧，却体弱多病。

儒学在武帝时代就已成为国教，但儒学深深扎根于政治还是元帝在位的这十六年间。

正如宣帝所叹息的那样，元帝对理想主义过于极端，他大批重用儒家出身的人，将儒学理念贯彻于政治中。

宫廷的费用被削减，但这并不是为了节约经费，而是认为古代圣王的宫廷不会如此奢侈而加以仿效。

因为回归儒学精神，盐铁的专卖制度也被废除。

修建在郡国的皇帝宗庙也被废除，因为这违背只有嫡系子孙才可以祭祀祖先的儒家理念。

朝廷就按照儒学的农本思想，取消有利于商人的货币经济，恢复以物易物的交换进行过争论，但这样做显而易见将导致国民经济的破产，所以没有实行。盐铁专卖虽然被废除，但几年后又恢复，因为废除以后，国家财政已显现捉襟见肘。

古礼说天子有七庙，当时却有九庙，不合古礼。那么，废除哪座庙，这成为元帝时代最重要的政治问题，一天到晚议论不休。

元帝追求儒学理想，但现实情况是连年粮食歉收，饥荒严重。元帝的诏书中经常出现人民苦于饥荒的文字，但是他也只是止于表示遗憾，阐述大义，并没有采取切实妥当的措施。

《汉书》这样评论元帝：

上牵制文义，优游不断，孝宣之业衰焉。然宽弘尽下，出于恭俭，号令温雅，有古之风烈。

元帝于竟宁元年（前 33 年）五月死去。这一年的正月，匈奴单于呼韩邪第二次来朝。元号改为“竟宁”，无非取边境安宁之意。这一次改元诏书有这样的话：

赐单于待诏掖庭王樯为阏氏。

王樯字昭君。嫁于匈奴王为妻的王昭君的故事，后世有着各种各样的加工润色。因为没有贿赂画师，被画得很丑，才被下赐给匈奴，这当然是民间传说。昭君嫁给匈奴王是一件喜事，汉朝甚至改元以示庆贺，说明呼韩邪单于受到最高的宾客礼遇。不可想象把一个丑女送给他，那是很失礼的。

后来，汉朝派往匈奴的使臣里，据说一定要有王昭君家族的人，前去慰问。她是被派往最重要的友好国家的大使，大概不仅花容月貌，而且头脑明晰。

元帝的皇后也是王氏，史书称为元后。这个元后的娘家王氏作为外戚，掌握有巨大的权力。篡夺汉王朝的王莽就出自元后的家族。

元后名叫政君。元帝死后，其子刘骜即位，是为成帝。他二十岁即位，在位二十六年。成帝似乎具有明君的素质，但后来耽于女色，宠爱赵氏姐妹，口碑不好。《汉书》这样评论成帝：

遭世承平，上下和睦。然湛于酒色，赵氏乱内，外家擅朝。

元后的侄子王莽在成帝末年当上大司马，是接替辞职的叔父王根负此重任。王莽的父亲早死，因此未能封侯。王莽年轻时时运不济，表兄弟们都依靠各自的父亲封侯飞黄腾达，就他的家庭相形见绌。姑母元后可怜他，对他格外照顾。

成帝之后的哀帝、平帝都体弱短命。哀帝二十岁即位，二十六岁死去。此人性格懦弱，极不争气，却偏偏喜好男色。将大司马这个国家最高的职务给予他的男宠董贤这个年轻人，当时董贤只有二十二岁。

汉朝已经颓废崩溃。

平帝九岁即位，十四岁死去。

外戚的势力自然强大起来。集外戚王氏家族的权势于一身的，正是一族中起步最失意的王莽。

哀帝时代，哀帝的生母丁氏和祖母傅太后还健在，所以外戚王氏家族的权势曾一时衰弱。成帝沉迷于酒色，无嗣子，便让元帝的侧室傅氏所生的定陶王刘康之子刘欣即位，便是哀帝。但是，哀帝早死，王氏家族不得志的时间也仅仅六年。

哀帝一死，元后就召见王莽，商议对策，迎九岁的中山王即位，元后代幼帝听政，王莽摄政。

中山王即平帝的生母是卫氏，但王莽让她留在中山国，不许到长安来。王莽的长子王宇劝谏父亲不可如此，却被父亲命其自杀。此前王莽还命次子王获自杀。因为王获杀死奴隶，王莽这样做是为了提高自己的形象。

“圣人王莽”的名声为他开辟了通往皇帝的道路。王莽意识到这一点，哀帝时代，王莽不得势。有一次日食，有人对天诉说王莽无罪，王莽立即抓住这次东山再起的机会。也许这是王莽操纵舆论的手段，他很擅长这种手段伎俩。

平帝元始二年，黄支国献上奇兽犀牛。平帝的元始元年正好相当于公历元年。黄支国在日南以南，大概在越南南部。中国自古以来就传说出现瑞兽珍禽是圣天子诞生的前兆。《春秋》以记述获麟而终结，据说就是期盼圣天子的出现。

从离京师三万里的遥远国家特地献上这样的珍兽，被视为瑞兆。其实是王莽给黄支国的国王送去丰厚的礼物，让他献上珍兽。同一年，又传说黄龙游于江，王莽一定大肆大加宣传。

王莽逼长子自杀是在第二年，同时平帝的生母卫氏也被谋杀。这一年，皇帝举行纳王莽的女儿为皇后的纳彩仪式。第二年，册立为皇后。

元始五年，十四岁的平帝猝死，实际上是被王莽毒死的，因为王莽知道平帝怨恨他杀死其生母。

王莽被授予“安汉公”的称号，自汉朝建国以来，还从未有人生前被授予公的称号。不仅如此，还授予王莽“宰衡”的称号，辅佐周成王的周公称为太宰，辅佐殷汤王的伊尹称为阿衡，将二者的名称合起来授予王莽。

不久，王莽自称“假皇帝”，让别人称他为“摄皇帝”。

平帝死后，王莽从宣帝家系中挑选最年幼的子婴继承帝位。当时子婴才两岁，元号居摄。

如此一来，王莽已经成为货真价实的皇帝，正式即位只是时间的问题。

居摄三年（8 年），王莽终于即天子之位。各地符命之说纷起，报告出现承应天命的瑞兆，这一切自然都是王莽拿手的捏造。

这一年的十二月一日定为始建国元年正月一日，国号为“新”。

汉从此灭亡。

王莽之道

始建国元年开始的王莽新王朝“新”仅存十五年，随着王莽的死去而灭亡。这是全国混乱、动乱不断的十五年。

王莽之所以定国号为“新”，是因为他的列侯是新野侯，这与汉中之王的刘邦定国号为“汉”是一样的。此后，中国历代王朝的国号都如此命名。魏、晋、隋、唐、宋皆如此。以嘉名作为国号始于元。塞外的蒙古族在建国之前没有受封过，所以不能以受封国的地名命名国号。

新野县在现在的河南省。取新野之“新”，王莽的政策力图追求各方面都面目一新。这个国号看似很适合新政权，但是，王莽的所谓的“新”并非我们现在所意识的“革新”。其实他不仅没有新意，反而是倡导回归太古的周代。

连官职的名称也回到太古时代。据《周官》记载，周代有三公、九卿、二十七大夫、八十一元士。王莽的新官制依此设置。

官名沿用古代官制，连地名也修改。由于经常改名，弄得极为混乱。王莽是一个改名狂，这可以说是一种形式主义吧。

汉朝与匈奴的关系良好的时候，汉曾将王位授予匈奴的首领，但王莽认为蛮夷称王乃不逊，将授予匈奴的印绶收回，降格为侯。汉授予匈奴的印章是“匈奴单于玺”，王莽授予的印章是“新匈奴单于章”。有一“新”字，说明完全将匈奴视为属国。“玺”是王者使用的印章，降格之后才用“章”。由此可见新王朝的外交出现很多问题。

王莽喜欢玩弄文字，他把匈奴单于称为“降汉服于”“恭奴善于”。

既然是圣天子，就要实行王道，于是计划实施古代的井田法，后来知道这实在不现实，才作罢。

新王朝自然实行农本主义，轻视商人，进一步强化盐铁等的专卖法。同时铸造新货币，但因为这个制度过于复杂，人民依然偷偷使用原来的五铢钱，王莽通过严厉惩罚加以禁止。

王莽的复古新政策导致人民混乱、外交陷入困境，社会动荡不安。

王莽以《周官》作为国策的宪法，但有人认为，《周官》本身就是王莽的伪作，这种观点很有说服力。《周官》并非古代所传，而是王莽的伪造。此人擅长编造谎言，所谓珍兽瑞兆，所谓四十多万人赞颂王莽的高德，全部都是他一手导演的闹剧。所以，凭王莽一句话就断定《周官》是所谓记述太古圣天子实施的制度的典籍，令人怀疑。

1891 年，康有为（1858—1927 年）在《新学伪经考》一书中考证新代，即王莽时代的古文经多有伪作。康有为认为，伪作者是刘歆。

据说王莽篡汉之时，曾拉着幼帝孺子的手，哀叹良久，说：“昔周公摄位，终得复子明辟，今予独迫皇天威命，不得如意。”

王莽的姑母元后虽然高龄，但坚决反对自己家族的王氏篡夺刘氏天下，痛骂王莽。因为自己是元帝的皇后，才导致王氏外戚势力增强，最后篡权。这个八十多岁的女人是一种什么样的心情呢？她最后还是作为汉家女子而死去。

也许王莽打算走圣天子的道路，但是他的政治使人民大受其苦。社会本来就存在不安的因素，突如其来的复古改革造成社会更加动荡不安。

其实，王莽篡权也并非一帆风顺，无人抵制。安众侯刘崇、严乡侯刘信、东郡太守翟义等曾举兵反抗，但被王莽的军队镇压下去。据说刘信、翟义的部队一时曾达到十多万。

举兵反对王莽的人如此之少，大概因为王莽控制着信息传递关键部门。王莽是操纵信息的天才。而且他不是举兵篡权，而是从大司马到安汉公，再到宰衡、假皇帝，一步一步爬上去，等大家意识到的时候，他已经坐在御座上了。

各地风起云涌举兵反对王莽，是因为王莽的恶政造成的。

一般的民众对什么人当皇帝其实并不在意，只要能改善自己的生活，就拥护他。可见当时生活的贫苦。王莽恰恰抓住这一点，大张旗鼓地宣传“圣天子就要出现”，制造瑞兆等各种各样的假象。也许民众从中产生一种期待感。

人们平静地注视着政权交替，但一旦期待感落空，便纷纷起而反对。

针对王莽政权的叛乱没有统一成一股力量，而是各个阶层的人们抱着各自的想法起兵反抗。

其中有农民起义军，最著名的是樊崇领导的赤眉军。他们起兵于山东，为区别敌我，用类似红土的东西把眉毛涂红，被称为“赤眉贼”。

逃到湖北省当阳附近绿林山中的流民在王匡、王凤等的领导下举兵。由于生活贫困的流民不断加入，绿林军猛增至五万人。他们揭竿而起，称为“新市之兵”，但不如他们作为根据地的，意为“群盗”的“绿林”这个名声大。

汉朝自建国已经两百年，受封于各地的诸侯王、列侯的后裔绝非少数。他们在各地成为豪族，具有很大的影响力。王莽的新政对这些豪族也没有好处。

武帝时代以后，儒学兴盛，有人倡导君臣之义，严厉谴责王莽篡权乃大逆不道。这些人后来成为各地豪族的理论指导。

与汉朝王室深有关系的地方豪族武装集团的领导人有刘秀、刘玄。他们都属于舂陵侯的刘氏家族，其先祖是长沙王刘发。

此外，地方军阀势力有陇西（甘肃）的隗嚣、蜀的公孙述等。

各种各样的势力形成波澜壮阔的反王莽运动，他们之间也互有联合，互有攻灭，进行持久的混战。

叛乱军包围长安，王莽被杀。十五年以圣天子君临天下的梦想终于破灭。这完全是战乱不息、混乱不堪的十五年。

从结果来看，最后的胜利者是豪族集团的领导人刘秀。他就是东汉王朝的创始人光武帝。

虽说也是汉朝王室的一员，但属于与西汉皇统非常疏远的家族。其先祖是长沙王刘发，长沙国是异姓国，吴芮的后裔没有嗣子后，该国被废除。但是，后来的景帝多子，在各地立皇子为王，刘发就被分配在长沙为王。

刘发是景帝之子，和武帝是兄弟关系。除武帝外，十三人在各地当诸侯王，其中长沙是最贫困国。景帝最不宠爱的女子所生之子刘发当上长沙王，他的母亲唐姬原是程姬的侍女。程姬生有鲁王余、江都王非、胶西王端等，深受景帝宠爱。一天夜里，景帝来到程姬的居所，恰好程姬月信，便让侍女唐姬代劳，结果生下这个后来的长沙王刘发。

从长沙王的家系中出现复兴已被灭亡的汉朝的刘秀。

新时代在混乱中诞生，各种各样的因素创造出东汉这个时代。

点燃反王莽运动之火的是吕母。当然，如果没有她点火，反抗的烈焰迟早也会在全国熊熊燃烧起来的。然而，这个点火的人既不具有农民叛乱军的性质，也不属于豪族集团，这也许就是历史的情趣。

吕母，就是姓吕的母亲。

王莽命名为天凤元号的四年（17 年），离始建国元年才八年，新王朝还刚刚开始。刘邦取得天下后，几乎全部沿袭秦的制度，只是对例如完全郡县制[①]这样显然不合适的部分加以修改。然而，王莽对一切都要改新，建国初期的忙乱情况是难以想象的。而且王莽的所谓改新大部分只流于形式，实在是愚蠢之极。

西汉末期的行政区划有十三个州、八十三个郡、一千五百七十六个县，王莽将其改为九个州、一百二十五个郡、二千二百零三个县。划为九个州，只是根据《禹贡》分天下为九州的记述。《禹贡》是《书经》中的一篇文章，据说是夏禹治水成功后整理国土的谈话。是中国最古老的地理书籍。

① 郡县制：以郡统县的两级地方行政制度。——译注

但是西汉的版图扩张很大，禹贡图只是其中的一部分，显然与现状不符，但只因为是古代的东西，以复古为国策的王莽新政则使用这古老的东西。

就在王莽忙于这样改新的时候，吕母在山东半岛的琅邪聚众数千，杀死海曲县县宰，在海边开始反抗活动。西汉的县长官称为县令，但喜欢改名的王莽将县令改为县宰。

吕母聚众不具有革命的意识，恐怕也没有反对王莽政治的想法，而是为了私人恩怨。

吕母的儿子在县衙门任职，大概有什么过错吧，县宰将其杀死。吕母怨愤恼怒，发誓要为儿子报仇。

吕母的儿子被县宰杀害当在数年之前，经过她的谨慎准备，于天凤四年实施报仇。吕母家产丰厚，经营酿酒业，在当地应属于有钱人的阶层。酒和盐铁一样，是政府的专卖品，但是昭帝时代，酒被排除于专卖之外。

一般地说，佃户缴纳的年贡米有剩余，才会酿酒，所以吕母家应该是有点土地的地主。

吕母为了给儿子报仇，不惜投入全部家产。年轻人到她家里买酒，她不收钱，从而获得很多血气方刚的年轻人的好感。那个时代，很多年轻人没有正当职业，想召集多少人就有多少人。到处都有不务正业的恶少，只要给他一口饭吃，就会跟随你。这里所说的“恶”，并非奸恶，而是指没有正当职业的人。“少”，就是年轻人。前面说过，李广利远征大宛，也有很多恶少年从军。不但有饭吃，还有酒喝，就能立即招募到人。吕母招募有几百人，这几百人又把他们的同伙拉进来，人数达到数千。

另一方面，吕母不惜重金购买武器，终于倾家荡产。但是她达到了自己的目的。大队人马袭击海曲县，抓住县宰，砍下他的头颅。吕母把县宰的首级供奉在儿子的墓前。

夙愿实现以后，也不能解散队伍。这一个报复私仇的集团一下子变成叛逆者的集团，这就是赤眉军的诞生过程。

赤眉军的目标不再是创始人吕母的本意，大大地推动了历史的发展。

年　表

公历	王朝年号	事项
前 447	周贞定王二十二年	楚灭蔡
前 445	周贞定王二十四年	楚灭杞
前 441	周贞定王二十八年	周定王殁，去疾即位（哀王）。弟叔杀哀王自立（思王）。弟嵬杀思王自立（考王）
前 431	周考王十年	楚灭莒
前 430	周考王十一年	义渠伐秦，出渭水以南
前 426	周考王十五年	考王殁。太子午即位（威烈王）。西周惠公封少子班于巩，称东周
前 423	周威烈王三年	晋伐郑，杀幽公
前 413	周威烈王十三年	秦战败于晋。齐伐晋，围阳狐
前 409	周威烈王十七年	秦首次向百官颁布带剑令。魏伐秦，筑城临晋、元里
前 403	周威烈王二十三年	列韩、魏、赵为诸侯。《资治通鉴》编年记述始于此年
前 400	周安王二年	郑围韩之阳翟。赵、魏、韩伐楚至桑丘
前 397	周安王五年	聂政杀韩丞相侠累
前 396	周安王六年	魏文侯殁，子击即位（武侯）
前 387	周安王十五年	秦攻蜀之南郑。秦惠公、韩列侯、赵武侯殁
前 386	周安王十六年	齐田和列为诸侯
前 382	周安王二十年	齐、魏伐赵救卫，攻刚平
前 379	周安王二十三年	齐康公殁，田氏吞并齐
前 378	周安王二十四年	魏、赵、韩伐齐至灵丘
前 377	周安王二十五年	蜀伐楚
前 375	周烈王元年	汉灭郑，迁都阳翟
前 372	周烈王四年	孟子生
前 369	周烈王七年	赵、汉围魏

前 361	周显王八年	秦用商鞅
前 359	周显王十年	秦任命商鞅为左庶长，第一次改革
前 356	周显王十三年	鲁共侯、卫成侯、韩昭侯朝见魏惠王
前 352	周显王十七年	诸侯围魏襄陵
前 351	周显王十八年	申不害任汉相
前 350	周显王十九年	秦迁都咸阳。商鞅实行第二次改革
前 338	周显王三十一年	秦孝公殁，商鞅被杀
前 337	周显王三十二年	楚、韩、赵、蜀遣使秦。韩申不害殁
前 334	周显王三十五年	魏、齐会徐州称王
前 329	周显王四十年	秦取魏之汾阴、皮氏，围降焦
前 328	周显王四十一年	秦设相国，张仪为相
前 325	周显王四十四年	秦称王
前 323	周显王四十六年	秦张仪会盟齐、楚。燕、韩称王
前 318	周慎靓王三年	魏、韩、赵、楚、燕联合攻秦，败
前 316	周慎靓王五年	秦灭蜀
前 313	周赧王二年	张仪任楚相，与齐断交
前 312	周赧王三年	楚怀王攻秦，大败
前 311	周赧王四年	张仪游说列国
前 309	周赧王六年	张仪离魏，殁
前 307	周赧王八年	秦取韩之宜阳，渡河取武遂，筑城。秦武王殁，立稷（昭王）
前 302	周赧王十三年	魏襄王、韩太子婴入朝秦。楚太子自秦逃归
前 301	周赧王十四年	秦与齐、魏、韩攻陷楚之重丘
前 300	周赧王十五年	秦大破楚
前 299	周赧王十六年	秦昭王任孟尝君为相。秦伐楚，占八城，楚怀王入秦
前 298	周赧王十七年	孟尝君逃归齐。韩、魏、齐攻秦于函谷关
前 297	周赧王十八年	楚怀王逃，未果
前 296	周赧王十九年	楚怀王殁于秦，魏襄王、韩襄王殁
前 295	周赧王二十年	赵公子成、李兑围主父（武灵王），主父饿死
前 293	周赧王二十二年	秦将白起破韩、魏联军于伊阙

前 288	周赧王二十七年	秦昭王称西帝，齐王称东帝
前 285	周赧王三十年	秦将蒙武取齐九城。秦昭王会楚王，和亲
前 284	周赧王三十一年	燕、秦、韩、魏、赵五国军伐齐，攻陷国都临淄
前 280	周赧王三十五年	秦攻楚、赵
前 279	周赧王三十六年	燕之乐毅逃赵。齐之田单收回失地。秦夺楚之西陵
前 278	周赧王三十七年	秦陷楚国都郢
前 277	周赧王三十八年	秦占领楚之巫、黔中。屈原投汨罗江
前 276	周赧王三十九年	楚收复秦之长江流域十五邑
前 275	周赧王四十年	赵之廉颇取魏之房子、安阳
前 273	周赧王四十二年	赵、魏攻韩之华阳。秦救韩，大胜
前 272	周赧王四十三年	楚以太子为人质，与秦和。秦、魏、楚伐燕。燕惠王殁
前 263	周赧王五十二年	楚顷襄王殁，太子即位（考烈王）。春申君任楚丞相
前 262	周赧王五十三年	秦取韩十城
前 260	周赧王五十五年	秦白起将军大破赵于长平
前 259	周赧王五十六年	秦始皇生。秦、韩、赵媾和
前 257	周赧王五十八年	秦白起自杀。魏破秦于邯郸
前 256	周赧王五十九年	楚灭鲁。秦灭周室
前 251	秦昭襄王五十六年	秦昭王殁。赵平原君殁
前 250	秦孝文王元年	秦安国君即位（孝文王），二日后殁，子楚嗣（庄襄王）
前 249	秦庄襄王元年	吕不韦为秦相国。攻韩，置三川郡。楚灭鲁
前 247	秦庄襄王三年	魏信陵君率五国兵击退秦军。秦庄襄王殁。太子政即位（秦始皇）
前 242	秦王政五年	秦取魏二十城，置东郡
前 238	秦王政九年	秦始皇处理秦长信侯嫪毐事件。楚考烈王殁。春申君被杀
前 237	秦王政十年	秦罢免吕不韦
前 236	秦王政十一年	秦取赵九城

前 235	秦王政十二年	吕不韦自杀
前 233	秦王政十四年	韩派韩非赴秦。韩非自杀。秦陷赵平阳
前 230	秦王政十七年	秦灭韩，置颍川
前 228	秦王政十九年	秦灭赵。赵公子嘉自立为代王
前 227	秦王政二十年	燕太子丹送荆轲刺客入秦，失败。秦破燕、代联军于易水以西
前 225	秦王政二十二年	秦将王贲伐魏。魏灭
前 224	秦王政二十三年	秦将王翦、蒙武伐楚，大胜。楚将项燕自杀
前 223	秦王政二十四年	楚灭
前 222	秦王政二十五年	秦虏燕王于辽东，燕灭。攻代，虏代王
前 221	秦始皇帝二十六年	秦灭齐，统一中国全土，自称皇帝
前 220	秦始皇帝二十七年	巡幸北方
前 219	秦始皇帝二十八年	巡幸东方，封禅泰山。求仙药派徐福赴东海
前 218	秦始皇帝二十九年	巡幸东方。张良袭击秦始皇于博浪沙
前 215	秦始皇帝三十二年	第三次巡幸东方
前 214	秦始皇帝三十三年	取南越，置三郡。蒙恬伐匈奴，抑制其在鄂尔多斯以南。开始增修万里长城
前 213	秦始皇帝三十四年	采纳李斯建议，实行焚书令
前 212	秦始皇帝三十五年	修建阿房宫。实行坑儒。派长子扶苏监督蒙恬军队
前 210	秦始皇帝三十七年	第四次巡幸东方，殁于沙丘。李斯、赵高立胡亥为二世皇帝。杀扶苏和蒙恬
前 209	秦二世皇帝元年	赵高任郎中令。巡幸东方。杀诸公子、公主。陈胜、吴广、刘邦、项梁、项羽等举兵
前 208	秦二世皇帝二年	陈胜军溃败。项梁拥立楚之熊心为怀王。李斯被处刑。项梁战死于定陶
前 207	秦二世皇帝三年	秦章邯降项羽。赵高逼二世皇帝自杀。二世皇帝之侄子婴为秦王，杀赵高
前 206	汉王刘邦元年	子婴降刘邦，秦灭。项羽、刘邦鸿门宴。项羽杀子婴。项羽立怀王为义帝，自立为西楚霸王，称刘邦为汉王

前 205	汉王刘邦二年	项羽杀义帝。开始汉楚相争
前 203	汉王刘邦四年	楚、汉二分天下，盟约各保其一
前 202	汉高帝五年	项羽战败，死于乌江。汉王刘邦称帝
前 200	汉高帝七年	高祖亲征的汉军被匈奴冒顿单于包围于平城白登山七日。迁都长安
前 195	汉高帝十二年	高祖殁，太子盈即位（惠帝）。吕太后专制开始
前 194	汉惠帝元年	吕太后毒死赵王如意，处死其母戚夫人
前 193	汉惠帝二年	长沙丞相利仓任轪侯
前 188	汉惠帝七年	惠帝殁，吕太后立少帝恭
前 187	高皇后吕雉称制元年	废除“三族罪”和“放言令”
前 184	高后四年	吕太后杀少帝恭，立恒山王刘义为帝，改名弘（少帝弘）
前 183	高后五年	南越王赵佗侵犯长沙数县
前 180	高后八年	吕太后殁。陈平、周勃等杀吕氏一族， 拥立代王刘恒（文帝）
前 178	汉文帝二年	丞相陈平殁，周勃接替。本年田租减半
前 174	汉文帝六年	冒顿单于殁，立其子老上单于
前 161	汉文帝后三年	老上单于殁，立其子军臣单于
前 157	汉文帝后七年	文帝殁。遗诏服丧三日
前 156	汉景帝元年	对田租课税三十分之一
前 154	汉景帝三年	发生吴楚七国之乱
前 145	汉景帝中五年	司马迁生（一说 135 年）
前 141	汉景帝后三年	景帝殁，太子彻即位（武帝）
前 140	汉武帝建元元年	举荐贤良方正、直言极谏之士，董仲舒任江都国丞相
前 139	汉建元二年	派张骞往西域
前 138	汉建元三年	大月氏在中亚建国
前 136	汉建元五年	置五经博士，试图使儒教成为国教
前 133	汉元光二年	举行五畤祭祀。马邑之战
前 130	汉元光五年	陈皇后因巫蛊事件失势
前 129	汉元光六年	卫青出击山谷，击退匈奴

前 128	汉元朔元年	卫青伐匈奴，收复鄂尔多斯
前 126	汉元朔三年	匈奴军臣单于殁，立其弟伊稚斜单于。张骞自西域归
前 124	汉元朔五年	公孙弘任丞相。卫青大胜匈奴右贤王，任大将军
前 122	汉元狩元年	张骞欲与滇国、西南夷交流
前 119	汉元狩四年	卫青第七次、霍去病第六次远征匈奴。制作皮币、三铢钱，盐铁专卖。李广自尽
前 115	汉元鼎二年	桑弘羊任大农丞，实行均输法。设置酒泉、武威二郡
前 113	汉元鼎四年	婴齐之子兴为南越王。国家完全垄断货币铸造权
前 111	汉元鼎六年	平定南越，置九郡；平定西南夷，置五郡。分武威、酒泉，设张掖、敦煌二郡
前 110	汉元封元年	巡幸北方，登单于台，至朔方。泰山封禅。实行平准法
前 109	汉元封二年	从水陆攻打朝鲜
前 108	汉元封三年	击败楼兰、车师。卫氏朝鲜灭
前 104	汉太初元年	李广利远征大宛，败退。修改太初历， 以正月为岁首，从太初二年开始实行
前 102	汉太初三年	李广利伐大宛，胜，得汗血马
前 99	汉天汉二年	李广利自酒泉出击天山，与匈奴战。李陵被匈奴虏，降。司马迁为李陵辩护
前 98	汉天汉三年	李陵一族被杀。司马迁被处宫刑
前 96	汉太始元年	公孙敖因妻之巫蛊连坐被处腰斩。司马迁出狱后任中书令
前 91	汉征和二年	第一次巫蛊之乱，公孙贺一族被杀。第二次巫蛊之乱，皇后卫氏、皇太子刘据自杀
前 87	汉后元二年	弗陵册立为太子。武帝殁。弗陵即位（昭帝），霍光、金日磾、上官桀辅佐
前 81	汉始元六年	讨论盐铁等各项政策（后归纳为《盐铁论》）。与匈奴和解，苏武归
前 80	汉元凤元年	燕王旦反，上官桀、桑弘羊因连坐被杀（霍光

		时代开始）
前 77	汉元凤四年	霍光命傅介子诱杀楼兰王，改楼兰为鄯善
前 74	汉元平元年	昭帝殁，昌邑王贺即位，因淫乱被废，病已即位（宣帝）
前 73	汉宣帝本始元年	霍光提出奉还执政权，未许
前 68	汉地节二年	霍光殁，开始亲政
前 67	汉地节三年	郑吉、司马憙降车师
前 66	汉地节四年	霍氏反，一族被诛
前 60	汉神爵二年	匈奴日逐王降汉
前 57	汉五凤元年	匈奴五单于分立
前 54	汉五凤四年	匈奴呼韩邪单于称臣。匈奴分为南北
前 51	汉甘露三年	匈奴呼韩邪单于入朝
前 49	汉黄龙元年	宣帝殁，太子奭即位（元帝）
前 47	汉初元二年	太监石显任中书令，掌握实权
前 44	汉初元五年	废除盐铁官、常平仓
前 33	汉竟宁元年	元帝殁，太子骜即位（成帝）。王凤任大司马大将军。呼韩邪单于再次入朝
前 32	汉成帝建始元年	王氏掌握实权，石显被罢免，殁
前 27	汉河平二年	王凤的异母弟五人封为列侯
前 22	汉阳朔三年	大将军王凤殁，王莽任黄门郎
前 8	汉绥和元年	王莽任大司马
前 7	汉绥和二年	成帝殁，太子欣即位（哀帝），罢免王莽，王氏失势。师丹任大司马
前 6	汉哀帝建平元年	罢免师丹，傅喜任大司马
1	汉元寿二年	哀帝殁，中山王箕子即位（改名衎，平帝）。王莽任大司马，总管政务
	汉平帝元始元年	王莽任大傅，号安汉公
3	汉元始三年	王莽着手改革礼制、学制
4	汉元始四年	王莽加称宰衡
5	汉元始五年	王莽毒死平帝，自称假皇帝践祚
6	王莽居摄元年	立孺子婴为皇太子

8	王莽居摄三年	王莽改年号为初始，自称皇帝，国号为新
9	新皇帝王莽始建国元年	废孺子婴，改官制、田制、币制。 王莽收回内外的汉印绶，重新授予新王朝的印绶
10	新始建国二年	实行六筦、五均制，再改币制
13	新始建国五年	焉耆反，杀西域都护但钦
14	新天凤元年	北部大饥荒。第三次改革币制
16	新天凤三年	王莽派兵讨伐西域，焉耆败北
17	新天凤四年	吕母之乱，新市绿林起兵
18	新天凤五年	扬雄自杀。赤眉起义
22	新地皇三年	平林、绿林互相呼应，赤眉军队入关。刘秀（光武帝）在宛举兵
23	新地皇四年	刘玄称帝（更始帝），建元更始。刘秀在昆阳破新军
	汉更始元年	隗嚣、公孙述举兵。王莽在长安战败而死，新灭
24	汉更始二年	迁都长安。刘秀陷邯郸，被封为萧王

图书在版编目（CIP）数据

中国的历史．第2卷／（日）陈舜臣著；郑民钦译．—福州：福建人民出版社，2013.12（2019.3重印）

（陈舜臣作品系列）

ISBN 978-7-211-06308-6

Ⅰ．①中…　Ⅱ．①陈…　②郑…　Ⅲ．①中国历史—普及读物　Ⅳ．①K209

中国版本图书馆CIP数据核字（2011）第080426号

著作权合同登记图字：13-2010-021号

中国的历史（第2卷）

作　　者：（日）陈舜臣

译　　者：郑民钦

责任编辑：潘静超

出版发行：福建人民出版社

地　　址：福州市东水路76号　　邮政编码：350001

网　　址：http://www.fjpph.com

电子邮箱：fjpph7211@126.com

经　　销：福建新华发行（集团）有限责任公司

印　　刷：河北华商印刷有限公司

开　　本：787×1092　1/16

印　　张：21

字　　数：239千字

版　　次：2013年12月第1版

印　　次：2019年3月第2次印刷

书　　号：ISBN 978-7-211-06308-6

定　　价：49.00元